本书稿是2014年教育部人文社会科学研究青年基金项目"中国人、朝鲜人、日本人在俄远东的活动及影响研究（1860—1917）（14YJC770023）"；2018年黑龙江大学对俄专项重点项目"后苏联时代俄远东中国移民问题研究（DEZ1802）"；2019年度黑龙江省属高等学校基本科研业务费科研项目"俄罗斯远东地区中国人与中俄关系研究（HDZK201909）"的最终成果。

黑龙江大学俄罗斯语言文学与文化研究中心

俄国远东地区
中国人活动史（1860—1917）

潘晓伟　著

中国社会科学出版社

图书在版编目(CIP)数据

俄国远东地区中国人活动史：1860—1917／潘晓伟著．—北京：中国社会科学出版社，2020．8

ISBN 978-7-5203-6615-1

Ⅰ.①俄… Ⅱ.①潘… Ⅲ.①华人—历史—研究—俄罗斯—1860-1917 Ⅳ.①D634.351.2

中国版本图书馆 CIP 数据核字（2020）第 097695 号

出 版 人	赵剑英
责任编辑	安　芳
责任校对	张爱华
责任印制	李寡寡

出　　版	中国社会科学出版社
社　　址	北京鼓楼西大街甲 158 号
邮　　编	100720
网　　址	http://www.csspw.cn
发 行 部	010-84083685
门 市 部	010-84029450
经　　销	新华书店及其他书店
印　　刷	北京明恒达印务有限公司
装　　订	廊坊市广阳区广增装订厂
版　　次	2020 年 8 月第 1 版
印　　次	2020 年 8 月第 1 次印刷
开　　本	710×1000　1/16
印　　张	18.5
字　　数	280 千字
定　　价	98.00 元

凡购买中国社会科学出版社图书，如有质量问题请与本社营销中心联系调换
电话：010-84083683
版权所有　侵权必究

目　录

前　言 ·· (1)

第一章　帝俄时代中国人在远东的种植活动 ·················· (1)
 第一节　"原著满洲人"的粮食种植活动 ·················· (2)
 第二节　乌苏里地区中国人的粮食种植活动 ················ (9)
 第三节　俄国远东地区中国人的蔬菜种植活动 ·············· (17)
 第四节　俄国各个阶层对中国人种植活动的态度 ············ (19)

第二章　帝俄时代中国人在远东地区的工商活动 ·············· (22)
 第一节　远东地区华商的数量及经营情况 ·················· (22)
 第二节　远东地区中国商人和俄国商人的竞争情况 ·········· (52)
 第三节　远东当局及中央政府对华商态度和政策 ············ (58)
 第四节　对远东中国人工商活动的评价 ···················· (64)

第三章　帝俄时代中国人在远东的渔猎采集活动 ·············· (67)
 第一节　远东地区中国人采集和捕捞水产品活动 ············ (67)
 第二节　远东地区中国人的狩猎活动 ······················ (74)
 第三节　远东地区中国人采集、培育人参活动 ·············· (80)
 第四节　中国人在森林中采集和培育菌类活动 ·············· (85)

第四章　帝俄时代中国人在远东的交通运输活动 ……………… (88)
第一节　帝俄时代中国人在远东地区航运活动 …………… (88)
第二节　中国人在乌苏里铁路修筑中的活动 ……………… (98)

第五章　帝俄时代中国人在俄国远东地区的采金活动 ………… (105)
第一节　俄国远东地区采金业的发展 ……………………… (105)
第二节　远东地区中国采金工人的数量、采金量及薪酬 … (111)
第三节　俄国政府与远东地区中国人的采金活动 ………… (119)

第六章　帝俄时代中国人在远东市政建设中的活动
——以符拉迪沃斯托克和哈巴罗夫斯克为例 …………… (127)
第一节　中国人与符拉迪沃斯托克城市建设 ……………… (128)
第二节　中国人与哈巴罗夫斯克市政建设 ………………… (135)

第七章　帝俄时代中国人在远东地区酒业领域的活动 ………… (139)
第一节　中国人在俄国远东地区加工和销售烧酒 ………… (139)
第二节　中国人与俄国远东地区的中俄酒类贸易 ………… (151)

结　　语 ……………………………………………………………… (155)

参考文献 ……………………………………………………………… (174)

附　　录 ……………………………………………………………… (197)
附录一　俄国人和外国人向阿穆尔省和滨海省移民条例 …………………………………………………… (197)
附录二　阿穆尔省华侨总会章程 …………………………… (198)
附录三　符拉迪沃斯托克中国人互助会章程 ……………… (200)
附录四　俄国发给旅居海滨省华民身票次序章程 ………… (211)
附录五　俄国向阿穆尔州中国人发放票证章程 …………… (213)

目 录

附录六　乌苏里地区中国人公议会 …………………………………（217）

附录七　1907—1916年远东主要城市中国商会会长名录 …………（222）

附录八　1891—1901年远东主要城市华人协会会长名录 …………（223）

附录九　阿穆尔河沿岸总督辖区不同年份中国人数量 ……………（225）

附录十　远东地区不同年份中、朝、日三国人数量比较 …………（226）

附录十一　俄国采办材料处代表达聂尔与义成公司周冕所
　　　　　订在华招工合同 …………………………………………（228）

附录十二　清政府驻符拉迪沃斯托克外交代表桂芳关于中国人
　　　　　报告 …………………………………………………………（233）

附录十三　清政府驻符拉迪沃斯托克商务代表李家鳌就中国人
　　　　　管理与阿穆尔当局信件往来 ……………………………（242）

附录十四　俄国政府限制华工入境的相关规定 ……………………（246）

附录十五　阿穆尔河沿岸总督辖区对未入籍中国人和朝鲜人
　　　　　入境等的相关规定 ………………………………………（248）

附录十六　记华人入俄境起票事 ……………………………………（249）

附录十七　记瑷（瑷珲）黑（黑河）人民渡江起票事 ……………（251）

附录十八　记俄国华工情形 …………………………………………（253）

后　记 …………………………………………………………………（255）

前　　言

乌克兰危机爆发后，俄罗斯与西方关系恶化，为了摆脱西方的孤立和围堵，俄罗斯采取更加积极的"向东看"战略。远东地区作为俄罗斯面向亚太前沿的作用更加突出，是经济融入亚太经济圈的桥梁和纽带。大力发展远东地区是"向东看"战略的重要内容，打造远东地区这个新的经济增长点已成为俄罗斯应对欧美制裁和推动本国经济可持续发展的必然选择。乌克兰危机后，俄罗斯采取一系列大力发展远东地区的举措，在之前推出的《2013 年前远东和外贝加尔地区经济社会发展联邦专项规划》《2025 年前远东和贝加尔地区经济社会发展战略》基础上，制定或落实一些新政策，如在远东地区设立"超前发展区"和"符拉迪沃斯托克自由港"。远东地区建立 16 个超前发展区，简化进入符拉迪沃斯托克的签证制度，在自由港范围内可免签 8 昼夜，以吸引更多外国旅游者。把远东联邦区的行政中心从哈巴罗夫斯克迁至符拉迪沃斯托克；"增肥"远东联邦区，把外贝加尔边疆区和布里亚特共和国纳入远东联邦区；扩大远东发展部权限，将远东发展部更名为远东和北极发展部。远东和北极发展部在承担远东发展部原有任务的基础上，还被赋予了制定北极发展政策并进行法律监管的新职能。同时，还设立远东发展公司以及远东和贝加尔发展基金会两个新机构，或吸引外资，或对大型基础设施项目进行投资等。

尽管采取了一系列旨在加快远东地区发展的举措，但远东地区的发展仍受众多因素的制约，其中之一就是人口数量少、分布不均衡。远东联邦区是俄罗斯人口密度最低的联邦区。在吸引国内移民效果不理想背景下，吸引外国劳动力是解决远东地区劳动力严重不足问题及经济长期滞后的有效途径之一。远东地区邻近中国，无论是历史上还是当前，中国人都是远东地区外国劳动力的主要来源，因而研究历史上远东地区的中国人具有一定的现实意义。

中国人在俄国远东地区的活动属于华人华侨问题研究的范畴。国内学界对海外华人华侨问题的研究，从地域上看多着眼于东南亚、北美等地，较少关注俄罗斯的，本书力求丰富我国华侨华人问题研究的内容。此外，国内俄罗斯史的研究队伍小，涉及东部地区历史尤是如此。关于俄国远东地区中国人，学界关注点主要在苏联解体后，帝俄和苏联时期缺乏系统研究，希望本书的面世能为我国俄罗斯史的发展略尽绵薄之力。

一　研究对象

本研究以帝俄时代俄国远东地区中国人的活动特别是经济活动及俄国对其政策为研究对象，探讨中国人在俄国远东地区经济发展中的作用，并作出客观、公正的评价。通过对帝俄时代中国人在俄国远东种植、工商、采金、交通运输、渔猎采集等领域的活动及其俄国对其政策的阐述，力求还原俄国远东地区中国人的历史，并揭示出帝俄政府对中国人政策演变及其成因。在以上几方面基础上，探寻历史上俄国远东地区的中国人与远东社会经济发展的关系及在当时俄国了解中国和中国形象在俄国形成中他们扮演的角色。

二　研究现状述评

关于帝俄时代远东地区的中国人问题，国内外学界进行了一定的研究，这些成果为本书提供了一定的参考或借鉴，现从学术史角度对国内外研究情况进行述评。关于国外学界的研究情况，受本人外语语种的限制，只选取俄罗斯学界的研究。

前　言

（一）国内研究现状

1. 从俄国东部地区外国劳动力或移民角度进行的研究

关于帝俄时代远东地区中国人问题尽管缺乏系统研究，但已受到部分学者的关注。主要有：王晓菊的《俄国东部移民开发问题研究》（中国社会科学出版社2003年版）和殷剑平的《远东早期开发中的外国劳工（上、下）》（《西伯利亚研究》1997年第4、6期）。经济开发是俄国东部地区问题研究中一个重要议题，同开发相伴随的是移民。两项成果均谈的是移民与东部或远东地区的开发，但侧重点不同，王著的论述的重点是俄国国内移民，外国移民略有涉及。殷文是以"外国劳工"为研究对象，其中涉及中国劳工的笔墨较多，但文章是从宏观角度进行，对早期远东地区中国人活动及帝俄对其政策未能展开论述。

2. 从华工出国史或华人华侨史角度进行的研究

史料是史学研究的基础，史料整理是一项惠及后人的基础性且很有必要的工作。在海外华人华侨迁移中文史料的整理上，陈翰笙先生居功至伟。陈翰笙先生牵头整理的《华工出国史料汇编》（中华书局1985年版）就是笔者所言的恩泽学界同仁的成果。《华工出国史料汇编》是关于19世纪中叶至第一次世界大战华工出国的史料集，涵盖了华工出洋的背景和原因、华工对英美法等国及殖民地早期经济发展的贡献和牺牲、清朝对华工出国政策的演变过程等。所辑档案史料大部分出自原北京图书馆所藏总理衙门的招工类档案，其他部分或选自中国第一历史档案馆所藏清代军机处、宫中及外务部的档案，或译自上海海关所藏的海关档案。"汇编"为深入研究华人华侨史提供了极为丰富的数据。"汇编"涉及在俄国华工的资料很少，仅在第一辑"中国官文书选辑"中收录了为数有限的文件，无法与在美洲、东南亚和英法等西欧国的华工史料相提并论。

《清季华工档案》（全国图书馆文献缩微复制中心2008年版）和《华工出国史料汇编》属于同一类，是关于华工的档案史料汇编。"档案"是根据国家图书馆所藏的总理各国事务衙门同治、光绪间往来之官方档案整理而成，收录清同治和光绪年间总理衙门、总税务司等中央机构与英、美、法公使等关于华工问题往来的条陈、折、照会等。涉及秘鲁、法国、英国、巴西等国在华招工的情况，其中关于俄国的几近于无，仅有名为《俄人招华人充兵役案》的几份文档，是关于日俄战争期间盛京将军增祺就俄国在东北地区招募华工用于战争的奏折。

专题研究方面的有李明欢的《欧洲华侨华人史》（中国华侨出版社2002年版）是一部关于欧洲华侨华人迁移的通史，著作全面论述欧洲华侨华人历史与现状。但研究区域上偏重于西欧地区，关于帝俄时代在俄国的华人华侨仅在"一战华工"和"投身苏俄革命与建设的华侨"两部分略有提及，具体说就是一战的东线华工和华人华侨参与十月革命和苏俄国内战争。

3. 从在俄罗斯中国人通史角度进行的研究

宁艳红的《旅俄华侨史》（人民出版社2015年版）。作者以"旅俄华侨"来称谓在俄的中国人。该书是以在俄罗斯华侨历史变迁为脉络，记录了从19世纪中叶到当前的在俄罗斯华侨400年左右的历史，描绘了俄罗斯华人在各个时期的活动，总结出不同历史时期旅俄华侨的特征。该专著有助于了解中国人在帝俄、苏联和俄联邦的历史，但侧重于宏大历史的叙述，对帝俄时代远东地区中国人活动细节及俄国各级政府对其政策等挖掘不够。

赵俊亚的《旅俄华人研究》（吉林大学博士论文，2007年）研究的内容、时段与宁艳红的著作相仿，跨越帝俄、苏联、俄联邦三个时期，梳理旅俄华人的产生发展演变的历史过程。论文将旅俄华人历史追溯到17世纪土尔扈特部，并将19世纪60年代入俄的西北回民起义一部及其后裔，即东干人列入"旅俄华人"范畴，很是新颖。论文将旅俄华人与其他国家的华侨华人进行比较，总结出旅俄华人不同于他国华人的特点，并分析出差别的原因。如在分析俄罗斯没有"唐人街"时，作者认为俄国政府和民众反对是主要原因，分析得较为透彻。

4. 从中俄关系角度进行的研究

在俄罗斯中国人在中俄交往中扮演重要角色,一方面他们作为中华民族的代表,向俄罗斯展现中国人的形象,另一方面他们是了解俄罗斯的特殊群体,他们能将其对俄罗斯亲身感受传递给国内同胞,成为中国人了解俄罗斯的一个途径,故在俄罗斯的中国人是研究中俄关系的一个切入点。从中俄关系角度来研究远东中国人的代表成果有:张宗海的《远东地区世纪之交的中俄关系》(内部出版,2000年)和强晓云的《移民对当代中俄关系的影响——非传统安全视角的分析》(时事出版社2002年版)。张著是关于20—21世纪之交中俄关系的著作,其中对俄国远东地区中国移民问题进行了论述,将历史上远东的中国人和当前远东中国人有机结合起来,具有历史的纵深,深刻剖析了"黄祸论"在俄国出现的历史背景;强著是从非传统安全视角探讨中国移民对中俄关系的作用和影响,分析了俄罗斯的中国移民现象的出现、中国移民的数量及在俄中国移民的社会特征。

5. 从在俄的中国人与十月革命角度进行的研究

在对俄罗斯的中国人问题研究中,"中国人与十月革命"或"中国人与无产阶级政党"方面的选题在20世纪80年代前后颇受青睐,出版或发表了一些成果,代表性成果有:李永昌的《旅俄华工与十月革命》(河北教育出版社1988年版),该书主要研究的是华工参与十月革命及国内战争情况,对华工进入俄国远东地区的主要活动作为历史背景作了一定交待,但非论述的主要方向;李显荣的《旅俄华工与十月革命》(《历史教学》1979年第11期)和于洪君的《旅俄华工的革命斗争:中国和世界工运史上重要的一页》(《中国工运学院学报》1989年第2期)记述了中国人在十月革命及苏俄内战中的贡献,既体现在保卫苏维埃政权上,也有为20世纪20年代苏联经济复苏和新经济政策的实行提供了劳动力资源方面的;薛衔天等的《旅俄华人共产党组织及其在华建党问题》(《近代史研究》1989年第5期)是从在俄华人传播共产主义思想及与中国共产党建立的角度阐述的;林军的《全俄华侨组织——旅俄华工联合会研究》(《北方论丛》1994年第1期)和李玉贞的《十月革命前后的旅俄华人组织及其活动》（《吉林大学社会科学学报》1981年第5期）是以十月革命的伴生物——"旅俄华工联合会"为研究对象，阐述了旅俄华工联合会的形成、职能、活动及其在救助在俄华工和传播马克思主义方面的贡献。

6. 从在俄华工与"一战"角度进行的研究

第一次世界大战与赴（在）俄中国人问题。第一次世界大战期间，欧洲各国在华招工，这也包括俄国。沙俄招募的华工散布服务于俄罗斯及远东各地，统称"东线华工"。目前，学界关于"一战"华工的研究，主要集中于西线，对于广大奔赴东线俄国的"东线华工"研究薄弱，目前仅仅寥寥几篇文章。暨南大学的李志学先生对该问题进行了一定研究，主要成果有：《第一次世界大战与十月革命时期的赴俄华侨》（《俄罗斯中亚东欧研究》2006年第5期）和《北洋政府对一战俄国华工的保护与遣返政策》（《北华大学学报》2012年第4期）。前文通过对"一战"期间俄国在华招募华工过程、华工在俄的悲惨遭遇及参加无产阶级革命三方面的论述来全面展现"一战"期间华工在俄历史。后文是从北洋政府保护在俄华工角度进行的，对北洋政府保护、遣送在俄华工有一些探讨，北洋政府为了保护华工的合法权益以及遣返华工归国采取了一些措施并取得了一定成效，但限于篇幅未能展开。李祥等的《一战俄国华工的数字问题》（《兰台世界》2012年第2期上旬刊）是梳理《欧战华工史料》及《中俄关系史料》等基本材料基础上，对第一次世界期间在俄华工数量进行考证。

7. 从俄国排华和"黄祸论"角度进行的研究

刘家磊的《二十世纪初沙俄在海参崴迫害华侨的暴行》（《社会科学战线》1980年第3期）、薛衔天的《江东六十四屯惨案研究》（《近代史研究》1981年第1期）、张本政的《十九世纪八十年代沙俄在乌苏里地区的排华暴行》（《学习与探索》1980年第5期）。以上成果多诞生于20世纪80年代，尽管存在一定时代的烙印，但对了解19世纪末俄国在远东地区限制、排斥乃至迫害中国人的历史以及认识俄国"黄祸论"根源有所帮助。近几年刊发的新成果有：张宗海的《谬种流传

前　言

的"黄祸"论——中国人难以在俄罗斯立足的历史根源》（关贵海、栾景河主编：《中俄关系的历史与现实》第二辑，社会科学文献出版社2009年版）、管书合、杨翠红的《防疫还是排华？——1911年俄国远东地区大规模驱逐华侨事件研究》（《华侨华人历史研究》2011年第3期）是以1911年俄国以防疫为由在远东地区大规模排华，以中文史料为主，未用俄文资料。

8. 从中国政府保护华人华侨角度进行的研究

曲晓范的《试论1918—1921年北洋政府在西伯利亚的护侨活动》（《华侨华人历史研究》1998年第1期）、朱鹏的《北洋政府救助俄属远东地区难侨研究（1918—1920年）》（暨南大学博士论文，2010年）、李皓的《保护"弃民"：日俄战争时期清政府海参崴护侨活动研究》（《华侨华人历史研究》2014年第2期）。文章所谈都是中国官方对帝俄和苏俄远东地区中国人的保护。曲文和朱文研究的是苏俄内战时期北洋政府对西伯利亚地区或远东地区中国人的保护，文章对北洋政府的护侨行为予以赞扬，研究有助于全面认识北洋政府。李文是以日俄战争期间清政府对符拉迪沃斯托克中国人的保护为研究对象。受战争影响，日俄战争期间符拉迪沃斯托克出现混乱，清政府对符拉迪沃斯托克的中国人实行了战时外交保护、战后救助、损失索赔等有效护侨措施，这是晚清政府对外关系中浓墨重彩的一笔，该问题之前多被忽视。

9. 从其他角度进行的研究

除了讨论以上几个较为集中问题外，学者还从其他角度进行，成果以论文为主，尽管数量不多，但有一定水准：李志学的《"割地成侨"——俄罗斯华侨华人史的特殊一页》（《学习与探索》2005年第5期）探讨早期在俄国的一个中国人特殊群体出现的过程。因中俄《瑷珲条约》和《北京条约》的签订，致使大片中国领土割给了俄国，居住于江东六十四屯的中国人随着国土的沦丧而成为在俄国的中国人。作者用"割地成侨"形象地描述出这个中国人特殊群体在俄国远东地区出现的过程。张建华的《旅俄华工与十月革命前后中国形象的转变》（《学习与探索》2009年第1期）重点论述的是19世纪下半叶至十月革命前后在俄国华工的出现与俄国中国形象转变的关系。在谈及"一战前后华工基本状况"时略有涉及华工赴俄国的路线、数量，但没能展开论述。

10. 关于苏联的中国人的研究

国内战争结束后，在苏俄和苏联的中国人数量直线下降，20世纪30年代末苏联又对远东地区的中国人实施驱逐政策，在苏联的中国人数量几近于无。关于这段时期中国人的历史研究长期是空白，近年随着俄罗斯相关档案的解密，该问题进入国内学人的视野。代表成果有：尹广明的《苏联处置远东华人问题的历史考察（1937—1938）》（《近代史研究》2016年第2期）和谢清明的《抗战初期的苏联远东华侨问题（1937—1938）》（《广州社会主义学院学报》2015年第1期）。两文都是关于20世纪30年代末苏联的中国人问题的，尹文引用大量俄罗斯解密档案，并辅以民国时期的中文外交文件，对1937—1938年苏联政府逮捕、强制迁移远东地区的中国人的来龙去脉、影响等进行详细考察。谢文除阐述苏联政府清洗远东地区的中国人外，还涉及了国民政府对此事的态度和政策。

通过以上论述可以看出，国内学界关于帝俄时代俄国远东地区中国人问题的研究主要呈现两个特点：其一，多数是以中国人在某一领域或某一时段的活动为研究对象，研究成果存在一定程度的重复性，将帝俄时代中国人作为一个整体进行研究的较少；其二，研究的重点多集中在中国人来到远东的过程、分布和俄国对其政策等问题，而对他们在远东地区的适应和与俄罗斯文化的融合以及自我管理等问题重视不够。

（二）俄罗斯研究现状

与其他历史问题一样，俄罗斯学界对帝俄时代中国人问题的研究也分为帝俄、苏联、俄联邦三个时期。对该问题的研究，在国家政治军事需要的驱动下俄罗斯学界起步要早于中国学界，加之语言、资料等诸多优势，俄罗斯学界对该问题研究的深度和广度超过中国学界。

前　言

1. 帝俄时期

同中国人进入俄国远东地区几乎同时进行的是，帝俄学者对在俄中国人问题的研究。帝俄时代该问题研究的主体为长期在远东地区任职的官员和受委派来此进行考察的探险者等，他们的考察报告和游记等为后人研究该问题提供了珍贵的资料。为了尽快在新领土上站稳，需要全面了解远东地区，就要对远东地区包括中国人在内的"黄种人"进行一些信息搜集工作，因而这时期关于中国人情况的记述主要集中于数量、分布等方面。从成果的性质看，多属于考察报告，非严格意义的学术成果。考察报告主要收录或刊登的载体是《东西伯利亚管理局最主要官方文件汇编》（Сборник главнейших официальных документов по управлению Восточной Сибирью）和《俄国皇家地理协会信息》（Известия Императорского русского географического общества），从中能看出成果的性质来，是受官方委派进行的考察，具有官方背景，这些成果可以分为以下几类。

（1）关于乌苏里地区中国人

乌苏里地区特别是南乌苏里是19世纪下半叶在俄国中国人最为集中之地，因而这时期成果关于乌苏里地区中国人的成果较多，主要有：

①《乌苏里边区旅行记（1867—1869）》（Путешествие в Уссурийском крае. 1867 – 1869 гг. Санкт-Петербург：изд. авт，1870）。作者是俄国总参谋部军官、探险家、地理学家 Н. М. 普尔热瓦尔斯基（Пржевальский）。乌苏里地区是普尔热瓦尔斯基20多年地理考察、探险活动的起点。普尔热瓦尔斯基旅行日志——《乌苏里边区旅行记（1867—1869）》对乌苏里地区地理、民族、物种等有详尽的记述，其中大量涉及乌苏里边区中国人、朝鲜人等"异族人"的数量、分布、活动，史料价值大，但普尔热瓦尔斯基是站在大俄罗斯主义立场来记述这些的，笔下充斥着对中国人的蔑视，夸大中国人在该地区的违法行为，并对俄国镇压"青岛淘金工人起义"行为进行歌颂。

②《乌苏里的蛮子》（Уссурийские маньцзы，Известия Императорского русского географического общества. 1871. Т. 8. —СПб. 1872）。作者是汉学家

巴拉第（Палладий）①，这是帝俄时代为数不多的由专业人士撰写的关于远东地区中国人的成果。1870年巴拉第受俄国皇家地理学会委派到南乌苏里地区进行长达一年多的"科学考察"，考察结束后撰写了系列著作，其中之一即为《乌苏里的蛮子》。书中以"蛮子"来称呼汉族人，并对"蛮子"的由来进行考证，认为"蛮子"称呼始自元朝，蒙古人以"蛮子"称呼汉族人，这一称谓为后人所继承，含有蔑视之意。巴拉第认为在他考察期间乌苏里地区的"蛮子"有4万—5万人，该数字比实际数量要多。根据南乌苏里地区"蛮子"的职业和生活特点等分为四类：山西"蛮子"、定居"蛮子"、送货的"蛮子"、流浪的手艺"蛮子"，认为第四类流浪的手艺"蛮子"数量最多②，此分类不是很合理。

③俄国总参谋部中校、皇家地理学会会员 И. П. 纳达罗夫（Надаров）的系列文章。在19世纪80年代纳达罗夫曾几次考察乌苏里地区，对所见所闻有详细记载，其中有大量中国人居住、经济活动的数据。考察后，纳达罗夫分别以《北乌苏里边区现状概要》（Очерк современного состояния Северно-Уссурийского края）、《乌苏里地区汉申（中国烧酒）的生产和消费》［Производство и потребление ханшина (китайской водки) в Уссурийской стране (Северно и Южно-Уссурийском крае)］、《乌苏里地区异族居民》（Инородческое население Уссурийской страны）、《南乌苏里边区的红胡子》（Хунхузы в Южно-уссурийском крае）③为题发表。考察报告大量涉及乌苏里地区的中国人，纳达罗夫以自己的行动将帝俄时期远东中国人问题研究向前推进。在纳达罗夫发表的系列关于乌苏里地区的考察报告中，《南乌苏里

---

① 巴拉第（Палладий）是俄国驻北京传教士团第十三班和十五班修士大司祭 П. И. 卡法罗夫（Кафаров）的教名。巴拉第在北京生活长达31年，是俄国著名汉学家，与比丘林（Бичурин）、瓦西里耶夫（Васильев）并称为俄国汉学三巨匠。关于巴拉第的学术成就参阅陈开科：《巴拉第的汉学研究》，学苑出版社2007年版。
② Палладий. Уссурийские маньцзы, Известия Императорского русского географического общества. 1871. Т. 8，СПб: типография в. безобразова и комп. 1873. С. 369.
③ 纳达罗夫的上述考察报告，除了《南乌苏里边区的红胡子》外，其他几篇均翻译成中文并结集出版，即伊凡·纳达罗夫：《〈北乌苏里边区现状概要〉及其他》，上海人民出版社1975年版。

前　言

的红胡子》占有突出位置，这是帝俄时代关于远东地区红胡子的专题性成果。那时关于远东地区中国人的著述中多会提及红胡子，即从事打家劫舍、拦路抢劫等非法行为的中国土匪。如普尔热瓦尔斯基、格拉韦等，但在俄罗斯学界较少有专门以红胡子为研究对象的成果。[①] 纳达罗夫和帝俄的绝大多数研究者一样夸大了远东地区红胡子的数量和非法行为的破坏性，和其他研究者一样，纳达罗夫也将参加"青岛淘金工人起义"的中国人列入红胡子的范畴，这不符合事实。尽管关于远东地区红胡子的具体数量无从知晓，但有一点可以肯定的，就是红胡子的数量不多，占远东地区中国人的比例很小，远东地区的中国人大多数是和平的。纳达罗夫等人夸大红胡子数量和攻击性的做法被后人继承和发扬，19世纪末20世纪"黄祸论"甚嚣尘上之时，远东媒体和学者在纳达罗夫等人的基础上进一步大肆宣传和渲染红胡子的恶行，这一做法是为限制中国人乃至其驱逐出远东地区服务的。

④《乌苏里边区的中国人：历史民族纲要》（Китайцы в Уссурийском крае. Очерк историко-этнографический. Хабаровск: тип. Приамурского генерал-губернатора, 1914）。作者为地理学家、曾任哈巴罗夫斯克博物馆馆长的В. К. 阿尔谢尼耶夫（Арсеньев）。阿尔谢尼耶夫受阿穆尔河沿岸地区总督委派几次前往乌苏里地区进行考察，其中对乌苏里地区的居民考察是其主要任务之一。《乌苏里边区中国人：历史民族纲要》一书中对中国人在乌苏里地区从事农业、手工业、畜牧业、猎渔业、采金业等活动进行了详尽的记述，实际上变相地承认中国人在乌苏里地区拓殖事业上的贡献。书中也记录了大量用中国各民族语言、特别是用汉语命名的地名，对研究乌苏里地区中国人早期活动及乌苏里地区的地理、历史等有很大的参考价值。《乌苏里边区中国人》对所见所闻的描写准确生动、文笔清新，学术性和可读性兼具。

[①] 2010年俄罗斯出版了一本名为《红胡子：不宣而战的战争——远东地区的民族强盗》（Хунхузы: необъявленная война—этнический бандитизм на Дальнем Востоке, Москва: Центрполиграф, 2010）的著作。作者是Д. В. 叶尔绍夫（Ершов），但该书非严格意义上的学术著作，由此看出纳达罗夫研究的学术价值。

⑤《滨海州南乌苏里地区的朝鲜人和异族人》（Корейцы и инородцы Южно-Уссурийского края Приморской области, Сборник главнейших официальных документов по управлению Восточной Сибирью. Т. IV. Инородческое население Приамурского края. Вып. 2. Иркутск：типография Штаба Восточно-сибирского военного округа，1884）。作者是东西伯利亚官员 В. Н. 维斯列涅夫（Висленёв）。1878 年，他受东西伯利亚总督派遣赴南乌苏里地区调查"异族人"。维斯列涅夫到访过南乌苏里地区包括中国人在内的"异族人"生活区，对中国人的数量、居住区分布、居住房舍数量等做了详细记载，甚至包括一些人的姓名、年龄、家庭成员等都有记载，为研究该问题留下了珍贵资料。维斯列涅夫称呼乌苏里地区包括汉族人在内的单身雇工为"跑腿子"，错误地认为他们是一个单独的民族。

（2）关于阿穆尔州华人的

19 世纪下半叶，在俄国远东地区的中国人主要的居住地是南乌苏里地区，除了该地外，阿穆尔州也居住着一部分中国人，这些人的主要居住地是我们所称的"江东六十四屯"。"江东六十四屯"的中国人受到了帝俄部分人士的关注，对其生产生活情况进行一定的记述。总参谋部上校 А. Ю. 纳扎罗夫（Назаров）的《阿穆尔州的满族人、达斡尔族人、汉族人》（Маньчжуры，дауры，китайцы Амурской области, Известия Восточного Сибирского Отделения Императорского Русского Географического Общества. Т. 14. № 1 - 2，1883）和 Г. Е. 格鲁姆—格日麦洛（Грум-Гржимайло）的《阿穆尔州志》（Описание Амурской области，Санкт-Петербург：типо-лит. и переплетная С. М. Николаева，1894）就属于这类。前者的研究对象即为"江东六十四屯"的中国人，后者是州志，州志中一章名为"阿穆尔州的异族居民"，其中涉及"江东六十四屯"的中国人。以上著述对"江东六十四屯"的中国人的民族成分（分为汉族人、满族人和达斡尔族人三个民族）、数量（既包括人口数量，包括村屯数量）、居住地、拥有的牲畜、种植作物等情况进行详细记载，是研究 19 世纪下半叶阿穆尔州中国人的重要资料。

前　言

（3）关于整个阿穆尔河沿岸地区中国人的

帝俄学者关于远东地区中国人的研究中，除了以乌苏里地区中国人或以"江东六十四屯"中国人①为研究对象外，还有的是以整个阿穆尔河左岸的中国人为研究对象的著述，即研究对象既包括乌苏里地区的中国人，也包括"江东六十四屯"的中国人，代表性成果是 В. В. 格拉韦（Граве）的《阿穆尔沿岸地区的中国人、朝鲜人和日本人》（Китайцы, корейцы и японцы в Приамурье, Труды командированной по Высочайшему повелению Амурской экспедиции. Санкт-Петербург: тип. В. Ф. Киршбаума, Выпуск XI, 1912）②。阿穆尔考察队是在阿穆尔沿岸地区总督 Н. Л. 贡达基（Гондатти）的领导下组建的，以对阿穆尔河左岸进行综合性考察为任务，该地的"黄种人"也被列入了考察范畴。对"黄种人"的考察这由外交部特派员 В. В. 格拉韦负责，后以《阿穆尔沿岸地区的中国人、朝鲜人和日本人》为名出版了考察报告。虽然名为中、朝、日三国人的考察报告，但中国人是考察重点，篇幅也最长。该资料集的资料主要有三个来源：一是考察报告，这是主要的来源；二是阿穆尔河沿岸地区总督辖区下属行政机关的文件；三是俄国驻芝罘领事馆的关于中国人赴远东的相关数据资料。考察报告中格拉韦对中国人的态度在一定程度上代表了俄国官方的立场。

（4）关于中国人与"黄祸论"的

所谓的"黄祸论"是指以中国人为主的"黄种人"对"白种人"构成了威胁，"白种人"应当联合起来对付"黄种人"的一种思潮，对"黄种人"特别是中国人在远东经济开发中的作用持否定态度。19世纪下半叶，"黄祸论"思潮在俄国远东地区出现，初期即20世纪前的"黄祸论"在远东地区影响力有限，那时关于中国人的一些报道还算客观。1886年报刊刊文称："来自中国或者在乌苏里地区的'蛮子'没有政治危险，他们只是对经济感兴趣，认为从俄国赚钱比国内容易，所以

---

① 俄国人称其"原著满洲人"（зазейские маньчжуры）。
② 该书的"中国人部分"已经被翻译成中文并出版，即 В. В. 格拉韦：《阿穆尔沿岸地区的中国人》，李春艳等译，黑龙江教育出版社2014年版。

就来到我们这里。"①

进入20世纪后，随着中国人为主的"黄种人"涌入俄国远东地区数量大增，"黄祸论"开始大行其道，特别是在日俄战争后。持有该观点的人以远东地区为主的俄国媒体、部分政界人士为主，他们对中国人涌入带来弊端大加渲染，其中不乏夸大、炒作的成分，缺乏客观性。作家兼评论家 А. Я. 马克西莫夫（Максимов）的观点较有代表性，他在《我在太平洋上的任务：政治评论》（Наши задачи на Тихом океане: Полит. этюды. С-Петербург: типо-литография К. Л. Пентковскаго, 1901）中写道：乌苏里地区每个角落都充斥着中国人，他们组成稳定的定居人口，他们不承认俄国政权，他们仍然是中国的臣民。他们不缴纳任何赋税，也不服劳役，不断盗窃边疆区的自然资源，无偿使用土地，发家致富，对俄国有弊无利。不仅如此，中国人还自己选举出，不受俄国行政机构的监督，成了奇怪的国中之国……不要忘记华人熟悉边疆区的每一条小路、每一处山谷和每一道小溪，一旦中国和俄国发生冲突，他们是俄国危险的敌人。② А. А. 帕诺夫（Панов）也持有同样观点，他的《阿穆尔沿岸的黄种人问题》（Жёлтый вопрос в Приамурье, Вопросы колонизации. 1910. № 7）、《阿穆尔地区的黄种人问题和反对黄种人控制的措施》（Жёлтый вопрос и меры борьбы с《жёлтым засильем》в Приамурье, Вопросы колонизации. 1912. № 11）和 И. С. 列维托夫（Левитов）的《黄祸：黄色的俄国》（Жёлтая опасность. Жёлтая Россия, Русский вестник. 1901. Июль）属于此类，无视中国人在远东开发中的贡献，一味强调其负面作用。

与否定中国人在远东地区经济发展贡献相对应的是，也有人主张应从两个方面来看待中国人，一是从政治军事角度看，以提防、限制黄种人，尤其是中国人；二是从远东经济开发角度看，应该看到黄种人在远东经济发展中的贡献。А. 科莫夫（Комов）的《阿穆尔金矿的黄种人和工人问

---

① Гребенщиков. Имеют ли китайцы виды на Приамурский край? Дело. 1886. № 3 – 4..
② Максимов А. Я. Наши задачи на Тихом океане: Полит. этюды. С-Петербург: Типо-литография К. Л. Пентковскаго, 1901. С. 16、18 – 19.

前　言

题》（Жёлтая раса и рабочий вопрос в Амурской золотопромышленности，Сибирские вопросы. 1909г. № 32）、《阿穆尔金矿的黄种人和工人问题（续篇）》［Жёлтая раса и рабочий вопрос в Амурской золотопромышленности（продолжение），Сибирские вопросы. 1909. № 33］、《关于阿穆尔边区的中国人和朝鲜人》（О китайцах и корейцах в Приамурском крае，Сибирские вопросы. 1909. № 27）属于这类，尽管其中也流露出对中国人大量涌入的恐慌，但也能看到中国人在远东经济发展中的贡献。

总体上看，帝俄时代关于俄国远东地区中国人问题的众多研究者中，以那段历史的亲历者为主，如行政官员、军官、受官方派遣的考察者等，由他们撰写的众多成果的学术性不强，但资料价值大，为后人研究该问题提供了不可或缺的珍贵史料。这时期"黄祸论"在远东地区出现并大行其道，该思潮的出现与远东地区中国人大量出现有关。

2. 苏联时期

受政治影响，苏联学界对远东地区外国人问题的研究显得有些寂寥，这一情况尤其在20世纪30年代中国人、朝鲜人被迁离出远东地区后更加明显。20世纪30年代末的大规模的政治镇压和卫国战争的严重损失，使得许多俄罗斯东方学学校和机构不复存在，相当于给那个时代的所有俄罗斯汉学画上了句号。[①] 与汉学研究密切相关的华人华侨问题研究也受此影响大，一定程度说20世纪30年代末起华人问题是学术研究的禁区。然而50年代末对中国人、朝鲜人参加十月革命和国内战争开了绿灯，之所以如此是出于政治需要，为了修复苏中两国业已经出现的"裂痕"，但随着苏中两党、两国关系的进一步恶化，该课题再次被禁止研究。[②] 在这样背景下，关于帝俄远东地区中国人问题的研究成果较少。

Ф. В. 索洛维约夫（Соловьёв）是苏联学者中为数很少的从事帝俄时代中国人问题研究并出版著述的学者。索洛维约夫关于远东地区中国人

[①] В. Г. 达岑申：《俄罗斯汉学史（1917—1945）：俄国革命至第二次世界大战期间的中国研究》，张鸿彦译，北京大学出版社2019年版，第5页。

[②] Ларин А. Г. Китайские мигранты в России：история и современность，Москва：Восточная книга，2009，С. 9.

的著作有两部，分别是《19 世纪下半叶至 20 世纪初中国短工与滨海地区地理名称》［Китайские отходники и их географические названия в Приморье（вторая половина XIX-начало XX в.），Владивосток：ИИАЭ ДВО АН СССР，1973］、《资本主义时代俄国远东地区的中国短工（1861—1917）》［Китайское отходничество на Дальнем Востоке России в эпоху капитализма（1861 - 1917 гг），Москва：Наука，1989］。

《19 世纪下半叶至 20 世纪初中国短工与滨海地区地理名称》是从滨海地名角度来谈远东的中国人，作者指出远东地区中国地名并非自古就有，是 19 世纪中叶之后才出现的，具体说是俄国在开发远东地区之初，由来此的中国短工（китайское отходник）给命名的，不是该地世居华人（исконное китайское население）命名的。① 该观点有失偏颇，远东地区的一些城市的中文名字很早就存在，如海参崴、伯力、海兰泡、双城子、庙街等②，因为它们曾经是中国的领土，非如作者所言是 19 世纪下半叶中国工人到达远东地区后才出现的。作者如是说，是否定阿穆尔河左岸自古是中国领土的事实，是为俄国及苏联学者所谓的"收复失地运动"错误观点服务的。

在 20 世纪 70 年代成果基础上，20 世纪 80 年代末，Ф. В. 索洛维约夫出版了《资本主义时代俄国远东地区的中国短工（1861—1917）》一书。该著作内容涵盖了中国人在俄国远东地区出现的历史背景、数量、主要活动等。此外，著作还涉及了中国人的地位和自我管理等。研究中索洛维约夫试图突破 19 世纪末 20 世纪初俄国人以资料调查为主研究模式的束缚，形成自己特色，但实际上没有实现该目标。著作是以中国"短工"（отходничество）为研究对象，不可否认那时远东地区的中国人以"短工"或"季节工"占绝大多数，但也有长期生活的，如"江东六十四屯"居民，这类人未进入作者视野，不能不说是一遗憾。在分析那时在远东地区中国"短工"社会成分时，索洛维约夫看到主

---

① Соловьёв Ф. В. Китайское отходничество на Дальнем Востоке России в эпоху капитализма（1861 - 1917 гг），Москва：Наука，1989. C. 8.

② 周定国：《俄罗斯远东七个地名探源》，《地理教学》2004 年第 11 期。

前　言

要来自"破产农民"的事实。中国人来俄国远东地区的目的不是过"野蛮的自由生活",而是为了解决温饱问题。① 这与帝俄时代的一些学者认为远东地区的中国人当中犯罪分子和红胡子占有较高比例的观点有别,符合历史事实。

除了为数很少的几部专门研究远东中国人的著作外,这时期远东移民史的著述中都会涉及中国人,代表作是 В. М. 卡布赞(Кабузан)的《17 世纪下半叶—20 世纪初远东地区是如何变得人口稠密的?》(Как заселялся Дальний Восток. Вторая половина XVII-начало XX века, Хабаровск: Хабаровское книжное издательство,1973)。该书是关于帝俄时代远东移民开发的著作,重点论述俄罗斯人和乌克兰人在远东开发中贡献,关于中国人只是略有涉及。书中某些观点违背历史事实,如作者认为 19 世纪 70 年代南乌苏里地区中国人的构成发生变化,临时的、季节性华工数量减少,定居的中国人数量增加了。② 此外还有:Н. А. 比利姆(Билим)的《通向东方的条条道路——以远东地区劳动移民为视角》(Сто дорог на Восток: Из истории переселения трудящихся на Дальний Восток, Хабаровск: Книжное издательство,1978)和 А. И. 阿列克谢耶夫(Алексеев)的《19 世纪末之前俄国人开发俄国远东和俄国的美洲》(Освоение русскими людьми Дальнего Востока и Русской Америки до конца XIX в. Москва: Наука,1982)。

总体上看,苏联学者对帝俄时代远东地区中国人问题的研究受政治因素影响大,在研究远东地区历史时有意回避中国人问题,为数很少的关于远东地区中国人问题的著述又缺乏客观性,具有学术研究为政治服务的特点。

3. 俄联邦时期

苏联解体后,随着相关档案的解密和较为宽松学术研究环境的出

---

① Соловьёв Ф. В. Китайское отходничество на Дальнем Востоке России в эпоху капитализма(1861 - 1917 гг.). Москва: Наука, 1989. С. 34.
② Кабузан В. М. Как заселялся Дальний Восток. Вторая половина XVII-начало XX века, Хабаровск: Хабаровское книжное издательство, 1973. С. 70.

现，俄罗斯学者围绕俄国远东地区的中国人问题进行了深入、细致的研究，研究的深度、广度都超过帝俄和苏联时期。同之前的著述相比，不乏较为公正、客观的成果问世。

(1) 关于中国人通论的

《在俄罗斯中国移民的今昔》（Китайские мигранты в России： история и современность，Москва：Восточная книга，2009）[①]。作者是俄罗斯科学院远东研究所（Институт Дальнего Востока РАН）高级研究员（старший научный сотрудник）А. Г. 拉林（Ларин）。著作研究的时段跨越帝俄、苏联、俄联邦三个时期，是关于俄罗斯中国人的"通史"，历史和现实兼顾。作者视野宽阔、旁征博引，全面展现了中国人在俄罗斯的历史，其中关于帝俄时代部分占全书的1/7左右的篇幅。论述过程中拉林的一些观点较为公允，如关于19世纪末20世纪初的"黄祸论"，拉林先生的评价较为客观，"'黄祸'的恐慌很大程度上被扩大了"，许多报道的远东中国人的数量同实际相比相差悬殊。[②] 但著作对帝俄政府排斥乃至迫害中国人行为有所回避。

俄罗斯科学院远东分院远东各民族历史考古民族研究所（Институт истории，археологии и этнографии народов Дальнего Востока ДВО РАН）的 А. И. 彼得罗夫先生的研究同样值得关注，他是当代俄罗斯学者中为数不多的对帝俄时代远东的中国人和朝鲜人都进行过深入研究的学者。《俄罗斯中国人的历史：1856—1917》（История китайцев в России：1856-1917. СПб：ООО《Береста》，2003）是以帝俄时代在俄国中国人为研究对象的力作。帝俄时代，中国人在俄国活动的主要区域是远东地区，专著是帝俄时代中国人在远东地区的全史。与其他研究成果相比，彼得罗夫著作内容丰富。索洛维约夫、拉林、索罗金娜等人

[①] 该书出过两个俄文版本：Китайцы в России вчера и сегодня：исторический очерк，Москва：Муравей，2003；Китайские мигранты в России：история и современность，Москва：Восточная книга，2009. 修订版已经翻译成中文，即亚·格·拉林：《中国移民在俄罗斯：历史与现状》，刘禹、刘同平译，天津人民出版社2018年版。

[②] Ларин А. Г. Китайские мигранты в России：история и современность，Москва：Восточная книга，2009，С. 47.

前　言

的对帝俄时代中国人问题的研究偏重于中国人经济活动，而彼得罗夫则突破了该点，将视角延伸到中国人的文化生活，这是可贵尝试。然 А. И. 彼得罗夫的研究没能摆脱大俄罗斯民族主义的窠臼，将研究的起点定在1856年滨海州的建立，表明作者认同《北京条约》签订前穆拉维约夫通过非法方式在阿穆尔河左岸获得的由哥萨克控制的土地为俄国领土。

除了"通史"外，А. И. 彼得罗夫还发表了若干篇关于帝俄时代在俄罗斯中国人的学术论文。《对1858—1884年在俄国中国人的研究》一文中将帝俄时期远东中国人问题的研究分为1858—1884年、1884—1895年、1895—1905年、1905—1917年四个时期。[①] 作者将1858年作为俄国学者对在俄中国人研究的起点，笔者也不能苟同。中俄《瑷珲条约》未被清政府批准，1860年《北京条约》才划定的中俄东段边界的基本走向，才有了俄属阿穆尔河沿岸地区。既然1860年前还没有出现俄属阿穆尔河沿岸地区，就没有当地的中国人，对中国人的研究就无从谈起。А. И. 彼得罗夫在学术史梳理和上述大作——《俄罗斯中国人的历史》中所持有观点都是帝俄和苏联学者视外兴安岭以南、黑龙江以北是"无主土地"和俄国"收复失地运动"错误观点的延续。А. И. 彼得罗夫的系列成果为本书稿的撰写提供了重要参考。

当代俄罗斯汉学家 В. Г. 达秋生（Дацышен）的《17—20世纪西伯利亚的中国人：迁移和适应问题》（Китайцы в Сибири в XVII-XXвв: проблемы миграции и адаптации, Красноярск: СФУ, 2008）是近年关于俄罗斯中国人历史的有分量的著作。研究中作者采用广义"西伯利亚"的概念，即指包括远东地区在内的广大的俄罗斯亚洲部分。尽管研究时段是17—20世纪400年，但作者论述的重点是19世纪下半叶至20世纪下半叶一个世纪左右的历史。达秋生著作的一个鲜明特点是资料丰富，尤其是档案资料。尽管俄罗斯学者在研究在俄国中国人问题都会不同程度运用档案文献，然该书的档案文件的征引是其他著述不能与

---

① Петров А. И. Изучение китайцев в России. 1858 – 1884, Россия и АТР. 2005, № 3.

其比拟，共使用了27家档案馆的馆藏文件，既有俄罗斯中央和地方档案馆的档案，还包括俄罗斯外独联体国家档案馆的文件。

难能可贵的是，达秋生不赞同"黄祸论"及"中国移民扩张论"，认为大量中国人来到西伯利亚地区就是单纯的人口迁移，没有其他特别的政治目的，较为客观。但认为中国人向图瓦地区移民则是例外，言外之意是有政治目的，观点有失公允。在总结中国人在西伯利亚及全俄特点时，作者认为在俄中国人呈现入俄籍率低、多数中国人没有加入俄国籍、中国人适应和融入俄国社会不理想的特点，并对特点出现的原因进行了分析。В. Г. 达秋生能从中国角度分析，如认为中国人融入俄国社会不理想与中国人在俄地位不稳定、男女比例失调、浓厚的乡土情结等有关系，而忽略了俄罗斯因素。俄罗斯大民族主义、俄罗斯人排外性在中国人融入俄罗斯主流社会不理想中起了很大作用，历史上和当前俄罗斯都没有出现过"唐人街"就能证明该点。达秋生著作的这一缺陷无疑使《17—20世纪西伯利亚的中国人：迁移和适应问题》一书的学术价值打折扣。

（2）中国人在俄国远东地区分布及活动方面

主要成果有：Т. З. 波兹尼亚克（Позняк）的《19世纪下半叶至20世纪初俄国远东城市的外国人》（Иностранные подданные в городах Дальнего Востока России（вторая половина XIX-начало XXв），Владивосток：Дальнаука，2004）。该著作的研究对象是远东城市的外国人，既包括中国人、朝鲜人、日本人在内的东亚人，也包括俄国外其他欧洲国家人。著作对19世纪下半叶至20世纪初远东城市的外国人数量、在城市建设的作用、社会融合、俄国当局对外国人的政策等问题进行阐述，强调的是外国人的"整体性"，没有将中国人作为"个案"进行研究。作者认为中国人迁移俄国远东地区非"特有的现象"，仅是19世纪下半叶20世纪初中国人海外移民大潮的一个"很小的组成部分"[①]。将中国人迁移远东放在华人华侨移居海外的大视野下来看待。

---

① Позняк Т. З. Иностранные подданные в городах Дальнего Востока России（вторая половина XIX-начало XX в），Владивосток：Дальнаука，2004. С. 20.

前　言

著作中，作者通过掌握的资料计算出中国人在远东南部城市外国人中的比例在75%—90%间浮动。

А. В. 阿列普卡（Алепко）的《18世纪末至1917年远东地区外资和企业》〔Зарубежный капитал и предпринимательство на Дальнем Востоке России（конец XVIII в-1917г），Хабаровск：Издательство ХГПУ，2001〕。和波兹尼亚克的观点不同，阿列普卡对帝俄时代远东地区中国人的活动给予消极评价。如认为中国人多数经济活动是非法的和有组织的，"中国人所从事的被俄国官方严厉禁止的社会经济活动受中国秘密社团的领导"，观点过于武断，不仅中国学者不认同，一些俄罗斯学者对此也有异议。不可否认，那时个别中国人在远东地区确有从事非法经济活动，如走私、偷猎等，但将中国人的多数或所有的活动都打上"非法"标签则有失偏颇。

在前中国驻俄罗斯大使李辉先生的帮助下，近年俄罗斯出版了两部关于远东城市中国人历史的著作，分别是：Д. А. 安洽（Анча）、Н. Г. 米兹（Мизь）的《中国人在符拉迪沃斯托克的历史篇章》（Китайская диаспора во Владивостоке—страницы истории, Владивосток：Дальнаука, 2015）① 和 Г. Д. 科斯塔季诺夫（Константинов）、В. Н. 利什科夫斯基（Ляшковский）的《中国人在哈巴罗夫斯克（1858—1938年）》（Китайская диаспора в Хабаровске. 1858 – 1938. Хабаровск：Дальневосточный издательский центр《Приамурские ведомости》，2018）。两本著作分别是关于帝俄和苏联时期符拉迪沃斯托克和哈巴罗夫斯克中国人的著作。运用了大量档案资料，包括当时报纸、杂志、旅行者游记等，全景展示中国人在两城市生活和工作的画面，对中国人在两城市建设、经济发展中的活动持褒扬的态度。《中国人在哈巴罗夫斯克（1858—1938年）》一书将俄国远东地区中国人活动的起点定在1858年，即中俄《瑷珲条约》的签订，但该条约未被清政府批准。从国际法角度看，中俄《北京条约》意味

---

① 该书被翻译成中文并出版，即聂丽·米兹、德米特里·安洽：《中国人在海参崴——符拉迪沃斯托克的历史篇章（1870—1938年）》，胡昊等译，社会科学文献出版社2016年版。

着广大的阿穆尔河（黑龙江）左岸隶属于俄国，所以将1858年作为俄国远东地区中国人研究的起点不恰当。

（3）俄（苏）政府对中国人管理及政策方面的研究

主要成果有：Т. Н. 索罗金娜（Сорокина）的《19世纪末至20世纪初俄国远东地区中国人的经济活动及阿穆尔当局的政策》[Хозяйственная деятельность китайских подданных на Дальнем Востоке России и политика администрации Приамурского края（конец XIX-начало XX вв.），Омск：Издательство ОмГУ，1999]和 Е. И. 涅斯杰洛娃（Нестерова）的《19世纪下半叶至20世纪初俄国当局和远东南部中国移民》[Русская администрация и китайские мигранты на Юге Дальнего Востока России（вторая половинаXIX-начало XXвв），Владивосток：Издательство Дальневосточного университета，2004]。两著作都是从中国人经济活动和当局政策两方面来研究远东地区中国人，并将二者有机结合起来。Т. Н. 索罗金娜在研究中认为在对待中国人问题上俄国中央政府和远东当局的态度不完全一致，远东当局在最终政策形成中起的作用要大于中央政府的。作者对俄国政府的中国人政策提出批评，认为在制定中国人政策问题上，无论是中央政府，还是远东当局都缺乏长远规划。

涅斯杰洛娃的《19世纪下半叶至20世纪初俄国当局和远东南部中国移民》在地理范围的确定上，选取的是当时中国人主要集中地——远东南部地区。著作从俄国当局管理的角度来研究远东地区的中国人，作者将帝俄对远东中国人的管理分为管理体制的确立时期、东西伯利亚总督辖区时期、阿穆尔沿岸总督辖区时期三个阶段。认为三阶段对中国人的管理制度不尽相同，管理制度的变化既同俄国决策层对远东地位认识的变化有关，也与远东地区欧俄移民、中国移民数量多少密不可分。

俄罗斯科学院远东分院远东各民族历史考古民族研究所高级研究员 Г. Н. 罗曼诺娃（Романова）是研究俄国远东地区历史及中俄关系史的资深学者，其学术活动跨越了苏联和俄联邦两个时期，出版和发表的众多成果中有关于远东地区中国人的著述，代表作为《19世纪末20世初远东地区中国人的工商业》〔Предпринимательство，земледелие и промыслы китайских мигрантов на Дальнем Востоке России（конец XIX-начало XX вв.），Проблемы Дальнего Востока，2013. № 6〕和《19 世纪末 20 世纪初远东中国人的贸易活动》〔Торговая деятельность китайцев на Дальнем Востоке России（конец XIX-начало XX в），Россия и АТР，2009. № 3〕。文章是以中国人在远东工商领域的活动为研究对象，既认识中国人在远东工商业发展中的贡献，也看到中国人非法入境、走私等活动，但有夸大中国人不法行为的做法。

(4)"黄祸论"方面的

苏联解体后，大量中国人再次涌入包括远东地区在内的俄罗斯，"中国威胁论"大行其道，受关注度甚至超过 19 世纪末 20 世纪初的"黄祸论"。那时关于俄中关系的几乎所有著述中都会涉及"中国移民问题"。研究者在阐述"中国移民威胁论"时几乎都要涉及帝俄时代的"黄祸论"，一定程度上看，后者是前者的"历史回溯"。这方面的代表作主要有两部。

第一部是 В. Л. 拉林（Ларин）的《中国和 90 年代上半叶的俄罗斯远东地区：区域关系问题》（Китай и Дальний Восток России в первой половине 90-х：проблемы регионального взаимодействия. Владивосток：Дальнаука，1998）是关于 20 世纪 90 年代中俄关系的力作，其中涉及远东地区中国人的历史，对中国人在远东地区历史做了简单回顾，并对"黄祸论"出现背景和不同时期"黄祸论"的内容做了介绍和剖析，作者的一些看法较为客观，如认为日俄战争前"黄祸论"主要是经济内容，日俄战争后增添了政治内容，但作者与多数俄罗斯学者一样没有改变从俄罗斯角度考虑问题的立场，对 19 世纪下半叶 20 世纪初中国人在远东地区活动更多地强调负面作用，忽视中国人在远东经济发展中的作用。

第二部是 А. В. 卢金（Лукин）的《俄国熊看中国龙：17—20 世纪中国在俄罗斯的形象》（Медведь наблюдает за драконом. Образ Китая в России в XVII-XX веках. Москва：Восток-Запад：ACT，2007）[①] 是以17—20世纪中国形象在俄罗斯演变为切入点探讨中俄（苏）关系的著作，其中一节为"不受欢迎的外来移民"。该节是以19世纪末20世纪初远东地区中国人为研究对象，表达了对大量中国人进入远东地区的恐惧，对中国人在缓解远东地区劳动力不足问题上起的作用视而不见，一味强调以中国人为首的"黄种人"的威胁，是帝俄时代毫无根据的"黄祸论"的延续。

纵观俄罗斯学界对帝俄时代远东地区中国人问题的研究可以得出如下结论：

其一，研究的重点多集中在中国人来到远东的过程、分布和帝俄对其政策等问题，而对中国人在远东地区的适应和与俄罗斯文化的融合以及自我管理等问题研究薄弱。

其二，无论是帝俄学者、苏联学者，还是俄联邦学者都存在不同程度的大俄罗斯民族主义，这一特点表现在两方面：一是忽视中国人在远东地区经济发展中的贡献，刻意夸大中国人的违法行为，为限制和排斥中国人寻找根据。二是将中国人在俄国远东地区出现的起点定在19世纪50年代末，非1860年中俄《北京条约》。或将穆拉维约夫非法航行黑龙江作为起点，或将中俄《瑷珲条约》签订作为起点。该观点反映出俄罗斯学者在中俄东段边界形成问题上态度，是黑龙江流域是"无主土地""收复失地运动"等错误观点的体现，是大俄罗斯民族主义的反映。

三　研究方法

文献分析法，史料是历史学研究的基础，本书在坚持马克思主义唯物主义的基础上，充分挖掘关于远东地区中国人的各类史料，既包括俄

[①] 该著作有中文版，即亚·弗·卢金：《俄国熊看中国龙：17—20世纪中国在俄罗斯的形象》，刘卓星等译，重庆出版社2007年版。

文史料，也包括中文史料，特别是一手资料以增加研究的学术价值。

综合研究方法，本书属于移民史问题，不可避免地涉及人口学、社会学、民族学、政治学等跨学科知识，因而运用综合研究方法实属必要。

比较分析法，本书不仅将帝俄远东地区中国人不同时期活动的特点及帝俄政府对其政策进行比较，同时也将中国人与同为东亚人、在帝俄远东地区经济发展中起了一定作用的朝鲜人、日本人进行比较。

四　重点难点

重点：帝俄时代中国人在俄国远东地区活动的特点及对远东经济社会发展的贡献是本书的重点之一；俄国当局对中国人在远东地区活动的态度、政策是本课题的重点之二。

难点：因本研究的时段距今遥远，关于那时中国人数量的原始数据的获取和准确性鉴别困难，这是本书难点之一；"黄祸论"在俄国最早出现于19世纪末的远东地区，这一时期正是中国人进入俄国远东的初始阶段，中国人在远东的活动与"黄祸论"的关系是本书的难点之二。

五　主要观点

帝俄时代，在俄国远东地区的外国人当中中国人数量最多、分布最广，各个行业、各个领域都有中国人的身影。中国人对帝俄时代俄国远东地区开发建设作出了巨大贡献，是远东社会经济发展的推动力量之一，他们的到来满足了俄国远东地区对廉价劳动力的需求。

俄国官方对远东地区中国人政策前后有变化。最初，俄国鉴于远东地区本国移民状况不理想，欢迎中国人的到来，后来随着中国人的大量涌入，加之来到远东地区的本国居民数量的增多，俄国官方对中国人的态度发生了变化，转为限制，进而排斥乃至驱逐政策。第一次世界大战期间，一些与战争不相关的领域出现劳动力严重不足，这也包括远东地区的一些非军事领域。在这样背景下，之前限制中国人的政策有所松动。

从停留时间上看，帝俄时代多数中国人在远东地区生活时间不长，短者春去冬来，长者生活2—3年，长期生活者有限，定居或入籍者更少。这一特点导致远东地区中国人的男女比例严重失调，男性数量远超过女性。与生活时间短相对应的是中国人融入俄国社会或对俄国文化认同情况不理想。

"黄祸论"或"中国人口扩张论"是没有根据的妄想症，该论调在帝俄时代俄国远东地区出现并有一定市场，该思潮的出现并产生一定影响既是大俄罗斯民族主义的反映，同时也与部分中国人在帝俄远东地区的不法行为有关。

六　相关概念的辨析或界定

（一）中国人概念的辨析

关于中国人或华人称谓的内涵，国内著名的华侨华人问题专家周南京先生在《世界华侨华人词典》中将其归纳为：对具有中国血统者的泛称；又称外籍华人或华族，英语为 Ethnic Chinese。已取得外国国籍的原华侨及其后裔。华侨丧失或放弃中国国籍，并取得外国国籍后，即改变身份为华人。[①] 本书采用的是前者的范畴，即帝俄时代俄国远东地区的中国人泛指有中国血统者，这既包括加入俄国国籍的，也包括没有入俄国籍、仍保有中国国籍者。

俄罗斯学者及相关领域人士在谈及来自中国的人时多用"中国移民"来称呼，因而有必要交待一下俄罗斯人的这一称谓。俄罗斯学者更多地使用"китайская эмиграция""китайская миграция""китайская иммиграция""китайские мигранты"称呼"中国人"，三个词组都可以翻译成"中国移民"。很显然，俄罗斯人对"移民"一词的理解与我们一般理解的"移民"

[①] 周南京：《世界华侨华人词典》，北京大学出版社1993年版，第267页。

前　言

有很大差异。俄罗斯人对"移民"的理解显然要宽泛得多，只强调由某一居住地向另一居住地的迁移，即人口在空间上的移动，而不论其是有组织的，还是自发的；是迁移后永久定居，还是临时暂住。唯其如此，俄罗斯不仅把在俄取得临时居住证和长期留住证的外国公民算作移民，把持有签证（对独联体国家公民免签）在俄罗斯务工和留学的外国公民算作移民，甚至把赴俄旅游的外国游客，还有在两国边境地区因工作需要往返通勤的外国人，如国际列车司乘人员都算作移民。① 可以看出，俄罗斯人所谓的"中国人移民"等同于本书的研究对象——中国人。

当代俄罗斯汉学家 В. Г. 达秋生先生持有同样观点。"中国移民（китайские мигранты）这个称谓涵盖了所有来自中国人的人，即所有中国人（китайцы），即包括在俄罗斯地域范围内长期居住者，也包括临时居住者。"② 由此看出，俄罗斯语境下的"中国移民"泛指在俄罗斯的中国人，是不考虑停留时间的长短。也就是说，不考虑他们是永久居留，还是长期居留，抑或是短期居留。

对于俄罗斯学界对在俄罗斯中国人的称谓，笔者较为赞同北京师范大学张建华教授的观点：在俄文文献中，"中国人"（китайцы）或"在俄中国人"（китайцы в России）是最为常见和内容最为宽泛的指代词。"中国公民"（китайский гражданин，китайские подданные）则是强调其国籍属性的专用词。"中国侨民"（китайские диаспоры）、"中国移民"（китайская миграция，китайская эмиграция，китайская иммиграция）、"中国流民"（китайские поселения，выходцы из Китая）和"中国移居者"（китайские переселенцы）则是强调其来源地的专用词。"中国工人"（китайские рабочие）、"中国劳动者"（китайские работники）、"中国劳工"（китайские трудящиеся）、"中国苦力"（китайские кули）、"中国短工"（китайское отходничество）、"中国劳动移民"（китайские

---

① 李传勋：《俄罗斯远东地区的所谓中国"移民"问题》，《俄罗斯中亚东欧研究》2009年第6期。

② Дацышен В. Г. Китайцы в Сибири в XVII-XX вв: проблемы миграции и адаптации, Красноярск: СФУ, 2008. С. 6.

трудовые мигранты）和"中国粗工"（китайские чёрнорабочие）则是强调其身份和职业属性的专用词，这四个名词可以统一简称为"华工"。然而，在俄文文献中，上述名词在通常情况下多混用、并用和连用，并无严格界限……除俄国专业汉学家的学术著作以外，俄文文献（包括俄国官方文件）中提及的"中国人"等名词，通常仅指其国籍、身份和职业属性，一般不包含其民族属性（如汉、蒙、满、回、藏等），也不包括其省份来源（如山东、河北、吉林、黑龙江等）。①

俄罗斯著名的中国移民问题专家 А. Г. 拉林先生持有同达秋生和张建华同样的观点。他在《中国人在俄罗斯的今昔：历史纲要》（Китайцы в России вчера и сегодня: исторический очерк, Москва: Муравей, 2003）中用"китайцы"来称呼在俄的中国人，而在修订版——《中国移民在俄罗斯：历史与现状》（Китайские мигранты в России: история и современность, Москва: Восточная книга, 2009）中使用的是"китайские мигранты"。在 А. Г. 拉林看来"китайцы"和"китайские мигранты"二者可以通用，都泛指在俄罗斯的中国人。

本书的研究对象——中国人，从国籍上讲，既包括加入俄籍或在俄国长期居留的中国人，也包括在俄国短期居住或暂时逗留的中国人；从民族属性讲，既包括汉族人，也包括满族人、达斡尔人、蒙古人等中华民族的其他成员；从职业上讲，涵盖在俄国远东地区从事各类职业的人，如雇佣工人、企业主、小商贩、农民等；从所从事活动讲，包括各个领域的中国人，如种植、工商、采金、交通运输、渔猎采集等领域。本书的"结语"中为了达到对中国人活动特点进行全面总结的目的，将中国人与远东地区另外两个主要的外国人群体——朝鲜人和日本人进行比较，对"朝鲜人""日本人"的界定等同于中国人的。

（二）远东地理范围的界定

本书研究的地理范围是远东地区，不同时期远东地区的范围不一样，

---

① 张建华：《旅俄华工与十月革命前后中国形象的转变》，《学习与探索》2009 年第 1 期。

前　言

故也有界定的必要。当前多数情况下所言的俄罗斯远东地区指的是"远东联邦区"（Дальневосточный федеральный округ），即根据2000年普京总统签署命令设立的"远东联邦区"，全俄共有7个联邦区，远东联邦区是其中之一。最初，远东联邦区下辖9个联邦主体即一级行政单位，分别是：哈巴罗夫斯克边疆区（Хабаровский край）、滨海边疆区（Приморский край）、堪察加边疆区（Камчатский край）①、阿穆尔州（Амурская область）、萨哈林州（Сахалинская область）、犹太自治州（Еврейская автономная область）、马加丹州（Магаданская область）、萨哈（雅库特）共和国（Республика Саха Якутия）、楚科奇自治区（Чукотский автономный округ），总面积达621.59万平方公里，是面积最大的联邦区。

2018年11月4日，普京再次颁布总统令，将原属于西伯利亚联邦区（Сибирский федеральный округ）的布里亚特共和国（Республика Бурятия）和外贝加尔边疆区（Забайкальский край）划归远东联邦区，至此远东联邦区拥有11个联邦主体，总面积为695.2万平方公里。"增肥"后的远东地区又增加了一个新毗邻国家——蒙古，至此俄联邦远东地区的邻国变为中国、朝鲜、日本、美国、蒙古5国，远东地区的地缘战略价值更大。历史上俄罗斯远东地区的地理范围和现在不尽相同，故本书研究对象——中国人活动的范围与苏联解体后"远东联邦区"不同，为了明确帝俄时代中国人活动的地理范围，有界定下帝俄时代远东地区地理范围的必要。

中俄东段边界基本走向是19世纪中叶形成的。俄国通过中俄《瑷珲条约》和《北京条约》，将我国黑龙江以北、外兴安岭以南，以及乌苏里江以东包括库页岛在内的一百多万平方公里的领土割占，至此俄国远东地区地理范围初步形成。帝俄时代，远东行政区划的变动较为频繁。1884年前，俄国政府未将远东地区设置为一个独立的行政区域，

---

① 最初，设置了堪察加州（Камчатская область）和克里亚克自治区（Корякский автономный округ）两个联邦主体，2007年根据全民公投结果，堪察加州和克里亚克自治区合并为堪察加边疆区。

而是使其隶属于东西伯利亚总督辖区。1856年、1858年在东西伯利亚总督区下分别设立了两个管辖远东领土的行政单位，即滨海州（Приморская область）和阿穆尔州（Амурская область）①。这时期的滨海州和阿穆尔州的地理范围与当前的滨海边疆区和阿穆尔州不同，范围远远大于当前的滨海边疆区和阿穆尔州。

最初滨海州的范围北起北冰洋，南至朝鲜北部边界，面积为156.24万平方俄里，涵盖了鄂霍次克、彼得罗巴甫洛夫斯克、哈巴罗夫斯克、符拉迪沃斯托克、尼古拉耶夫斯克等后来远东地区的中心城市。最初的行政中心是尼古拉耶夫斯克，19世纪80年代起行政中心变为哈巴罗夫斯克。② 阿穆尔州的成立要晚于滨海州两年，1858年成立。阿穆尔州主要管辖外兴安岭以南黑龙江以北自外贝加尔州和雅库特州边界至乌苏里江口和滨海州新界为止的地区，首府为布拉戈维申斯克。1884年，俄国政府对东部地区行政区划进行调整，设置阿穆尔河沿岸总督辖区（Приамурское генерал-губернаторство），至此广大的俄属阿穆尔河沿岸地区成为一个单独的行政区域。阿穆尔河沿岸总督区管辖的范围为：外贝加尔州、阿穆尔州、滨海州、符拉迪沃斯托克军事长官辖区。在俄国远东的行政区划发展史中，设置阿穆尔河沿岸总督辖区具有里程碑意义，因而有俄罗斯学者认为俄国远东"诞生"于1884年。③ 1906年，外贝加尔州脱离阿穆尔河沿岸总督辖区，划归伊尔库茨克总督辖区。因而说，1906年前，远东的地理范围是阿穆尔沿岸地区+外贝加尔地区。④

---

① 滨海州和阿穆尔州的俄文写法分别为"Приморская область"和"Амурская область"，旧译为"滨海省"和"阿穆尔省"。帝俄时代行政区划中的"省"多用俄文"губерния"，故译成"滨海州"和"阿穆尔州"为宜。参见马蔚云《俄国的远东政策与西伯利亚大铁路的修筑》，《俄罗斯学刊》2012年第1期。

② П. Ф. 翁特尔别格：《滨海省：1856—1898年》，黑龙江大学俄语系研究室译，商务印书馆1980年版，第8、45页。

③ Дубинина Н. И. Приамурский генерал-губернатор Н. И. Гродеков: историко-биографический очерк. Хабаровск: Издательский дом «Приамурские ведомости». 2001. С. 53.

④ 松里公孝：《1884年阿穆尔河沿岸总督区的创建与俄罗斯亚洲地区的权力重构》，《俄罗斯研究》2013年第2期。

◈ 前　言 ◈

（三）关于本研究的时段

本书研究的时段是 1860—1917 年。我国学界习惯称沙皇专制制度被推翻前的俄罗斯国家的历史为"俄国史"，即当前俄罗斯学界所谓的"帝俄时代"。本书接受国内该约定俗成的称谓，研究的时段为罗曼诺夫王朝统治时期即帝俄时代。书稿的上限是 1860 年中俄《北京条约》的签订，条约签订后广大的黑龙江左岸大片领土划归俄国，这样有了俄属阿穆尔河①沿岸地区。研究的下限是二月革命，苏联和俄联邦时期远东地区的中国人不在本书研究的范围内。

---

① "阿穆尔河"（р. Амур）是俄罗斯人对"黑龙江"的称呼，相应地"阿穆尔河沿岸地区"即为"黑龙江沿岸地区"。在俄罗斯学者笔下的"阿穆尔河沿岸地区"多数情况下指的是俄国一侧，即黑龙江（阿穆尔河）左岸。

第一章　帝俄时代中国人在远东的种植活动

　　随着中国的崛起，海外华侨华人问题逐渐受到了学界的广泛关注，然而相较对东南亚、北美等地的华侨华人的研究，国内学界对俄罗斯（包括苏联时期）中国人的研究显得薄弱。这一状况与中国人在俄罗斯的悠久历史及在各个行业扮演的角色是不相称的。因地缘的原因，远东地区是近代中国人较早进入且长期生活的俄国地区。1897 年，帝俄进行了第一次全国人口普查，当时在全俄的中国人数量为 5.7 万人（包括东干人），其中 4.1 万人生活在远东地区。① 之后，缺乏全俄中国人数量的统计，仅有远东地区以及中国人较为集中的滨海州、阿穆尔州、外贝加尔州等地不同年代中国人的统计数据。从地域上看，滨海州和阿穆尔州是中国人最为集中的两地，尤其是滨海州。清政府驻符拉迪沃斯托克总领事桂芳在 1911 年给外交部的报告中称："阿穆尔、东海滨两省内，华人最占多数，雇佣之值，约计每岁一千万卢布内外，该国官商侧目视为绝大漏危。"② 帝俄时代，俄国远东地区各个领域、各个行业都留下了中国人身影。下面围绕中国人在远东地区的种植、工商、渔猎采集、交通运输、采金、市政工程、烧酒加工等领域的活动展开论述。

　　帝俄时代，俄国远东地区中国人问题已受到国内部分学者的关注，但多集中于工商领域，鲜有涉及农业领域。帝俄时代，中国人在俄国远

---

① Ларин А. Г., Китайцы в России вчера и сегодня: исторический очерк, Москва: Муравей, 2003. С. 18.

② 丁进军：《宣统年间华侨经商及佣工史料》，《历史档案》1986 年第 3 期。

东地区种植领域的活动是其经济活动的重要组成部分之一。通过研究中国人在远东地区种植领域的活动可以管窥帝俄时代远东地区乃至全俄中国人与当地经济发展的关系。俄国远东地区地域广阔，自然和气候条件恶劣，种植业落后。远东地区农业发展的这一特点在俄国远东地区形成之初就有所体现。帝俄时代，在俄国远东地区粮食种植区主要有江东六十四屯和南乌苏里地区，中国人在两地种植业的发展中都起了很大作用。

第一节 "原著满洲人"的粮食种植活动

俄国远东地区地域广阔、资源丰富，但自然和气候条件恶劣，多数土地不适合耕种，种植业落后。远东地区农业区主要位于远东南部，即当前的阿穆尔州、滨海边疆区、哈巴罗夫斯克边疆区，其中阿穆尔州农业最为发达，有"远东粮仓"的称谓。远东地区农业发展的这一特点在远东地区形成之初就有所体现。帝俄时代，中国人对俄国远东南部地区的种植业的发展起了很大作用。

俄国远东地区第一批中国人的出现是中俄《瑷珲条约》和《北京条约》缔结的结果。根据条约内容外兴安岭以南、黑龙江以北，包括库页岛在内的原属于中国的100多万平方公里的土地割给俄国，但两条约给予了割占之地的清朝臣民以居留权。《瑷珲条约》规定："黑龙江左岸，由精奇里江以南，至豁尔漠津屯，原住之满洲人等，照旧准其各在所住屯中永远居住，仍著满洲国大臣官员管理，俄罗斯人等和好，不得侵犯。"[①]《北京条约》规定："遇有中国人住之所及中国人所占渔猎之地，俄国均不得占，仍准中国人照常渔猎。"[②] 这成为俄国历史上一个特例，即允许其境内的邻国人按其本国法律生活和不受俄国政府管理。原居住在黑龙江左岸及乌苏里江至海广阔地域上的清朝臣民被

---

① 《中俄边界条约集》（内部资料），商务印书馆1973年版，第21页。
② 《中俄边界条约集》（内部资料），商务印书馆1973年版，第28页。

第一章　帝俄时代中国人在远东的种植活动

"割地成侨",成了俄国远东地区最早的中国人群体,俄国人称其"原著满洲人"(зазейские маньчжуры)。

"原著满洲人"按照民族成分来划分,主要有汉族人、满族人和达斡尔族人,在国籍上他们仍属于中国国籍,居民的管理也由中国东北地方政府来行使。"原著满洲人"居住区域即我们通常所说的"江东六十四屯"。中文资料称"江东六十四屯"南北长140余里,东西长70—80里。俄文资料载"江东六十四屯"位于阿穆尔河左岸66俄里、深入内地20俄里的地带,总面积为1400平方俄里。①

"江东六十四屯"是个地理概念,实际在不同的历史时期屯数有变化,有二十八屯、三十屯、四十八屯等称谓。"所谓六十四屯,是1900年以前达到的村屯数。"② 江东六十四屯地处黑龙江和精奇里江冲积平原,地质肥沃,适合农牧,是黑龙江左岸自然条件最为优越之地。"江东六十四屯"的居民是帝俄时代远东地区从事种植活动的中国人代表之一。

鉴于"原著满洲人"在远东地区特别是在阿穆尔州种植业发展中的作用,因为这个原因《瑷珲条约》缔约谈判中,俄方才同意给予"原著满洲人"居留权。《瑷珲条约》俄方谈判代表 Л. А. 彼罗夫斯基(Перовский)直言道,"允许目前居住在左岸的中国居民居住一段时期,这对我们不但没有任何害处,相反,会有好处……"因为中国人"土地耕种得很出色,我们的移民还需要他们的粮食"。③ 彼罗夫斯基说出了俄国给予"原著满洲人"居住权的真实用意,同时也反映出"原著满洲人"对远东农业垦殖的意义。

最先来到阿穆尔河左岸的俄国人群体是哥萨克,俄国政府力求依

---

① Назаров А. Ю. Маньчжуры, дауры и китайцы Амурской области, Известия Восточно-Сибирского отдела Императорского Русского географического общества. Т. 14, № 1 - 2. Иркутск: Печатано в типографии Н. Н. Синицина, 1883. С. 1.

② 薛衔天:《关于江东六十四屯的屯数、屯名和居民人数问题的几点资料》,《瑷珲学刊》编辑部:《瑷珲历史论文集》,黑河地区哲学社会科学联合会1984年版,第215页。

③ А. П. 瓦西里耶夫:《外贝加尔的哥萨克》(史纲),第三卷,北京师范学院外语系俄语专业师生译,商务印书馆1978年版,第154页。

靠他们实现"屯垦戍边"的目的,但哥萨克不善农耕,生计难以维持,建立粮食基地更是无从谈起。19世纪下半叶,曾到过阿穆尔河沿岸的俄国总参谋部上尉、探险家 Н. М. 普尔热瓦尔斯基(Пржевальский)这样描述哥萨克的生活:"……生活富裕无从谈起,他们中的大部分人连起码的生活资料都没有,一年里从后半个冬天直到第二年收获期,政府要养活他们,好使他们不至于饿死……"①窘困中的哥萨克"经常向满人买点布达②"来"勉强度日",更有甚者"用衣服跟满人换粮食吃"。③

与派驻哥萨克"屯垦戍边"几乎同时进行的是,俄国政府以优惠条件吸引欧俄地区居民和外国人来阿穆尔河沿岸地区定居开发边疆,但收效甚微。据统计,1859—1881年13年间,迁移阿穆尔州的欧俄地区居民共有8704人。④平均每年670人,这个数量的移民相对于远东地区广袤无垠、亟待开发的土地而言是微不足道的。受优厚条件的诱惑,欧洲一些国家的移民,如芬兰人、捷克人等也迁居俄国远东地区,但这些人不能适应远东的自然环境很快离开。这样背景下,"原著满洲人"的存在对于19世纪下半叶远东农业垦殖的意义大,能在一定程度上弥补哥萨克不善农耕和俄国农业移民匮乏的缺陷。

"江东六十四屯"居民数量,中文资料记载得不够确切。《瑷珲县志》记载的《北京条约》签订后居民数量时用的是概数,"约有千余户,男妇万余人",大村屯"每屯百八十户六七十户不等,其余小屯每屯仅在四五十户二三十户不等"。⑤《北京条约》签订后,为了尽快在新领土上站稳,俄国政府曾多次组织人员对阿穆尔河左岸进行考察,并撰

---

① Пржевальский Н. М. Путешествие в Уссурийском крае. 1867 – 1869 гг. Москва: ОГИЗ, 1947. С. 230.
② "布达"是俄文"буда"的音译,指的是"谷子"。
③ А. П. 瓦西里耶夫:《外贝加尔的哥萨克》(史纲),第三卷,商务印书馆1978年版,第181、183页。
④ Полнер Т. И., Приамурье. Факты, Цифры, Наблюдения. Москва: Гор. тип., 1909. С. 852.
⑤ 孙蓉图修,徐希廉纂:《瑷珲县志》卷八《武事志》,成文出版社1920年版,第11页。

第一章 帝俄时代中国人在远东的种植活动

写了详细的考察报告,其中不乏关于"原著满洲人"数量方面的,这为后人研究"原著满洲人"留下了弥足珍贵的资料,但不同资料记载不同,有时差异很大。关于"原著满洲人"数量本书采用个别考察报告的记载。中俄《北京条约》签署时,阿穆尔州有"原著满洲人"1280 户、10646 人分布在 44 座村屯中。各个村屯满族人、汉族人、达斡尔族人数量和分布情况为:满族人 400 户、3286 人,分布在 16 个村屯;汉族人 540 户,分布在 14 个村屯;达斡尔族人 289 户、1960 人,分布在 14 个村屯。① 1881 年,阿穆尔州政府第一次人口普查数据显示:在结雅河到车尔扬耶夫站 1500 平方俄里的范围内约有常住中国居民近 13700 人,其中 12204 人是以家庭形式居住在此的。②

1883 年,曾到过江东六十四屯考察的俄国总参谋部上校 А. Ю. 纳扎罗夫(Назаров)对当地居民情况有过详细的调查和记载:江东六十四屯共有居民 1.4 万人、1266 户,每户人口不少于 11 人,全部居民分散在 63 个村屯里。居民的民族成分分别是汉族、满族和达斡尔族,汉族人③ 8600 人,满族人 4500 人,达斡尔族人 900 人。满族人、达斡尔族人汉化严重,和汉族人一样都已经定居,且会说汉语,三个民族的居民能够自由交流。④

1889 年,"原著满洲人"数量达到 15015 人。远东当局 1894 年曾派官员到结雅地区中国居民村落进行信息收集,统计在该地区有居民点

---

① Полнер Т. И., Амурье: факты, цифры, наблюдения: Собраны на Дальнем Востоке сотрудниками общеземской организации. Москва: Гор. тип., 1909. С. 59.
② 转引自邹继伟:《清末民初俄罗斯政府对江东六十四屯管理的尝试》,《社会科学家》2017 年第 2 期。
③ 原文用的是"китайцы",指的是江东六十四屯的"汉族人"。帝俄时代包括学者在内的俄国人多数情况下用"китайцы"来指代"汉族人",非"中国人"。当前一些俄罗斯学者处置历史上在俄中国人时也用此方式。"中国人(китайцы)在没有附带条件的情况下用来称呼来自中国的人是不准确的,该称谓仅适用于汉族人和一定程度上被汉化(接受汉语和汉族的某些精神、物质规则)的其他民族的人。"参见 Дацышен В. Г. Китайцы в Сибири в XVII – XX вв: проблемы миграции и адаптации, Красноярск: СФУ, 2008. С. 6.
④ Назаров А. Ю., Маньчжуры, дауры и китайцы Амурской области, Известия Восточно-Сибирского отдела Императорского Русского географического общества. Т. 14, № 1 – 2. Иркутск: Печатано в типографии Н. Н. Синицина, 1883. С. 10.

63个，房舍1364间，居民人数为16102人。这些居民的民族成分多样，有汉族、满族和达斡尔族。其中满族人村为27个，房舍510间，居民人数为5780人。① 从以上数据可以看出，19世纪下半叶"原著满洲人"数量稳步增加，从19世纪70年代1.06万人，到1883年1.4万人，再到1894年1.6多万人。

"原著满洲人"在19世纪下半叶阿穆尔州农业拓殖中扮演了重要角色。种地是"原著满洲人"最主要的经济活动。其居住地位于黑龙江和精奇里江②冲击成的冲积平原上，土质肥沃，适合农业生产。《瑷珲县志》这样描述该地的富庶："地土膏腴，无干旱水溢之虞。每晌年终获粮，较之江右各田，浮收一倍有奇。"并将瑷珲城富庶归结为"江东六十四屯"居民的供养，"庚子之先，瑷城富庶，实由于斯"③。自然条件优越，加之居民勤劳，那时"原著满洲人"普遍较富裕。

《瑷珲县志》描述的"庚子俄难"前江东六十四屯居民的富庶情况为：南北一百五十里许，东西八十里许，计旗丁二千一百五十四户，土地膏腴，人民勤农为务，年产诸粮富甲全省。家户居舍宽大，宅院整洁，蓄粮盈仓，豢牲皆群。④ 20世纪60年代黑龙江省有关部门组织调查组对曾经的"江东六十四屯"居民进行访谈，受访问的38名人员中一半以上是中农，其中不乏耕种数百垧地、马200多匹、车20多辆的"大粮户"。⑤

"原著满洲人"不管哪个民族的居民都从事农耕，"中国人、满族人、达斡尔族人整个夏天几乎全天从早到晚在田间劳作"⑥。其中汉族人从事种植活动的比例要高于满族人和达斡尔族人，故汉族居民较富裕，这能

---

① 转引自邹继伟《清末民初俄罗斯政府对江东六十四屯管理的尝试》，《社会科学家》2017年第2期。
② 俄国人称其为结雅河（р. Зея）——引者注。
③ 孙蓉图修，徐希廉纂：《瑷珲县志》卷八《武事志》，1920年，第11页。
④ 孙蓉图修，徐希廉纂：《瑷珲县志》卷八《武事志》，第28页。
⑤ 黑龙江省江东六十四屯问题调查组：《沙俄霸占江东六十四屯的前前后后——七十三位老人访问记》，《学习与探索》创刊号。
⑥ Назаров А. Ю. Маньчжуры, дауры и китайцы Амурской области, Известия Восточно-Сибирского отдела Императорского Русского географического общества. Т. 14, № 1-2. Иркутск: Печатано в типографии Н. Н. Синицина, 1883. С. 14.

第一章　帝俄时代中国人在远东的种植活动

从雇工的数量上得到证实。那时"原著满洲人"在农业生产中使用雇工较普遍，其中汉族人家庭的雇工最多。有资料记载，19世纪80年代初，16个汉族村屯①共雇用了1230名工人。一个叫桑野（Санье）的汉族人每年雇用了20名长工，农忙季节雇工有时会增加到40人以上；21个满族人村屯雇用了1204名工人；7个达斡尔族人村屯雇用了34名工人。②

至于"原著满洲人"种植活动的详细情况如耕地面积等，由于资料的缺少无从知晓，但能从役畜拥有量上看出一些端倪。受传统饮食习惯的影响，"原著满洲人"饲养马、牛的主要目的是用于生产，而非食用，因而"原著满洲人"役畜拥有量在一定程度上能反映出耕地的规模。纳扎罗夫将"原著满洲人"的村屯分为两类，一类是完整意义的村屯，符合这一条件的有37个，另一类不具备严格意义村屯特点：房舍散居各处的2—4所房子组成的小营子（заимка），具备这一特征的有26个。③ 从各个村屯居民拥有的役畜的数量能看出他们农耕的规模，以几个较大的村屯为例：

布京达村（Будинда），有满族居民71户、674口，有役马213匹，耕牛142头。

小阿林村（Малый Алинь），有汉族居民41户、533口，有役马205匹，耕牛164头。

大阿林村（Большой Алинь），有汉族居民129户、1677口，有役马645匹，耕牛520头。

图格敦阿林村（Тугбунь-Алинь），有满族居民40户、380口，有役马120匹，耕牛80头。

呼敦山村（Хубунь-шань），有汉族居民33户、429口，有役马

---

① 除极少数村屯外，江东六十四屯多数村屯都是三个或两个民族混居的，因而所说的"汉族人村屯""满族人村屯""达斡尔族人村屯"是以人口占多的民族命名的。

② РГА ДВ. Л. 61 – 62. См.: Сорокина Т. Н. Хозяйственная деятельность китайских подданных на Дальнем Востоке России и политика администрации Приамурского края（конец XIX – начало XX вв.），Омск：ОмГУ，1999. C. 51 – 52.

③ Грум-Гржимайло Г. Е. Описание Амурской области，Санкт-Петербург：типо-лит. и переплетная С. М. Николаева，1894，С. 394.

155匹，耕牛132头。

额尔古扎村（Эльгуза），有达斡尔族居民19户、167口，有役马76匹，耕牛66头。

赫吉山村（Хеди-шань），有汉族居民370户、481口，有役马185匹，耕牛141头。

辰敦山村（Чинь-дунь-шань），有汉族居民54户、702口，有役马270匹，耕牛216头。

博尔多村（Бордо），有达斡尔族居民24户、192口，有役马72匹，耕牛72头。

莫勒村（Мале）和毕喇村（Бира），有满族人39户、370口，有役马117匹，耕牛78头。

费托克索村（Фе-Токсо），中国人称它为"蓝旗屯"，有满族人27户、276口，有役马81匹，耕牛70头。

大吉利辰村（Большой Гильчинь）是黑龙江左岸汉族和满族村最大的一个，也是汉族人口最多的一个村屯，有汉族人205户、2490口，有役马1020匹，耕牛800头。村中一些汉族人很富有，有个叫兰志（Ландзи）的人，拥有大片良田。①

"原著满洲人"的作物种植情况。最初主要种植小麦、黍、玉米等适合北方居民的作物，其中黍的播种面积较大。后来随着俄国人迁移远东数量的增多，华人开始种植燕麦、黑麦等俄国人喜食作物出售，销路很好。俄国人曾在"原著满洲人"居住地设有粮食收购站，收购中国人生产的粮食。19世纪末，结雅河（р. Зея）、扎维塔亚河（р. Завитая）、托姆河（р. Том）、季姆河（р. Дим）等地金矿粮食的主要供应者是"原著满洲人"。19世纪80年代，以上矿区每年从华人手中购买粮食达30万普特。②

---

① Грум-Гржимайло Г. Е., Описание Амурской области, Санкт-Петербург: типо-лит. и переплетная С. М. Николаева, 1894, С. 394–396.

② Назаров А. Ю., Маньчжуры, дауры и кацтайцы Амурской области, Известия Восточного Сибирского Отделения Императорского Русского Географического Общества. Т. 14. № 1–2. Иркутск: Печатано в типографии Н. Н. Синицина, 1883. С. 17.

第一章　帝俄时代中国人在远东的种植活动

1884年，上结雅（Верхне-Зейская）公司和贾隆斯卡亚（Джалонская）公司向"原著满洲人"购买了1973普特、价值为3156卢布80戈比的荞麦；55091普特、价值为38563卢布70戈比的燕麦；1884年，商人И. 科杰尔尼科夫（Котельников）代涅尔琴斯克矿的布基内依（Бутиный）兄弟向江东六十四屯居民购买了1026普特、价值为1028卢布荞麦和8760普特、价值为5890卢布的燕麦。①"原著满洲人"在远东地区种植活动持续至20世纪初，"庚子俄难"后"原著满洲人"或被屠杀或渡江回国，其居住区被阿穆尔哥萨克占据，之后部分居民重返黑龙江左岸，但较少有从事农业活动的。

第二节　乌苏里地区中国人的粮食种植活动

俄国远东地区地域广阔，但受自然环境的制约多数地区不适合农耕。帝俄时代，在远东地区主要农耕区位于两地，一个是阿穆尔州的江东六十四屯，另一个是南乌苏里地区。乌苏里地区由南乌苏里和北乌苏里组成，南乌苏里地区又可分为苏昌区、绥芬区、兴凯区和阿瓦库莫夫斯克区。南乌苏里境内存在绥芬河、勒富河、刀兵河、乌拉河、苏昌河等乌苏里江的支流，这几条河流的河谷土质肥沃、面积广阔、气候湿润，适合种地。南乌苏里地区对农业移民有很大吸引力，中国农民、朝鲜农民及俄国欧俄农民纷纷在此耕作，各类作物均有种植，既有东亚人食用的粟、小麦、玉米等传统谷物，也有俄国人的燕麦、荞麦、大麦等。据纳达罗夫统计，1879年整个乌苏里地区的耕地面积为5702.5俄亩，其中北乌苏里仅为210俄亩，南乌苏里地区为5492.5俄亩。其中苏昌区最多，为2267.5俄亩，其次是兴凯区2034俄亩，阿瓦库莫夫斯克区693.5俄亩，绥芬区497.5俄亩。②

---

① РГИА ДВ. Ф. 704. Оп. 1. Д. 176. Л. 106 – 107，101 – 102. См.：Петров А. И. История китайцев в России：1856 – 1917. СПб：ООО «Береста»，2003. С. 428.

② 伊凡·纳达罗夫：《〈北乌苏里边区现状概要〉及其他》，上海人民出版社1975年版，第103页。

俄国远东地区中国人活动史（1860—1917）

相对于南乌苏里地区，北乌苏里地区具有多山、多河流的地理特点，该地耕地面积少，农业不发达。北乌苏里境内河流有乌苏里江最大支流——伊曼河、比金河、霍尔河、瓦库河、基亚河等，如伊曼河、比金河水量很充沛，以致两河下游沿岸经常受水灾之患，很显然这样的自然条件不适合种植活动。在北乌苏里地区为数不多的耕地中被哥萨克占了很大一部分。由于哥萨克的特殊性，外国移民在哥萨克区从事的种植活动有众多限制。相较于种地，北乌苏里地区从事狩猎、挖参的人比例较高。据纳达罗夫统计，19世纪80年代，北乌苏里地区有1300万俄亩土地，已开垦的有2040俄亩，其中哥萨克拥有1734俄亩，异族人拥有316俄亩。[1] 鉴于南乌苏里和北乌苏里地区自然条件的差异，南乌苏里地区是滨海州及远东地区最主要的农耕区，成为中国农民在远东地区的主要聚集地之一。

中俄《北京条约》签订后，对于新获得的黑龙江和乌苏里江沿岸的大片领土，俄国决策层更多是从政治和军事战略角度出发，如何在那里"站稳脚"是其最初目的。从这点出发，俄当局欢迎中国人来远东地区，对中国庄稼汉的活动未做过多限制，给予他们和俄国移民相同待遇，可以选择合适的空闲土地耕种。这时期中国庄稼汉和后来佃户、季节工有区别，他们无需和俄国人分享劳动成果。一般是在选中的土地上建一个简易的住所，最初是窝棚，之后渐渐变成房屋。窝棚或房屋周围的土地则归房主耕种，俄国当局很少干涉。生产中房主往往要找合伙人，有时也会雇工。收成的分配，要看投入资金及付出劳动的多寡。这些人和帝俄时代远东的多数春去冬回的"候鸟"——季节工相比，他们在俄居住的时间要长些。中国人在远东"自主"地种植活动持续时间不长，随着俄国移民的增多"自耕"活动被终止。

从19世纪80年代起，伴随着东北亚地区广受列强的关注和东北亚国际关系日益复杂化，俄国远东地区的战略地位凸现，在俄国对外政策中的地位上升。有的学者将帝俄对俄国远东地区的政策分为三个时期：

---

[1] 伊凡·纳达罗夫：《〈北乌苏里边区现状概要〉及其他》，第14页。

第一章　帝俄时代中国人在远东的种植活动

第一个时期是"充满热情时代",该时代是穆拉维约夫伯爵开创的;第二个时期是1856—1878年,"遗忘远东事务时代",因为该时期国际局势缓和,远东地区被遗忘;第三个时期是"热切关注时代",缘由是1878年柏林会议后国际形势紧张。[①] 19世纪80年代就属于俄国中央政府"热切关注"远东地区时期。同此相对应的是,俄国加强了对该地的管理,其中一项重要的举措是成立阿穆尔河沿岸总督辖区（Приамурское генерал-губернаторство）。此外,还加大力度鼓励欧俄居民向远东迁移,如实施官费移民等。随着俄国农民抵达远东数量的增多,对外国人在远东种植活动进行限制,如1892年6月18日法令规定,禁止包括中国人在内的外国人在阿穆尔州和滨海州拥有土地。在这样的背景下,中国"自耕者"被驱至别处,他们耕作多年的土地被俄国人占据,但由于新来的俄国人不能适应远东的自然环境,使中国"自耕者"有机会留下来。

对于种植业而言气候和土壤是两个最重要的要素,19世纪下半叶来到远东的俄国农民和哥萨克对二者均不适应。阿穆尔河沿岸地区降水量多,沿海地区雾气大,尽管作物茎叶粗壮,但谷粒不饱满。受气候影响,作物上还生有一种寄生菌,在菌作用下果实变异,食用后会头晕甚至呕吐。阿穆尔河沿岸地区的土质也不同于欧俄地区的,那里土壤以粉状的森林土质为主,其间常夹杂有砾石,从欧俄带来的种子、农具不能适应这种土壤。俄国农民和哥萨克的种植方式也加剧了种植危机。他们采用"撒播"法,这既不利于锄草,也不利于排涝,而中国人和朝鲜人采取"垄播",可以克服"撒播"的弊端,收成比俄国人好许多。[②] 那时中国人种植的小麦、大麦的收获量和播种量的比例是40:1,黍的收获量和播种量的比例是100:1。俄国农民和哥萨克种植的小麦收获量和播种量的比例一般是6—7:1,远远低于中国人和朝鲜人的收获量和播种比例。俄国农民和哥萨克为了增加收入,他们将耕地租赁给适应当

[①] 参见松里公孝《1884年阿穆尔河沿岸总督区的创建与俄罗斯亚洲地区的权力重构》,《俄罗斯研究》2013年第2期。

[②] П. Ф. 翁特尔别格:《滨海省:1856—1898年》,商务印书馆1980年版,第116—118页。

地环境、善于农耕的中国人、朝鲜人。这样，中国人以佃户的身份留下来，在自己曾经耕耘过的土地上继续劳作，由"自耕者"变成了俄国农民和哥萨克的佃户。那时将土地租赁给中国人、朝鲜人在滨海州特别是适宜农耕的南乌苏里地区较普及。

表1-1　　1910年符拉迪沃斯托克等地中、朝、日三国人租赁土地情况

承租人	符拉迪沃斯托克		尼科尔斯克—乌苏里斯克		哈巴罗夫斯克		总量	
	面积（俄亩）	所占比例（%）	面积（俄亩）	所占比例（%）	面积（俄亩）	所占比例（%）	面积（俄亩）	所占比例（%）
中国人	65	16.5	307	38.0	136	82.0	508	37.1
朝鲜人	330	83.5	501	62.0	30	18.0	861	62.9
日本人	—	—	0.41	0.05	—	—	0.41	0.02
总数	395	100	808.41	100	166	100	1369.41	100

资料来源：Шликевич С. П. Колонизационное значение земледелия в Приамурье, Труды командированной по Высочайшему повелению Амурской экспедиции. Выпуск. Ⅹ. СПБ., 1911. C. 12.

表1-1显示：中、朝、日三国人当中前两者是远东耕地的主要承租人，日本人承租土地仅为0.02%；朝鲜人承租的耕地多于中国人的，朝鲜人承租土地占62.9%，中国人承租土地占37.1%。那时日本人的生活地域有限和从事行业单一，主要在沿海一带从事捕捞海产品等活动，从事农耕者很少。至于表1-1显示的朝鲜人承租的土地多于华人，笔者分析是两个原因导致的，一是和远东朝鲜人务农比例高有关，二是和远东中国人的转租土地行为有关，一些中国人从俄国人手中承租土地，之后再转租出去，做"转租人"（субарендатор），从中赚取差价，被转租的土地许多被朝鲜人接手，而朝鲜人承租的土地几乎都自己耕种。

俄国远东地区中国人、朝鲜人租赁土地的价格问题。最初俄国农民和哥萨克出租土地的租金是以实物形式交纳，土地拥有者和承租人按照一定比例来分收获的粮食。多数情况下采取对半分成，即承租人要将土

第一章　帝俄时代中国人在远东的种植活动

地收获物的一半交给出租人。进入 20 世纪后地租多以货币形式交纳，但在不同的地区或同一地区的不同地段地租有差别。

表 1-2　　　　1910 年滨海州俄国人向中国人出租土地的情况

出租的土地所在区域	土地面积（单位：俄亩）	租金（单位：卢布）
弗拉基米洛夫斯卡—图古斯克乡	6	50
鲁日诺—卢特科夫斯克乡	1	20
斯帕斯克耶—斯帕斯克乡	7	142
尼科拉耶夫卡—伊万诺夫斯克乡	13.5	273
格罗杰科沃乡	33	238
彼得罗巴甫洛夫卡乡	111	1740
新尼科尔斯科耶—绥芬斯克乡	78	700
弗拉基米罗—亚历山大罗夫斯克耶—苏城乡	172	2967
戈卢博夫卡乡	5	38

资料来源：Петров А. И. История китайцев в России：1856-1917. СПб：ООО «Береста»，2003. С. 436-438.

从表 1-2 可以看出，不同区域的租金有差别，7.2 卢布/俄亩-20.3 卢布/俄亩不等。这一差别从出租人角度看，体现在"老住户"①和"新住户"上，"老住户"出租土地的价格高于"新住户"的。出现这一差别是由于"老住户"来远东早，能选择土质肥沃的地段，这类耕地租金自然要高些。

除了佃户外，帝俄时代远东地区种植领域还活跃着另外一个庞大的

---

① "老住户"和"新住户"是指迁入远东的俄国农业移民，两者划分依据是迁入远东的时间。"老住户"指 1861 年《俄国人与外国人在阿穆尔省和滨海省定居条例》颁布后迁入的农民，也叫"百亩土地所有者"（старожилы-стодесятинники），移民每户居民可分得 100 俄亩的土地。"新住户"指 1900 年《在阿穆尔省和滨海省建立移民地段的临时章程》颁布后迁入的，男性移民可分得 15 俄亩份地。"老住户"迁入时空闲土地多，可供选择的余地大，"新住户"选择余地小，因而"老住户"一般要比"新住户"富裕。参见王晓菊《俄国东部移民开发问题研究（1861—1917）》，中国社会科学出版社 2003 年版，第 109、121—122 页。

中国人群体——农业雇佣工人，这些人常常被称为"季节工"或"短工"，以此表明其工作的时令性。"季节工"多是在农忙季节赴俄，春节前后回国，一般在俄国工作几年后就永久回国。20世纪初，受俄外交部派遣、曾专门前往远东调查"黄种人"问题的 В. В. 格拉韦（Граве），考察后得出结论："在当地居留3年以上的中国人很少，无论从事何种职业，在积攒200—300卢布后就返回故乡。"① 帝俄时代，俄国远东地区较为殷实的俄国农民都要雇佣一定数量的中国人或朝鲜人，尤其是在农忙季节。曾在远东任职多年，曾先后出任滨海州任驻军司令（Военный губернатор Приморской области）和阿穆尔河沿岸地区总督（Приамурский генерал-губернатор）的 П. Ф. 翁特尔别格（Унтербергер）承认，多数俄国农民"在经营上一概墨守成规，几乎全雇佣中国工人和朝鲜工人经营农业"。②

帝俄时代，俄国远东地区中国农业雇工的工资和俄国农业工人相比差别很大。以乌苏里地区为例，19世纪末，俄国农业工人的工资是1卢布/日—1.5卢布/日，而中国雇工是0.4卢布/日—0.65卢布/日，最高不超过1卢布/日。1908年，俄国农业工人的工资是0.85卢布/日—1.05卢布/日，而中国工人的工资是0.55卢布/日—0.80卢布/日。阿穆尔州中国工人的工资标准和乌苏里的相差无几。19世纪末，阿穆尔州俄国工人在雇主提供伙食的情况下工资是0.6卢布/日—1.2卢布/日，而中国雇工在自带伙食情况下工资为0.3卢布/日—1卢布/日。1908年，阿穆尔州俄国工人工资为1卢布/日—1.25卢布/日，中国雇工的工资0.80卢布/日。③ 19世纪末20世纪初，俄国远东中国雇工的日工资仅为俄国工人的40%—60%。对于这种"同工不同酬"现象出现的原因，俄罗斯学者认为俄国工人和中国人在劳动效率上存在差异

---

① Граве В. В. Китайцы, корейцы и японцы в Приамурье, Труды командированной по Высочайшему повелению Амурской экспедиции. С. 7.
② П. Ф. 翁特尔别格：《滨海省：1856—1898年》，商务印书馆1980年版，第133页。
③ Комов А. Жёлтая раса и рабочий вопрос в Амурской золотопромышленности, Сибирские вопросы. 1909. №32.

第一章　帝俄时代中国人在远东的种植活动

导致的。俄国工人力气大、效率高，2名俄罗斯人的工作效率可以抵3—4名中国人或5—6名朝鲜人。以割草为例，俄国工人1天能割0.5俄亩，而中国人只能割0.2俄亩。①

作为远东地区最主要的农耕区，19世纪末20世纪初乌苏里地区集中了大量中国农民。南乌苏里地区有两处是中国农民较为集中之地，一处是苏昌河谷（д. Сучан），另一处是次木河（д. Цимухе）河谷，在这两处生活的中国人中务农者比例较高。因为两处土地肥沃，俄国移民未到达前空闲土地较多，所以两地从事农耕的中国人普遍富裕。19世纪60—80年代，在苏昌地区居住着一名叫李固（Лигуй）的中国农民在苏昌乃至乌苏里地区有影响力。李固是汉族人，他何时来到苏昌地区的不得而知，有俄文资料记载，1879年李固自称62岁，在苏昌生活了29年。② 由此计算出，他于1817年出生，中俄《瑷珲条约》签订前他就已经在苏昌生活了。李固很富有，不仅拥有大量耕地，而且房舍较多，据说是苏昌地区拥有房屋最多的中国人。他富有，且乐善好施，他家里经常住在一些投奔他的亲属和其他衣食无着的穷苦人或老无所依的老者，最多时达到40人。③ 李固在当地有很高的威望，长期担任苏昌中国人社团的"大爷"。

李固不仅在苏昌乃至南乌苏里地区中国人当中有威望，还受到俄国滨海州当局的表彰，表彰的原因是李固在"青岛淘金工人起义"期间的善举。"青岛淘金工人起义"导致南乌苏地区局势混乱，这期间李固作为苏昌和南乌苏里地区有影响力的中国人不能置身事外。李固对苏昌地区受到起义冲击的一般俄国人进行救助。起义爆发后，乌苏里地区的

---

① Комов А. Жёлтая раса и рабочий вопрос в Амурской золотопромышленности, Сибирские вопросы. 1909. №32.

② Нестерова Е. И. Китайский старшина Лигуй: вопросы истории и историографии, Дальний Восток России в системе международных отношений в Азиатско-Тихоокеанском регионе: история, экономика, культура. （Третьи Крушановские чтения）. Владивосток: Дальнаука, 2006, С. 146.

③ Сборник главнейших официальных документов по управлению Восточной Сибирью. Иркутск: типография Штаба Восточно-сибирского военного округа, 1883. Т. 4. С. 392.

红胡子及其他参加起义者一些俄国人的房舍被烧毁,牲畜等被抢劫,同时对当地无辜俄国进行了迫害。李固允许受起义冲击、无家可归的普通俄国人在家里避难。

淘金工人起义导致的混乱局面给当地普通中国人的生活带来不利影响。淘金工人起义期间远东地区红胡子也趁机作乱,借着混乱局势进行不法行为,为了使苏昌的中国人免受红胡子的侵扰,李固组织了警卫队,警卫队成员最多时达850人,由来自次木河的500名中国人和来自苏昌河上游的250名中国人及来自大集米河(p. Таудеми)一带的100名中国人组成。①

"青岛淘金工人起义"结束后,俄文文献中就没有了关于李固的记载,直到1880年俄文文献中再次出现了李固的消息。这一年不知何故李固阻止俄国军队进入苏昌地区,李固因此事被乌苏里的地方当局逮捕,关于如何处置他存在分歧,有人主张将其引渡给中国政府,还有人主张流放到他地区,两种意见相持不下,最后对李固的处罚不了了之。两年后李固再次面临着被俄国抓捕的危险。这次牢狱之灾源于李固接受了中国珲春协领的任命,珲春当局为了加强对苏昌地区中国人的管理向李固颁发了委任状,这样李固对苏昌地区中国人的管理开始具有了官方色彩。接受任命后,李固在苏昌组建一支由40人组成的警卫队来保卫苏昌地区中国人免受红胡子的骚扰,同时为了增强防御,李固组织人在苏昌地区的中国人居住地挖壕沟、建土围子等。李固接受中国官方任命和与珲春当局保持联系的行为被南乌苏里当局获悉后,后者很不满,将李固组织警卫保卫中国人不受红胡子侵扰行为当成了红胡子劫掠行为,李固被当成了红胡子头目,于是派人去苏昌抓捕李固,但没能抓到他,因为他事先得到消息,躲起来了,后来就没有李固的消息了,可能回国了。②

---

① Нестерова Е. И. Китайский старшина Лигуй: вопросы истории и историографии. Дальний Восток России в системе международных отношений в Азиатско-Тихоокеанском регионе: история, экономика, культура. (Третьи Крушановские чтения). Владивосток: Дальнаука, 2006, С. 146–147.

② Нестерова Е. И. Китайский старшина Лигуй: вопросы истории и историографии, С. 149.

第一章　帝俄时代中国人在远东的种植活动

第三节　俄国远东地区中国人的蔬菜种植活动

帝俄时代，活跃在俄国远东地区种植领域的中国人，按照其活动类型可分为粮农和菜农，分别以种植并出售粮食和蔬菜为职业的中国人。前者包括"原著满洲人"和乌苏里地区的中国粮食种植者。与"粮农"分布地域广相比，菜农分布地域有限，主要分布在城镇周围，特别是俄国人口较集中之地，如符拉迪沃斯托克、布拉戈维申斯克等地。

帝俄时代，俄国远东地区菜农的活动是俄国法律所允许的，且不需要交税。19世纪下半叶至20世纪初，中国菜农在滨海州特别是南乌苏里地区占有一定比例，该地是远东地区最适宜农耕之地。据纳达罗夫统计，1879年，南乌苏里地区有菜农78户。[①] 按照当地中国人数量计算，菜农在当地中国人中的比例是7%左右。

在符拉迪沃斯托克和尼科尔斯克周围生活着大量中国菜农。1882—1883年各地中国菜农数量为：俄罗斯岛（Русский остров）236人；尼科尔斯克70人；绥芬斯克187人；尼科尔斯克到符拉迪沃斯托克区间493人。[②]

与符拉迪沃斯托克隔海相望的俄罗斯岛是帝俄时代前远东地区中国菜农较为集中之地。据记载，1867年前俄罗斯岛上没有俄国人生活，相当长一段时期里岛上主要居民是中国人。俄罗斯岛上的中国人以种菜为生，菜农最多时达到上千人。俄罗斯岛上的中国菜农供应蔬菜的范围广泛，不仅为符拉迪沃斯托克、尼科尔斯克的居民供应蔬菜，还向蒙古盖（Мангугай）、新基辅斯克（Новокиевск）等地供应土豆、黄瓜、葱、圆白菜及鸡肉、鸡蛋等。"符拉迪沃斯托克市的蔬菜供应，几乎全

[①] 伊凡·纳达罗夫：《〈北乌苏里边区现状概要〉及其他》，上海人民出版社1975年版，第103页。

[②] Соловьёв Ф. В. Китайское отходничество на Дальнем Востоке России в эпоху капитализма（1861–1917 гг.）. Москва: Наука, 1989. С. 59.

被在俄罗斯岛经营大片菜园的蛮子①所控制。在尼科尔斯克村以及南乌苏里地区所有那些居民不务农的地方,情况大都类此。"②

那时中国菜农供应的蔬菜不仅质量好、价格便宜,而且服务周全,很受当地人欢迎。由于中国菜农熟悉远东自然环境,加之肯于吃苦、精耕细作,所以能将生产成本降到最低,菜价自然便宜。俄国居民纷纷购买中国人的蔬菜,认为买菜要"比自己种菜合算",甚至有自己蔬菜种植基地的驻军也订购中国人的菜,"从外边购进蔬菜比较有利于降低部队伙食用费,同时还可避免歉收的风险"③。中国菜农的售菜点多,既有固定的菜店,也会在城市广场、十字路口摆临时摊点,甚至沿街叫卖;既接受提前预订,也可送货上门及赊销和定期结账。曾记载符拉迪沃斯托克有个叫王福星的菜农送货上门的情况,甚至不无夸张地描述,"你还没有来得及回到屋里,他就出现了"。王福星在送货时经常说:"你们不用去市场,萝卜、葱头、螃蟹和黄瓜,一切,我们送去一切。不要钱,我不会骗你们,我是王福星。"④中国菜农或商贩的周到服务方便了符拉迪沃斯托克市民的日常生活。当时符拉迪沃斯托克只有一个市场,买菜只能到这里,市场位于市中心,市中心外的居民买菜要走很远的路,符拉迪沃斯托克周边居民购买蔬菜等生活必需品单程要走7俄里的路。当时在阿穆尔州存在一些以种菜为生的中国菜农,布拉戈维申斯克北郊有一个名叫"小北屯"的中国人聚居区,他们以向市区供应蔬菜等农副产品为生。⑤

---

① "蛮子"(манзы)是当时一些俄国人对远东地区汉族人的称呼,含有蔑视之意。"所有住在南乌苏里和北乌苏里境内的蛮子都是汉族移民,并不是满人。"参见伊凡·纳达罗夫《〈北乌苏里边区现状概要〉及其他》,上海人民出版社1975年版,第19页。普尔热瓦尔斯基的旅行日记中也这样称呼遇到的汉族人。据此,俄国人称1868年"青岛淘金工人起义"为"蛮子战争"。也存在另一种观点,即将汉族人和满族人统称为"蛮子"。参见松里公孝《1884年阿穆尔河沿岸总督区的创建与俄罗斯亚洲地区的权力重构》,《俄罗斯研究》2013年第2期。

② П. Ф. 翁特尔别格:《滨海省:1856—1898年》,第135页。

③ П. Ф. 翁特尔别格:《滨海省:1856—1898年》,第135—136页。

④ 聂丽·米兹、德米特里·安洽:《中国人在海参崴——符拉迪沃斯托克的历史篇章(1870—1938年)》,胡昊等译,社会科学文献出版社2016年版,第52页。

⑤ 中国人民政治协商会议黑龙江省黑河市委员会文史资料研究工作委员会:《黑河文史资料第八辑·旅俄华侨史料选》,黑河市政协委员会1991年版,第76页。

第一章　帝俄时代中国人在远东的种植活动

第四节　俄国各个阶层对中国人种植活动的态度

帝俄时代，如何看待中国人在远东地区的种植活动问题上，俄国各个阶层的态度不一致。整体上看，官方对中国人在远东的活动持否定态度，而一般民众则看到了中国人在远东种植领域的贡献。

对中国人的种植活动的看法，翁特尔别格的意见具有代表性，一定程度代表了俄官方态度。П. Ф. 翁特尔别格批评道：中国佃户和朝鲜佃户的野蛮垦殖方式损害了作为农民的道德声誉。中国人、朝鲜人不当行为掩盖了他们善于经营、爱劳动的优点。① 否定了中国人、朝鲜人在远东农业开发中的贡献。同时翁特尔别格也意识到在远东劳动力不足的背景下，中国人是不可替代的，"在本区经济生活的某些领域中缺少异族劳动力还不行"，并提出限制中国人的条件，"到了本区的俄国工人总数增加到可以不使用中国人和朝鲜人的时候，解决所提出的问题就大为简单了"。②

纳达罗夫"有条件"地承认中国人在远东农业发展中的贡献，"条件"为远东劳动力不足。"将来随着乌苏里地区俄罗斯农业人口以及一部分工业人口的增加，这种好处就会自然而然地不复存在。"关于中国人在远东农业发展中的贡献，纳达罗夫总结出两点："符拉迪沃斯托克和南乌苏里边区其他较大的居民点，靠蛮子才能获得食物和菜蔬；蛮子是廉价而又优秀的雇工。不论要多少这类雇工，随时都可雇到。"③ 纳达罗夫骨子里是排斥中国人的。"乌苏里地区应该具有纯俄国的面貌，我们丝毫也不欢迎乌苏里地区的蛮子居民。蛮子离开乌苏里地区愈快，

---

① РГИА ДВ. Ф. 702. Оп. 1. Д. 760. Л. 12 об. —13. См. ：Петров А. И. История китайцев в России：1856 - 1917. СПб：ООО 《Береста》，2003. С. 433.
② П. Ф. 翁特尔别格：《滨海省：1856—1898 年》，商务印书馆 1980 年版，第 121—122 页。
③ 伊凡·纳达罗夫：《〈北乌苏里边区现状概要〉及其他》，上海人民出版社 1975 年版，第 116 页。

该地区的俄罗斯化也就愈迅速。""只要乌苏里地区还有蛮子居民,就必须尽可能厉害地剥削他们。"①

对中国人评价低与个别中国人的不法行为有关。个别中国人的不法行为在种植领域的一个表现是种植罂粟。滨海州的奥尔金斯克(Ольгинск)县中国人种植罂粟面积较大。据统计,1906年,滨海州罂粟播种面积是200俄亩,其中奥尔金斯克县有80俄亩,占滨海州全部种植面积的40%;1910年,滨海州罂粟播种面积是306俄亩,其中奥尔金斯克县有120俄亩,占全省播种面积的32.8%。那时滨海州罂粟提取物——鸦片的主要流向是中国。据不完全统计,1897年,滨海州销往中国的鸦片达200普特。② 由于罂粟种植和鸦片走私的高额利润,因而承租用于种植罂粟的耕地租金要高于其他用途耕地许多,最高时达1俄亩100卢布。

那时一些俄国人不认同中国人精耕细作的耕作方式,认为耗费的人力太多,而且对自然环境造成破坏,因而提出对中国人承租土地进行限制。最令人费解的是,俄国人将远东俄国人的懒惰归咎于中国人,认为中国人承租土地行助长了俄国农民的懒惰,教会了俄国农民、哥萨克"不劳而获"。俄国地理学会会员、20世纪初曾考察过乌苏里的 В. К. 阿尔谢尼耶夫(Арсеньев)就是这种观点的持有者,他建议只能允许中国人以雇工身份,而不是佃户身份参与远东农业生产。③

与翁特尔别格、纳达罗夫等人在种植领域排斥中国人相反的是,当时一些远东官员比较清醒,认识到完全禁止中国人参与远东拓殖事业并不现实。如阿穆尔州官员 Е. Д. 兰金(Ланкин)就认为:远东农业生产和劳动力市场如此糟糕的背景下,农业生产中完全取消黄种人做不到。④

帝俄时代,远东一般民众对中国人在远东种植领域的活动的态度有

---

① 伊凡·纳达罗夫:《〈北乌苏里边区现状概要〉及其他》,第119页。

② Соловьёв Ф. В., Китайское отходничество на Дальнем Востоке России в эпоху капитализма (1861 – 1917 гг.), Москва: Наука, 1989. С. 60.

③ Арсеньев В. К., Китайцы в Уссурийском крае. Москва: КРАФТ. 2004. С. 245 – 246.

④ РГИА ДВ. Ф. 702. Оп. 3. Д. 383. Л. 10 об. См.: Петров А. И. История китайцев в России: 1856 – 1917. СПб: ООО «Береста», 2003. С. 439.

第一章 帝俄时代中国人在远东的种植活动

别于官方的,这可以从发表于《阿穆尔边区报》(Амурский край)的一篇评论中看出来。这篇评论发表的背景是"庚子俄难"。关于俄国对"原著满洲人"采取的措施,《阿穆尔边区报》评论道:"当前对'原著满洲人'土地的初步处理意见是拨给哥萨克……我希望当局能用另一种思维来指导该问题的解决。众所周知,哥萨克是在军事环境中成长起来的,他们不是很好的拓殖者,分给他们的土地会变成空闲地。这无论是对哥萨克,还是对边区而言都没有好处……在满洲庄稼人灵巧双手的劳作下,这片土地已经成为布拉戈维申斯克市的粮仓,布拉戈维申斯克的粮食和蔬菜是由他们供应的。这片土地拨给哥萨克支配的后果会是粮食种植和果蔬栽培的萎缩,城市会失去食品供应基地。没有满洲人蔬菜价格至少会上涨1倍。随着种植业的凋敝,蔬菜价格会涨至令人难以置信的程度。总之,该问题如何解决对于布拉戈维申斯克市居民很重要。鉴于此,市自治机构应该迅速向当局提出适当的、合理的申请。"[①]

---

① Мы слышали из достоверного источника, Амурской край. 1900. 30 июля (12 авг). № 84.

第二章　帝俄时代中国人在远东地区的工商活动

帝俄时代，中国人在俄国远东地区诸多领域的活动中工商业是中国人较为集中的一个领域，那时在远东地区从事工商业活动的中国人比例较高，影响力也较大，各地华人协会的负责人多由商人担任，可谓是那时远东地区中国人当中的"精英阶层"。该问题已经受到国内学者的关注，①然鉴于侧重点不同，未能全面展现帝俄时代中国人在俄国远东的工商业活动，仍有继续探讨的必要。

第一节　远东地区华商的数量及经营情况

帝俄时代，俄国远东地区中国人所从事的各类活动中，经商者的比例是很高的，这能从时人既包括俄国人，也包括中国人的记述中得到证实。关于这点，П. Ф. 翁特尔别格评价道：没有任何一个买卖行业里，我们会看不到中国人，从中国人作为卖主的市场提供生活必需品——粮食、肉类、蔬菜开始，到小本生意，市场的货摊，以至于省内各主要中心城市，直至乡村的常设商店，到处都可以看到中国人……符拉迪沃斯托克的中国商店，数量与年俱增，小本生意几乎完全由他们操纵，当地

---

① 这方面的成果主要有：张宗海、张临北：《19世纪末至20世纪初华商在俄国远东地区的形成和发展》，《俄罗斯学刊》2015年第2期；宁艳红：《浅析早期旅俄华商的经贸活动及其作用》，《西伯利亚研究》2014年第5期；徐万民：《东帮华商在俄国远东》，《黑河学刊》1993年第2期。

第二章　帝俄时代中国人在远东地区的工商活动

的大贸易商行也感到自己营业所蒙受的损失在日益加重。①

1881年，督办东北边防事宜的晚清官员吴大澂的奏折中关于符拉迪沃斯托克等地华人的数量和经商情况有所表述："海参崴地方约有华民六七千人，各处商民往来络绎"，"海参崴工商民户中国人十居其八"，"海参崴地居沿海华民尤众，其中良莠不齐、自相仇杀及为俄人戕害各案，历年据吉林将军咨报者指不胜屈"。鉴于远东地区特别是符拉迪沃斯托克中国人数量及华人生活状况，吴大澂建议"派员设立公所管理"，"既可阴为保护，亦可免起衅端"。②

1885年，曾奉命密查黑龙江左岸情形的清朝官员、舆地学家曹廷杰对远东中国人经商情况有记载，并对华商进行分类，分为三类：第一类名副其实的坐商，"伯利、红土岩、双城子、海参崴、彦楚河五处，共计大小肆店三百余家，各立门市坐贾营生"。第二类介乎坐商和行商之间的，"名虽坐贾，实则行商"。"自三姓贩运货物，通行松花江至东北海口，行乌苏里江至穆棱河口以上者，共二百余家，皆于江沿盖有房舍"，以船载来的货物换取毛皮、参茸等，然后"分售伯利、三姓等处"。第三类是纯行商，"自三姓分往二江以货易货春去秋回者，每年亦约千余人"。③

近代中国颇有影响力的报纸《东方杂志》也有关于20世纪初在俄华商的记述。关于在哈巴罗夫斯克的华商，"华人工商两项共约六七千人，商人分为东宁关广四帮。关帮百余名，广帮十余名，宁帮三十余名，余皆东帮。除宁波商人均作裁缝手艺外，山东广东关东各上概西华洋杂货。"④ 关于尼古拉耶夫斯克的华商，"华侨平时五六千人，如遇春夏大兴工程，数之万余，商居五分之一余"，商人分为"东关北三帮

---

① П. Ф. 翁特尔别格：《滨海省：1856—1898年》，第190页。
② 《总署奏议遵设所管理海参崴俄界华民折》，王彦威、王亮：《清季外交史料》，第27卷，第7—8页。沈云龙《近代中国史料丛刊》第三编第二辑，文海出版有限公司1985年版，第510页。
③ 《西伯利东偏纪要》，丛佩远、赵鸣岐：《曹廷杰集》（上册），中华书局1985年版，第125—126页。
④ 《华侨商务汇志》，《东方杂志》，第4卷，第11期。

（山东曰东帮，关东曰关帮，直隶曰北帮），商号之多东帮占十分之八，关北两商占十分之二"。①

俄文资料显示，1897—1899 年，俄国远东地区中国商号规模较大者有：利源茂（Ли Юнмо），年商品交易额达 120 万卢布；义泰（И Тай），年商品交易额 70 万卢布；源和山（Юн Хозань），年交易额 70 万卢布；图利（Тун Ли），年交易额 60 万卢布；昌泰（Чэн Тай），年交易额 60 万卢布；广源昌（Куан Юаньчэн），年交易额 50 万卢布。据清政府驻符拉迪沃斯托克商务代表李家鳌统计，1899 年仅在符拉迪沃斯托克的中国商业机构总交易额超过 1900 万卢布。②

《黑河地区志》记载，19 世纪末布拉戈维申斯克有中国店铺 500 多家，规模较大的有华昌泰、同永利和永和栈；其中华昌泰规模最大，执事是广东人梁献臣，曾任华人商会会长，店铺是座二层的楼房，雇伙计 100 多人；同永利和永和栈都是山东掖县人经营的，主要出售日用品，各有伙计 10 多人。③

20 世纪初，在符拉迪沃斯托克的中国外交代表在致外交部的文件中提及中国商人数量。1908 年，符拉迪沃斯托克华商数量：20 万资本以上华商共有 16 号，2 万资金以上华商约有 100 余号，千元、百元以上者 400—500 号。④

从业人员数量在一定程度上能反映出该行业发展情况，同时一定数量的从业人员也是行业发展的一个必备条件，下面从远东地区商业领域中国人数量角度来探讨中国人的商业活动。那时中国商人较为集中之地是滨海州，而阿穆尔州中国商人数量及规模不及滨海州。

---

① 《华侨商务汇志》，《东方杂志》，第 4 卷，第 11 期。
② Листок Приморского статистического комитета за 1904 г. Владивосток，1905. № 11 - 12.
③ 黑河市地方志编纂委员会：《黑河地区志》，生活·读书·新知三联书店 1996 年版，第 549 页。
④ 吉林省档案馆：《驻扎海参崴总领事官呈报该地及领辖各处华商大略情形》，转引自宁艳红《旅俄华侨史料汇编》，黑龙江教育出版社 2016 年版，第 42 页。

第二章　帝俄时代中国人在远东地区的工商活动

表2-1　1897年、1909年、1910年滨海州和阿穆尔州中、俄商人数量　　（单位：人）

	滨海州						阿穆尔州					
	1897年		1909年		1910年		1897年		1909年		1910年	
	中国人	俄国人	中国人	俄国人	中国人	俄国人	中国人	俄国人	中国人	俄国人	中国人	俄国人
捐客（торговое посредничество）	145	72	31	134	110	502	3	18	—	17	—	34
一般贸易者	785	239	1650	787	1877	1264	703	421	321	718	340	881
粮食贸易者	18	9	14	92	20	118	2	13	—	63	—	61
其他农产品贸易者	1051	409	347	146	431	176	50	213	—	59	—	65
建材和燃料贸易者	70	70	58	66	100	149	7	121	10	26	12	50
机器和工具贸易者	13	26	8	49	13	77	—	6	—	16	—	39
布匹和服装贸易者	243	48	334	334	449	429	65	75	—	94	30	25
皮革贸易者	28	9	—	18	—	10	—	8	—	10	—	—
零售贩卖者	483	37	—	1	—	—	192	35	1	96	56	98
客店、饭馆、酒肆经营者	731	322	155	459	210	376	54	196	19	116	29	119
总计	3567	1241	2597	2086	3210	3101	1076	1106	351	1215	467	1372

资料来源：Граве В. В. Китайцы, корейцы и японцы в Приамурье, Труды командированной по Высочайшему повелению Амурской экспедиции. Санкт-Петербург: тип. В. Ф. Киршбаума, 1912. Выпуск Ⅺ. "Приложение № 10", C. 363.

通过以上表格数据对比可以看出：第一，进入20世纪后阿穆尔州中国商人数量急剧下降，出现这种情况既与海兰泡惨案、江东六十四屯惨案有关系，骇人听闻的屠杀让中国人心有余悸，纷纷返回祖国。也同20世纪初俄国关税政策有关，鉴于西伯利亚大铁路外贝加尔段的竣工，为了保护本国企业在远东地区发展，1900年取消了自由港制度，日俄战争后虽然短暂恢复了自由港制度，但持续时间不长。取消自由港制度，包括中国商品在内的外国商品进入远东需要交关税，这增加了经营成本。自由港政策取消后，有14家中国商铺结束在符拉迪沃斯托克的商业活动，如利源茂和公源昌，1900年两家商号的商品交易额合计170

万卢布。至1904年，在符拉迪沃斯托克的中国商号总交易额降至700万卢布。① 第二，俄商数量无论是在滨海州还是在阿穆尔州数量增长都比较快，这和俄国采取种种优惠政策吸引本国移民来远东地区有关，如1861年颁布的《俄国人和外国人向阿穆尔省和滨海省移民条例》，移居两地者可享受"免征兵役义务十次，并终身免交人头税"等优惠政策。

帝俄时代，在俄国远东从事工商活动的中国人中有几位影响力较大，他们是纪凤台、张廷阁、叶华林，他们是中国商人的代表，下面就三位的工商活动及对中俄关系的影响展开论述。

一 纪凤台在远东及中国东北的工商活动

纪凤台是山东黄县人。② 关于他的出生年份俄文资料记载有两个时间，分别是1849年和1853年。③ 至于到底出生于哪年鉴于中文资料匮乏，不得而知。1873年，纪凤台从山东来到哈巴罗夫斯克。在远东最初几年的经历记载有限。他在俄国远东工商活动的起点是在哈巴罗夫斯克创办商行——"利成行"。他的财富增长较快，1875年，获得二等商人证书。这说明他具备一定经济实力了，至少拥有2万卢布的资本，因为当时若成为二等商人需要拥有2万卢布的资本。④ 1891年，商行贸

---

① Березовский А. А. Таможенное обложение и порто-франко в Приамурском крае: опыт всестороннего исследования. Владивосток: тип. "Торг. -пром. вестн. Д. В." 1907. С. 48.

② 关于纪凤台中文资料的记载有限，出生于黄县何地、赴俄前的生活情况都未有记载，有限的记载零散地分布在时人的日记或考察报告及中俄经济关系的史料中，多是只言片语。同时有限关于他的记载中负面信息占有一定比例，这可能与他在俄发迹、入俄籍和终老俄国有关。当时的中国人对其评价不高，可能影响了后人。这与同时代在远东的鲁籍商人张廷阁不同。关于张廷阁的经商活动在《山东省志·侨务志》等资料中都有详细的记述，且都是颂扬性的话语。

③ Нестерова Е. И. Китайцы на российском Дальнем Востоке: люди и судьбы, Диаспоры. 2003. №2.

④ 1824年俄国财政部出台《商人等级制度和其他阶层商业经营的补充条例》，条例规定：商人在加入商人协会时要进行资本申报，加入一等商人协会所要求申报的资本为50000卢布，加入二等和三等商人协会申报资本数额分别为20000卢布和8000卢布。申报资本额度是其纳税的依据，商人按照等级支付等级税，不同等级的商人其工商业经营权限不一样。70年代又规定获得一等、二等商业营业执照，可以开设作坊数限制为十个。到80年代开设作坊的数量规定变为一等商业营业执照可开设十个作坊，二等的限制为五个，获得小贸易营业证的为三个。与开设作坊数量成正比的是交税的额度，获得一等商人营业执照需要交纳600卢布，获得二等商人营业执照需要交纳30—100卢布。一等商人获得经营营业执照后，每开设一个企业要交纳20—50卢布的许可证税；二等商人每开设一个企业要交纳的许可证税为10—30卢布。参见张广翔、梁红刚《19世纪下半期俄国工商业税改刍议》，《俄罗斯东欧中亚研究》2015年第1期。

第二章 帝俄时代中国人在远东地区的工商活动

易额达 1.5 万卢布，不动产价值 2 万—5 万卢布。① 经商成功和他通晓俄语有关，曾进入符拉迪沃斯托克商务专科学校学习俄语，这在当时是罕见的。因为他专门学习过俄语，后来到哈巴罗夫斯克一个工程队当过翻译，结识了一些俄罗斯人，为其后来经商成功打下一定人脉基础。

19 世纪 80 年代，纪凤台有一定财力、生活较为优渥的一个证明是，从 1879 年起，纪凤台家雇佣了一名果尔特②女性希德黑（Ши-дэн-хэ）为仆人，每年支付她 120 卢布的薪酬，雇用持续了 5—6 年时间。③ 此外，乌苏里哥萨克步兵营的格林（Глен）上校的报告中对纪凤台的乌苏里地区的经商情况作过描述：在辖区附近住着包括工人在内的 109 名中国人，他们从事粮食、蔬菜种植及将木材流送到哈巴罗夫斯克的工作，也同南乌苏里等地的土著居民进行毛皮等的贸易活动。除了这些中国人外，每年会有 150—200 名渔猎采集人员从中国来当地从事挖参等工作。无论是长期居住的中国人，还是外来的、打短工的中国人都受雇于纪凤台，短暂来乌苏里地区的中国人的工资要远低于长期生活的中国人，纪凤台每年在乌苏里地区商品贸易额达 4 万卢布。④

19 世纪 80—90 年代，纪凤台在哈巴罗夫斯克的中国人当中有一定影响力，两件事可为证明。第一件事是 1880 年纪凤台参与哈巴罗夫斯克华人协会会长的选举，获得了第二多的选票。另一件事是他受到了当时的皇储、后来沙皇的尼古拉的接见。1891 年，到东方旅行的尼古拉一行途经哈巴罗夫斯克，接见了地方各界代表，纪凤台作为工商代表参

---

① Нестерова Е. И. Китайцы на российском Дальнем Востоке: люди и судьбы, Диаспоры. 2003. № 2.

② "果尔特"也作"戈尔德人"，19 世纪中叶至 20 世纪初俄国文献以此称呼"那乃人"。"那乃人"是跨界民族，在我国被称为"赫哲人"。

③ РГИА ДВ. Ф. 1. Оп. 2. Д. 977. Л. 177 – 177об. См.: Петров А. И. "Русский китаец" Николай Иванович Тифонтай（Цзи Фэнтай），Россия и АТР. 2005. № 2.

④ РГИА ДВ. Ф. 1. Оп. 2. Д. 997. Л. 22 – 23. См.: Петров А. И. История китайцев в России: 1856 – 1917. СПб: ООО «Береста», 2003. С. 108 – 109.

加了会见，皇储向其颁发了一枚银质奖章。①

19世纪90年代，纪凤台在远东地区的经济活动得以拓展，参与到中俄松花江贸易中来。松花江沿岸地区土质肥沃，资源丰富，农工商业较为发达，俄国政府很希望在这里进行贸易。早在中俄《北京条约》签订前，俄国商人就试图在此贸易。《北京条约》签订后，在俄国官方的支持下，俄国商人多次非法经松花江航行至中国境内进行贸易，对此清政府进行一定抗议，也采取了一些措施，但效果不佳。②甲午战争后，清政府方允许俄国在松花江沿岸进行贸易，"廿一、二年经喀使与总署商订，俄轮可任便在松花江、嫩江上下驶行，向沿江居民购买阿穆尔省军民所需粮食牲畜"③。俄国取得了松花江贸易的合法权。"1895年夏，一艘俄轮首次航行于松花，访问了三姓及其他城市。"④这里所言的"首航"是指合法航行，纪凤台参与到这一过程。在阿穆尔河沿岸地区总督 С. М. 杜霍夫斯科伊的支持下哈巴罗夫斯克商人 С. Я. 波格丹诺夫（Богданов）获得松花江的贸易权，每航行一次可获得1700卢布的补助。1895年夏，纪凤台与波格丹诺夫乘坐"电报号"（Телеграф）轮船，从哈巴罗夫斯克出发，沿松花江航行，行至伯都

---

① 关于纪凤台与皇储尼古拉的会面，有学者认为见面的地点是符拉迪沃斯托克，且相见颇具偶然性。尼古拉外出散步时来到纪凤台的商铺，皇储发现店主能流利地讲俄语，于是请纪凤台帮忙购买皮草。第二天，当纪凤台来送皮草时才得知，和自己打交道的是俄国未来的皇位继承人。皇储提议纪凤台到政府任职，却被纪凤台拒绝。于是，尼古拉便授予他商人可获得的最高级别称号。尤里·乌菲姆采夫：《曾是海参崴和远东地区最富有的华商：沙俄时期的传奇中国商人——纪凤台》http：//www.chinaru.info/huarenhuashang/eluosihuashang/13226.shtml。但纪凤台与尼古拉见面的过程遭到俄罗斯学者的质疑，认为二人见面地点是哈巴罗夫斯克，而非符拉迪沃斯托克，也非单独见面，见面的过程也没有以上所言的充满戏剧性，见面是在皇储接见哈巴罗夫斯克工商界代表时。聂丽·米兹、德米特里·安洽：《中国人在海参崴——符拉迪沃斯托克的历史篇章（1870—1938年）》，胡昊等译，社会科学文献出版社2016年版，第144页。
② 张凤鸣：《中国东北与俄国（苏联）经济关系史》，中国社会科学出版社2003年版，第42—43页。
③ 《总署为毋阻俄购粮船航松花江嫩江事致吉林将军延茂电》，孟宪章：《中苏贸易史资料》，中国经济贸易出版社1991年版，第299页。
④ 聂宝璋、朱荫贵：《中国近代航运史资料》第二辑·上册，中国社会科学出版社2002年版，第287页。

第二章　帝俄时代中国人在远东地区的工商活动

讷①以上30俄里后返程，以高价将从哈巴罗夫斯克运来的商品售出，购买了当地出产的毛皮、烟草、粮食等9000普特的商品，这些商品在哈巴罗夫斯克出售后纯利润达15%。纪凤台在松花江沿岸商业行为，在清朝外交档案中也有记载："顷俄使来云，俄商体丰泰奉阿省粮台谕，在巴彦苏苏、伯都讷两处前经购定军粮，地方官不准装运出境，请放行。"② 这里所言的"体丰泰"即为纪凤台。

在松花江沿岸贸易中纪凤台能获利颇丰，和纪凤台的中国人身份有一定关系。纪凤台作为中国人比俄国商人更了解松花江沿岸一带中国人喜欢什么商品，加之他具有语言优势，可以很好地与当地的中国人沟通。一段时期里纪凤台在中俄松花江沿岸贸易中处于垄断地位，时人评价说，纪凤台和他的代理人是"松花江地区和哈巴罗夫斯克商人交易的唯一中介人"。③ 由于纪凤台在俄国远东地区和中国东北地区经济活动的日趋活跃，1895年，纪凤台获得了当时在俄国远东的中国商人几乎不可能获得的——一等商人证书。1897年，纪凤台在三姓成立了商行，商行由纪凤台的生意伙伴、同为远东地区华商的叶华林管理，"华商设有商务公所，举叶君华林为总董"。④

纪凤台在远东地区经济活动不仅限于商业，还经营实业。从80年代起，陆续在哈巴罗夫斯克创办砖厂、面粉厂、锯木厂等。根据1895年哈巴罗夫斯克市不动产登记信息，纪凤台在哈巴罗夫斯克拥有不动产的价值达9.4万卢布，不动产拥有情况为：18间住宅、8间仓库、14个店铺、5间马厩、2间厢房、4间临时灰棚、2间板棚、3个货栈、3间草房、1座石头地窖、几间冷藏室。⑤

---

① 伯都讷今吉林扶余。
② 《总署为俄商已购粮食饬属准予出境事致黑龙江将军恩泽电》，孟宪章：《中苏贸易史资料》，中国经济贸易出版社1991年版，第299页。
③ Позднеев Д. М. Описание Маньчжурии. Т. 1，С-Петербург：типография Ю. Н. Эрлих. 1897. С. 558.
④ 《华侨商务汇志》，《东方杂志》，第4卷，第11期。
⑤ Нестерова Е. И. Китайцы на российском Дальнем Востоке：люди и судьбы，Диаспоры. 2003. № 2.

1895年纪凤台的一份履历表中的信息也能证明纪凤台的富有。履历表记载他的不动产情况为：在哈巴罗夫斯克第一街区第4号；第七街区第44号、第45号和第47号；在第十九街区第142号和第146号；在第三十三街区第240号；在第四十三街区第302号；在第五十五街区第370号；在第六十八街区第2434号和第七十一街区第553号；在符拉迪沃斯托克市第一街区第2号。①

1893年，纪凤台加入俄国国籍，从此有了名为尼古拉·伊万诺维奇·纪凤台的俄籍华商。此前，他曾几次申请加入俄国国籍。1885年第一次申请入俄国国籍，但因为没有皈依东正教被拒绝。1891年再次申请入籍，被要求满足两个条件即皈依东正教和剪掉辫子方可接受。纪凤台不想剪辫子，为此致信阿穆尔河沿岸地区总督 А. Н. 科尔弗（Корф），请求放宽他入籍的条件，在保留辫子情况下入俄籍，并解释说剪掉辫子与中国人做生意时有诸多不便，承诺两年内剪辫子，但请求未被科尔弗接受。② 这样，纪凤台在皈依东正教和剪掉辫子后加入俄国国籍。

19世纪末至日俄战争爆发前是纪凤台事业大发展时期。1901年，纪凤台与4名中国人合伙成立了拥有20万卢布资产的"纪凤台公司"（Тифонтай и К°），纪凤台是大股东，其中一名合伙人是叶华林。该公司的总部设在哈巴罗夫斯克，至1903年"纪凤台公司"拥有5家分公司。

与纪凤台在远东经济领域取得的不俗表现相对应的是，纪凤台获得了一些荣誉。1899年，在哈巴罗夫斯克举办阿穆尔—滨海地区工农业展览会上，纪凤台获得俄国工商协会向其颁发奖状和银质奖章，还获得组委会颁发的两份表彰他在面粉加工和砖业生产的功绩的奖状。纪凤台还积极参与哈巴罗斯克的社会活动，如无偿为穆拉维约夫伯爵在哈巴罗夫斯克的纪念碑底座修建提供建材，免费为哈巴罗夫斯克孤儿院建设提供建材等。纪凤台的捐助活动得到了回报，1891年当选"监狱监督协

---

① 聂丽·米兹、德米特里·安洽：《中国人在海参崴——符拉迪沃斯托克的历史篇章（1870—1938年）》，第144页。

② Петров А. И. История китайцев в России: 1856 – 1917. СПб: ООО «Береста», 2003. С. 400.

第二章　帝俄时代中国人在远东地区的工商活动

会哈巴罗夫斯克监狱委员会主任",1892 年,当选为俄国东正教边远地区协会候选会员。①

20 世纪初,纪凤台在俄国远东地区的富有和声望在当时中国人的著述中也有记载。1893 年,爱国将领聂士成奉李鸿章之命考察东北三省边政,期间曾赴俄国远东地区。在其所撰的考察报告和沿行见闻录——《东游纪程》中有关于远东地区风土人情的记述,也涉及在俄的中国人,关于纪凤台记载如下:

> 屯有华商纪凤台设利成洋行。纪,山东黄县人,只身至海佣工,渐有积蓄若干,自立生意。及俄修伯利衙署、码头,首为鸠工,日胜一日。今阅二十余年,有三十万之富。习日语、俄语,均娴应对。并于日、俄人各置一妾,日已生一子,即依日装。俄人重商,每事亦甚推重。察其情状,固无南回中国之志矣。②

1899 年,直隶清河道员李树棠奉直隶总督之命赴漠河视察金矿和中俄边界事宜,李树棠在公务之余到访了哈巴罗夫斯克和符拉迪沃斯托克,在他的日记中对在俄的见闻有记载,其中有关于纪凤台的:

> 中国大商纪凤台,山东黄县人,管事叶华林、傅巨川来拜,并邀往街市遍游……施邀至家,以西筵相待。询此处头票商人只纪凤台一家,每年纳租税千余圆;二等票商二十余家,每年各纳租税百余圆;三等票商五六家,每年各纳租税二三十圆。③ 因为纪凤台在当地有声望和富有,他家成为来哈巴罗夫斯克的中国社会名流的会面之所,李树棠就在纪凤台家里同瑷珲副都统寿山见面:适爱珲副都

---

① 聂丽·米兹、德米特里·安洽:《中国人在海参崴——符拉迪沃斯托克的历史篇章(1870—1938 年)》,第 145 页。
② 聂士成:《东游纪程》,中华书局 2007 年版,第 56 页。
③ 李树棠:《东徼纪行》(四),张守常点注,《黑河学刊》1989 年第 3 期。

◈◈ 俄国远东地区中国人活动史（1860—1917） ◈◈

统寿眉封都护山由京回，晤于纪风台家，接谈甚洽。①

纪风台工商业活动已经超出了俄国远东地区范畴，经济活动扩展到中国东北地区。1898年，俄国租借旅顺和大连后，在两地大兴土木，建港口、修要塞、铺铁路。受商机的诱惑，众多的中、俄工商人士来此淘金，纪风台就是其中一员。纪风台承包了大连港口和船坞部分建筑工程，最多时雇佣3万名华工②。之后，纪风台在大连广置产业，投资开办了一家蒸气动力面粉厂、几家浴池、一家酿酒厂、一家剧院、一家杂技团、几家酒吧和数家鸦片烟馆。③ 纪风台在旅顺和大连都设有商号，后来闻名遐迩的"大和旅馆"20世纪初就是纪风台在旅顺商行的所在地，日俄战争后被日本人没收、充公，于是有了"大和旅馆"这个名字。除了旅顺、大连外，纪风台还在辽阳、抚顺、宽城子、奉天等城市设有商号或仓库。此外，纪风台还与烟台商人刘肇亿合作。刘肇亿财力雄厚，是当时在大连的中国商人群体——"八大家"之首，纪风台和刘肇亿合作开办了"瑞记木行"，二人借旅顺、大连大搞基础建设、需要木材的良机将大小兴安岭的木材运至旅大。纪风台负责木材的销路，刘肇亿负责经营管理，二人均获利颇丰。有日文资料记载，在俄国租借旅大期间即日本所谓大连的"露西亚时代"纪风台与"德和号"的张德禄合作过。张德禄担任过大连俄国驻军的翻译，因为这层关系他财富积累迅速，创办了"德和号"、任大连商会会长。

20世纪初，纪风台还涉足过东北地区的航运业。日本人中根斋计划拓展航运公司的业务，寻找合作者，英国商人柯尔纳贝和包括纪风台在内的两名中国人入股中根斋公司。1901年，四人出资二十万元，创办山东轮船公司。公司拥有龙口、羊角口、锦州安东、旅顺等航线，并将航线扩展至海参崴、上海、日本。因亏损，纪风台等人很快退股。④

---

① 李树棠：《东徼纪行》（四），张守常点注，《黑河学刊》1989年第3期。
② 刘功成：《大连工人运动史稿（1880—2000年）》，辽宁人民出版社2013年版，第42页。
③ 尤·奥希波夫、郭燕顺：《俄籍华商纪风台》，《长白论丛》1996年第2期。
④ 中岛真雄：《续对支回顾录》下卷，第439—440页。转引自聂宝璋、朱荫贵《中国近代航运史资料》第二辑·上册，中国社会科学出版社2002年版，第190—191页。

第二章　帝俄时代中国人在远东地区的工商活动

日俄战争前，纪凤台在中国东北的工商活动获得成功，除他能捕捉商机、善于经营外，同与俄国官方的扶植有很大关系，日俄战争前纪凤台与俄国军方在东北地区存有合作关系。有日本学者称纪凤台是俄国在大连的"御用商人"①。租借旅顺大连后，纪凤台承担了向旅顺驻军供应军需品的任务。义和团运动期间，纪凤台根据曾任俄国太平洋舰队司令、时任俄国"关东州"长官的阿列克谢耶夫将军的要求将"纪凤台公司"的两艘货轮开至旅顺，以此来保障大沽口同烟台间军需供应。

纪凤台及其公司卷入了中日甲午战争后日俄战争前俄、日在东北地区的角逐。日俄战争爆发前夕，俄国在东北地区进行了一些应对未来战争的准备工作，储备必要的军需品势在必行，因为时间紧、任务重，一般的商人很难胜任，军方将任务交给了纪凤台。纪凤台迅速组建了由1000头骡子组成的驮运队和1500辆大车、6000头牲口的大车队，他圆满地完成了任务。此外，纪凤台为即将发生的战争铺设了600俄里土路、为修筑炮台和堡垒挖土30万立方米。沙河战役后，纪凤台还承担了向旅顺俄国军队运输军火的任务。

1904年初，纪凤台受命组建由500名中国人组成的侦察队，为俄军搜集情报，侦查所需的各项费用先由纪凤台垫付。有记载就组建侦察队一事纪凤台曾写信给俄国军方：我，纪凤台，暂且用个人的资产垫付侦察队三个月的费用，如劳务费、马匹等装备的费用。若结果证明侦察工作卓有成效，且能胜任，在得到满洲军总司令的认可后再行报销之前的花费。若侦察队的工作效果不佳，未达到俄国军方的期望，则侦察队立即解散，之前侦察工作的花费由我个人承担。②可以看出，纪凤台不遗余力地为俄国战备及战胜日本服务。日俄战争结束后，纪凤台被俄国政府授予一枚银质胸章和一枚二级圣斯坦尼斯拉夫勋章。

---

① 上田恭辅：《露西亚时代的大连》，张晓刚译，大连市近代史研究所、旅顺日俄监狱旧址博物馆：《大连近代史研究》第12卷，辽宁人民出版社2015年版，第480页。

② Деревянко И. В. и др. Тайны русско-японской войны: Японские деньги и русская революция. Русская разведка и контрразведка в войне 1904 – 1905 гг.: Документы. Москва: Издательская группа «Прогресс»: «Прогресс Академия». 1993. С. 252 – 253.

纪凤台在日俄战争期间的助俄行为让日本愤怒，日本侵略军将领曾言：抓住纪凤台就等于打赢这场仗。为此缺席审判纪凤台，判处他死刑，没收在中国东北的全部财产。不仅如此，日本军方还在报纸上发布消息和在占领区粘贴布告的方式通缉纪凤台，抓到纪凤台者可获得1000美元的赏金，通缉令内容如下①：

公　告

大日本皇军指挥官川崎勋（Чуан-цисюнь）

> 纪凤台，山东省登州府黄县人。他负责为俄国在满洲的军队征收粮食税、商品税工作。在战争爆发前，他潜逃了。纪凤台是俄国间谍，他的间谍行为对大日本皇军的军事行动造成极大危害，因此判处他死刑，全部财产被没收。特此公告，以儆效尤。

> 明治三十七年七月二十七日

因受通缉，为了人身安全，战争期间纪凤台经常变换在东北地区的居住地，甚至在同一住处连续居住不超过两天。日俄战争俄国战败的结果让纪凤台损失惨重，他在中国东北地区的财产都被日本没收，损失达150万卢布，"纪凤台公司"也出现债务危机。战争结束后，纪凤台向俄国政府请求补偿他因战争而造成的经济损失，后经俄国大臣委员会讨论，决定补偿他10万卢布，这笔钱对于深陷债务危机的纪凤台来说是杯水车薪。为了度过危机，不得不变卖在远东的部分产业。1910年，事业遭遇重大打击的纪凤台病逝，作为帝俄时代俄国远东地区最富传奇色彩的华商就此谢幕。按照他的遗愿，遗体运回中国埋葬。

适应异国生活环境是海外华人华侨要正视的，因为必须要接触同中华文化完全不同的另一种文化，需要处理好东道国文化或者迁入国主流文化与本民族文化的关系，这两种文化几乎在每一位海外华人华侨身上都有一定程度体现。纪凤台身上鲜明体现了中俄两种异质文化的结合，

---

① Приамурская жизнь, 1910. № 83.

第二章　帝俄时代中国人在远东地区的工商活动

一方面他剪掉辫子、皈依东正教、接受俄罗斯人某些生活习惯、送子女进入俄国学校学习……另一方面固守中国的某些传统，如一夫多妻制，他有多个妻子，原配是中国女性，后来又娶了俄罗斯女性和日本女性；为了叶落归根，遗体要回葬中国。

纪凤台临终前遗言让其长子留在俄国，长子的中文名字不得而知，只知道俄文名字叫弗拉基米尔，在圣彼得堡学习过。"让他留在俄国吧。中国不应仅仅是俄国的邻居和朋友。在俄国的中国人越来越多，与在中国的俄国人越来越多一样，都会对这两个伟大的民族有益。未来的亚洲将属于中俄两国联盟，他们在一起将无所畏惧"。[1] 可以看出，纪凤台对生活20—30年之久的"第二故乡"抱有很深的感情。有记载纪凤台的一个玄孙女（праправнучка）生活在莫斯科。[2] 这是纪凤台家族在俄国的第五代移民，这在俄罗斯的中国人中是罕见的。

纪凤台在俄、中两国获得了完全相反的评价，在俄国人眼中纪凤台是俄中友好的使者，是当时在俄国诚实、精明、有修养的中国人代表。"纪凤台之所以取得巨大成就，是因为无论是在生活中，还是在生意上他都是个诚实的、光明磊落的、可以信赖的人"。[3] 俄罗斯档案记载，1882年在符拉迪沃斯托克经商的美国人卡尔·库别尔（Карл Купер）的两个儿子叶普盖尼、约瑟夫被杀后，纪凤台曾帮助过来哈巴罗夫斯克谋求生计的中国人。因为小库别尔们在普拉斯通湾（з. Пластун）被库别尔公司的中国雇工勾结红胡子杀害，一段时间里远东地区的企业主对雇佣中国人持谨慎态度，这影响了来远东地区寻求生计的中国人的就业。在"小库别尔事件"后不久，有6名中国人来哈巴罗夫斯克谋生，受到冷遇和歧视，纪凤台帮助了6人，先对几人的品行进行担保，使得几人不再受当地警察的纠缠，然后又雇佣他们来自己商行工作。有了纪

---

[1] Немирович Данченко В. Русский китаёз, Железнодорожная жизнь на Дальнем Востоке. Харбин: Н. А. Усов, 1910. № 5 – 6.

[2] Петров А. И. «Русский китаец»Николай Иванович Тифонтай（Цзи Фэнтай）, Россия и АТР. 2005. № 2.

[3] Петров А. И. История китайцев в России: 1856 – 1917. СПб: ООО «Береста», 2003. С. 398.

凤台的帮助几人得以在哈巴罗夫斯克落脚。①这件事为俄罗斯学者所乐道，是给纪凤台较高评价的一个理由。通过这件事也可以看出纪凤台心地善良，颇有同情心。

与俄罗斯学者笔下纪凤台口碑好不同的是，同时代的中国人对其评价不佳，给其打上奸商、卖国贼的标签。19世纪80年代，曾考察过阿穆尔河左岸的爱国知识分子曹廷杰对纪凤台有过评价，一定程度上代表了当时一部分人对其看法，曹廷杰在《西伯利东偏纪要》中写道：

> 查彦楚河有华商刘福、伯力有华商纪凤台二人，俱未改装，华貌俄心，意不可测……纪凤台系山东黄县人，在伯力开立和成号字号，交结俄官最密，各处俄人无不知有纪凤台者。华人贸易下江，不经其手以分利，每被俄害。娶三姓某氏女为妇，上下无常，凡边防一切事宜，无不周知。与俄官言，必故讳其足壮声威者，傅会一二小事，张大其词，菲薄不已。向华人言俄事，则反是。故俄人昔年敬畏华人，近来大反其局，欺虐日甚，狡谋日张，皆此人导之也。华人闻名无不唾骂，然又谓当面若小鸟依人，不忍弹指。此次三至伯利，彼皆款洽殷勤，复馈送广藤鞋一双，糕饼四盒，洋鱼四匣，又代觅轮船，私情甚为可感，然以大义揆之，实为边防之患，谨以实陈。②

除了纪凤台外，曹廷杰在《西伯利东偏纪要》中还记载了几个在远东地区的中国人的事迹，有文殿奎、刘福，对二人的评价亦是负面的。关于文殿奎的"劣迹"，"教俄官勒令华人一律取票，每人票一张俄钱一串"，"兴俄人之大利，贻华人之大害，人人切齿，道路以目"。③

---

① РГИА ДВ. Ф. 1. Оп. 2. Д. 840. Л. 118 – 119. См.：Петров А. И. «Русский китаец» Николай Иванович Тифонтай（Цзи Фэнтай），Россия и АТР. 2005. № 2.
② 曹廷杰：《西伯利东偏纪要》，丛佩远、赵鸣岐：《曹廷杰集》（上册），中华书局1985年版，第127—128页。
③ 曹廷杰：《西伯利东偏纪要》，丛佩远、赵鸣岐：《曹廷杰集》（上册），第127页。

第二章　帝俄时代中国人在远东地区的工商活动

将俄国向在远东中国人收"票证"费归咎于文殿奎。关于另一个中国人刘福写道："内地苟有举动，俱——为俄人言之"，并将俄国向中俄边境移民、加强防务的举措归之于刘福的"告密"。"前将军铭、督办吴招民实边之意，因此人探明转告，故俄人于近年专访其法，迁民于双城子、彦楚河一带，垦田养兵，为足兵足食之计，遂至黑顶子分界一事愈形狡展。"①同样夸大了刘福在中俄关系中的作用。

民国学人魏声和在《鸡林旧闻录》中关于远东地区纪风台等中国人的描述与曹廷杰相同："有俄奴文殿奎者，为虎作伥，乃遂作俑……闻当时为怅于俄，以媚外起家者，双城子有孙福，伯力有纪风台，红土崖有崔明善等，皆文殿奎之流亚云。"②

曹廷杰、魏声和给予负面评价的几位在俄远东地区中国人：纪风台、文殿奎、孙福③、刘福有共同特点，即在俄国生活时间较久、受俄国影响较大。"通俄言"、"服俄服""行俄行""去发刘须"；同俄国人交往密切，"交结俄官最密"、帮助俄国人写告示，"凡海参崴、双城子

---

① 曹廷杰:《西伯利东偏纪要》，丛佩远、赵鸣岐:《曹廷杰集》（上册），第 127 页。
② 魏声和:《鸡林旧闻录》，李澍田:《吉林地志鸡林旧闻录吉林乡土志》（长白丛书·初集），吉林文史出版社 1986 年版，第 40 页。
③ 曹廷杰在《西伯利东偏纪要》中所列的几个在远东地区有"劣迹"的中国当中，除了纪风台外，还有个人叫孙福。笔者看到部分关于孙福的俄文资料，在此简单介绍该人作为对前辈学者记述的补充。孙福 1859 年出生于滨海州的阿努钦诺（Анучино），孙福早年与阿努钦诺的一个叫波利耶夫克特（Полиевкт）·阿列克谢耶维奇（Алексеевич）·扎纳德沃洛夫（Занадворов）的区长熟悉。1883 年，孙福受洗成为东正教徒，有了俄文名字尼古拉·孙福·波利耶夫克托维奇，"波利耶夫克托维奇"的父称来自于扎纳德沃洛夫的名字"波利耶夫克特"。1884 年，在扎纳德沃洛夫的介绍下，孙福娶了一名俄国哥萨克的女儿、18 岁的索尼娅，婚礼是在尼科尔斯克—绥芬斯科耶（Никольско-Суйфунское）的一个东正教教堂举行的。1900 年，孙福和他的 4 个子女加入俄国国籍。孙福在远东地区经济活动较为广泛，既农耕，也经商；既是小商贩，也承担过向工地供应木材的角色。孙福重视子女教育，他的 4 个子女都接受过学校教育。他的大儿子亚历山大在符拉迪沃斯托克读的中学，中学毕业后进入阿穆尔河沿岸总督官署任中文翻译，是十四等文官。亚历山大和父亲一样娶了一名俄罗斯女子为妻。亚历山大因工作关系经常到乌苏里地区中国人居住区。1908 年，亚历山大在滨海州中国人从老居住区向新区迁移问题上滥用职权，被判刑 3 年。Нестерова Е. И. Китайцы на российском Дальнем Востоке: люди и судьбы, Диаспоры. 2003. № 2. 由此可看出，孙福在当时中国至少是曹廷杰看来他与在远东的多数中国人不同，他信奉东正教、娶俄国女子为妻、加入俄国国籍，并让子女接受俄国教育。鉴于孙福的上述行为，曹廷杰对孙福做了类似纪风台的评价。

一带俄人用汉文出示，皆其手定"①。纪凤台等人的改装易服、同俄国人交好等做法与在远东的绝大多数中国人不同，后者多是"候鸟"，春去东还，不会在俄长期生活，他们更多地生活在华人圈里，与俄国人的接触有限。纪凤台的这些行为与作为中国传统文化之组成部分的安土重迁观念、乡土情结等相悖，也与当时在俄的绝大多数华人有异，纪凤台的这些"另类"行为在曹廷杰这样的传统知识分子看来是不妥当的，是离经叛道的，故在其笔下形象不佳。此外，与19世纪80年代前后中俄关系不是很友好也有关系，伊犁事件发生后，中俄战争大有一触即发的可能。在"恐俄""防俄"的背景下，部分中国人对俄国的态度一定程度会殃及在俄国的中国人。

此外，当代学者刘远图认为，1886年中俄勘界时，在立"耶"字界牌时，纪凤台做有利于俄国的伪证，导致勘界时中国吃亏。在换立界牌的前夕，俄方事先仿制了一块"耶"字界牌并私自竖立在冯得禄小河子以东的地方，后来换立"耶"字界牌时，让纪凤台来证明"耶"字界牌原来就在此处。② 得出纪凤台是"汉奸"结论的依据是重新立"耶"字碑时纪凤台是中方"通事"。

台湾学者赵中孚持有与刘远图同样的观点，在"耶"字界碑的换立问题上纪凤台做了伪证：

> 光绪十二年东界重勘时，吴大澂未亲赴兴凯湖以北地段，俄勘界官勾结俄籍华人纪凤台等，诿称在喀萨克维茨沃站（与华界乌苏里镇相对，即通江子江叉流入乌苏里江之处）发现木牌，乃就该处换立石牌。③

民国学人魏声和作于20世纪30年代刊发的文章中认为纪凤台有卖

---

① 曹廷杰：《西伯利东偏纪要》，丛佩远、赵鸣岐：《曹廷杰集》（上册），中华书局1985年版，第127页。
② 刘远图：《关于历史上中俄边界"耶"字界牌的考察》，《社会科学战线》1994年第5期。
③ 赵中孚：《清季中俄东三省界务交涉》，《"中央研究院"近代史研究所专刊（25）》，"中央研究院"近代史研究所1970年版，第163页。

第二章　帝俄时代中国人在远东地区的工商活动

国行为：光绪十二年，清使吴大澂勘界之役，吴氏并未亲莅，任凭俄员勾合俄籍华人纪凤台等。诿称发现耶字木碑于喀萨克维持卧站，即在其地换立石碑。前年俄方曾提出当日勘界换碑之记录。文尾华官之署名者为协领顺凌，并有通事佟敖三纪凤台等人。①

无论是刘远图，还是赵中孚、魏声和得出纪凤台是"汉奸"依据是纪凤台以翻译身份参与了"耶"字碑的重立，而纪凤台参与界碑重立的记载来自1920年台湾"中央研究院"近代史研究所编辑的《中俄关系史料·东北边防》，内容如下：

> 千八百八十六年七月九号，即光绪十二年六月十二日，我等立此记录书名于后，阿穆尔军参谋本部委派营长窝罗斯挪夫、管理乌苏里沿江殖民事宜大尉佛立别勒格、喀萨克维赤站佐证人穆尔金、朔斯金、通事德米特勒耶夫；三姓副都统协领顺凌及其属员防卫林庆、管理乌苏里江下游部份防卫庆山、管理乌苏里江相对格拉多华界部份佟教三、通事哈巴罗夫（伯力）商人纪凤台等。为证明事：今在乌苏里江左岸喀萨克维池站以上，我等找得木牌一柱，上刻"耶"字，其面精细。各遵长官命令将原立木牌抛弃，照旧样在原地点会同换立新石牌完竣。俄历千八百八十六年七月十四号（哈巴罗夫城）。②

该文件原件是俄文的，《中俄关系史料》中收录的文件是从俄文翻译过来的，该文件传入中国的背景是20世纪20年代初中苏边界谈判中，苏方为了证明当时"耶"字界碑所处位置的合法性而将1886年重立"耶"界碑时的文件交与中国谈判代表。该文件俄文原件存于俄罗斯帝国对外政策档案馆（АВПРИ），文件后被收录到 В. С. 米亚斯尼科夫（Мясников）主编的《俄中条约法律文书：1689—1916》（Русско-

---

① 魏声和：《说耶字碑国界》，《东北丛刊》第17期，1932年，第2页。
② "中央研究院"近代史研究所：《中俄关系史料·东北边防》，"中央研究院"近代史研究所1920年版，第73页。

китайские договорно-правовые акты：1689 – 1916）①。由此可以确定纪凤台参与了1886年中俄"耶"字界碑的重立工作，但是否可以作为纪凤台知晓俄方的"偷梁换柱"的行为，并进而作出有利于俄国的伪证呢？笔者觉着下此结论有些牵强，至于该问题的是非曲直及纪凤台在该问题上是否是清白的有待于更多史料的发现。

与曹廷杰几乎同一时期赴黑龙江左岸考察的晚清爱国将领聂士成曾赴"耶"字界碑实地探查过，在其沿途见闻录——《东游纪程》中对"耶"字界碑有过简单的记述："考乌苏里河口之耶字界，距站三里许，比携学生辈往，兼立图说。其地名窝家口，石牌一道，东南面系俄字母E，背面译成汉字耶字，其用如中国天干地支也。中国〔俄〕分界以乌苏里江、黑龙江为界，此牌应立于伯利城西南之通嘴上，今立此处，殊极疏忽，俄因占出八十里地，今固无从挽回矣。"②关于"耶"字界碑地点更换的原因只用"殊极疏忽"一言概之，没有说具体的原因，更没有提及纪凤台。

在分析1886年中俄勘界在重新立"耶"字界碑问题上中国吃亏原因时，同为当代学人的刘家磊先生的观点较为中肯，认为是具体负责立界碑适宜的富克锦协领顺林（顺霖）"不学无术，不谙地理"导致的，"误认乌苏里江支流小通江子为正流，而植牌于小通江子东口四里余之西北岸，冯得禄小河子以东地方"，即俄人潜移之处。③

吕一燃先生的观点与刘家磊相同，认为富克锦协领顺凌和吴大澂都负有责任。"顺林并不是一个办事认真的官员，他在没有弄清楚条约规定设立'耶'字碑的乌苏里江口的位置情况下，竟轻信俄国官员的说法，草率同意将'耶'字碑立于乌苏里江与通江子会合处稍南地方，此处距乌苏里江口约九十华里。这个错误首先应由顺林负责，但也不能不说吴大澂在此勘界过程中一个重大失误。"④顺林是主要责任人，吴大澂的责任是将换立

---

① АВПРИ，Ф. Трактаты. Оп. 3. 1881. Д. 905. Л. 42 – 42. об. Подлинник；Мясников В. С. Русско-китайские договорно-правовые акты（1689 – 1916），Москва：Памятники исторической мысли，2004. C. 173.
② 聂士成：《东游纪程》，中华书局2007年版，第60页。
③ 刘家磊：《东北地区东段中俄边界沿革及其界碑研究》，黑龙江教育出版社2014年版，第190、254页。
④ 吕一燃：《近代边界史》上卷，四川出版集团、四川人民出版社2007年版，第191—192页。

第二章　帝俄时代中国人在远东地区的工商活动

"耶"字界碑简单化了,没有亲前往查勘。"前三姓副都统长麟曾赴乌苏里江口上,会同俄官补立界碑,历年未久,想不致毁坏。且自乌苏里河至松阿察河数百里内以水为界,东西截然,无界限不清之处。"①

关于纪凤台与19世纪末的中俄关系,除了"耶"字界碑的重立一事外,还有纪凤台是瑷珲阿林别拉沟煤矿交涉案的当事人之一。1897年,瑷珲永和公商号的张志清、齐齐哈尔鼎盛昌商号的李文展获得了瑷珲霍尔沁煤矿和阿林别拉沟煤矿开采权,煤矿的经营模式是当时普遍采用的"官督商办"。

> 黑龙江将军恩泽奏、详拟新采阿林别拉沟煤矿章程。一、官督商办。一、酌抽厘税。一、详定局章。一、撙节薪工。一、豫筹弹压。下所司议。寻总理各国事务衙门奏、详核章程所列。尚属井井有条。应饬该将军遵照办理。仍随时督饬核实征收税厘。务期利兴弊除。官商两益。②

可以看出,俄商没有介入煤矿开采前清廷是允许黑龙江地方商人采矿的,但俄商介入后情况发生了变化。永和公、鼎盛昌两商号将瑷珲对岸的布拉戈维申斯克作为煤炭的主要销售地,瑷珲"与俄界毗连,所有俄人轮船火磨需煤甚多,祇语言不通,难于销售"。③ 为了在俄顺利售煤,1898年,永和公、鼎盛昌与纪凤台、布拉戈维申斯克商人卢宾诺夫合作,四方签署了共同经营阿林别拉沟煤矿的合同,并成立"黑龙江城煤矿公司"④,合股开矿。然中俄商人合股开矿未经过中国官方,

---

① 《北洋会办吴大澂奏吉林东边界碑年久失修请敕总署与俄使商换石牌折》,王彦威、王亮:《清季外交史料》,第58卷,第2页。收录于沈云龙:《近代中国史料丛刊》第三编第二辑,文海出版有限公司1985年版,第1080页。
② 《清实录·德宗景皇帝实录》(六),卷四百四,光绪二十三年丁酉夏四月,中华书局1987年版。
③ 《前总督徐署抚程照复路斌诺夫合同不能承认文》,光绪三十三年十二月初六日,"中央研究院"近代史研究所:《中国近代史资料汇编·矿务档》(七),"中央研究院"近代史研究所1960年版,第4269页。
④ 《鼎盛昌等煤炭合同一纸》,"中央研究院"近代史研究所:《中国近代史资料汇编·矿务档》(七),"中央研究院"近代史研究所1960年版,第4272页。

该一事为瑷珲地方政府获悉后上报黑龙江将军恩泽，于是有了黑龙江将军介入其间，并进而演变为轰动一时的中俄矿务交涉案。

从中国角度看，该事件牵涉瑷珲副都统、黑龙江将军、总理衙门、工部，俄方除了涉事的俄国商人外，俄国驻华公使也介入其中。1899年，俄国驻华公使就此事照会总理衙门："现时正遇本国与满洲地方贸易将有起色，俄国商工与中国商人往来亲密之际，而由中国地方官无故百方禁阻，实于推广两友邦贸易，极有妨碍，而于两邻邦属民睦谊往来，有所阻窒。"① 中俄矿务交涉案除涉事方多外，该事件持续时间长。从1898年四方缔结合同算起，跨越"庚子俄难"，至日俄战争后的四股东之一的卢宾诺夫依据之前的合股合同带雇工抢占瑷珲的法别拉煤矿，导致黑龙江官员再次与其交涉。前后签订了两份合同，1898年华俄商四方签订了合股采矿合同。一年后，在黑龙江将军代表的参与下签订了新合同。由于该交涉案的复杂性、长期性及影响力之大，作为当事方之一的纪凤台在该事件中的表现倍受关注。

关于中俄商人和黑龙江将军的代表候补巡检李席珍三方关于合股开矿的交涉过程，黑龙江将军在给朝廷的奏折中有过汇报。最初，中国当局"派员查办严饬退毁诓"，但被纪卢二人拒绝，"纪卢二人托故他去"，所以"迄无成议"。李席珍转而要求永和公、鼎盛昌修改已签订合同的内容。他列举的修改合股开矿合同的理由中主要涉及两点，一是原合同"有俄文而无华文"；二是合同适用的地理范围是黑龙江将军辖区，不是煤矿所在地瑷珲副都统辖区，"通省煤矿更非爱珲一处"。②

关于李席珍所提的两条理由，笔者查阅了《清季外交史料》和《中国近代史资料汇编·矿务档》中所载的1898年合同文本。1898年，合股开矿合同以俄文文本为主，合同"原稿存于鲁毕诺夫手，股友均

---

① 《收俄国公使格尔思照会》，光绪二十四年十一月初四日，"中央研究院"近代史研究所：《中国近代史资料汇编·矿务档》（七），"中央研究院"近代史研究所1960年版，第4288页。

② 《黑龙江将军恩泽等奏爱珲商号煤矿因疏通销路改为华俄合股折》，王彦威、王亮：《清季外交史料》，第139卷，第5页。收录于沈云龙：《近代中国史料丛刊》第三编第二辑，文海出版有限公司1985年版，第2370页。

第二章　帝俄时代中国人在远东地区的工商活动

各录存一分"，鲁纪二人"有华文押二，经海兰泡州署之翻译涅克留得将此二押以华译俄"。① 鲁纪二人持有两名华商签字画押的并已经被俄罗斯人翻译成俄文的合同文本，即华商先在华字文本上签字画押，然后再将经华商签字画押的汉字文本合同翻译成俄文，俄商再在俄文文本签字画押，合同以俄文文本为主。这种做法不符合惯例，在汉文本转俄文本的转换中不仅对译者的翻译水平要求高，且译者的立场也至为关键。华俄合股开矿交涉案惊动总理衙门后，总理衙门曾令人查阅了华俄商人最初签订的合同，发现合同华俄文本不符。"所拟各条，核与原订合同，已去其太甚。惟后附俄文两纸，现经敕令重译，与华文语意，明有不符。"② 可以看出，1898 年合股开矿合同的文本确有问题。

关于合股开矿合同的适用范围问题，1898 年合同规定：在阿穆尔河右岸，依格那其耶夫屯上游三俄里之豁洛津相近爱珲之阿列克地方。暨齐齐哈尔黑龙江省各处煤矿，均准田吉臣李文卿纪丰泰等三人开探，亦准鲁毕诺夫事同一律。③ 合同适用的范围超出了瑷珲副都统辖区，扩展到黑龙江将军辖区。

关于李席珍所举的 1898 年合同的弊端和修改提议，俄商不以为然，双方产生分歧。关于合股公司的经营的地理范围，中国官方提出仅在瑷珲副都统辖区，"只办瑷珲一城，他处不得援例"，纪卢反对，主张在黑龙江将军辖区内都有效，并列举理由"开办煤矿非同小贩延雇，矿师购办机器，一切用度核计需款非四五十万不可，若限定在副都统辖境内菜板，设煤不佳不旺。如许巨款势必字虚，承办者将何以了局。应用黑龙江辖境字样，期可推广，以免事后之悔"。最后在黑龙江将军恩泽

---

① 《头等商人纪丰泰休致参将鲁毕诺夫公同商议订定合同》，"中央研究院"近代史研究所：《中国近代史资料汇编·矿务档》（七），"中央研究院"近代史研究所1960年版，第4294页。

② 《总理衙门准军机处抄交黑龙江将军恩泽等奏爱珲商号承办煤矿现因疏通销路改为华俄合股一折》，光绪二十五年五月十八日，"中央研究院"近代史研究所：《中国近代史资料汇编·矿务档》（七），"中央研究院"近代史研究所1960年版，第4309页。

③ 《头等商人纪丰泰休致参将鲁毕诺夫公同商议订定合同》，"中央研究院"近代史研究所：《中国近代史资料汇编·矿务档》（七），"中央研究院"近代史研究所1960年版，第4292页。

提议下以折中方式解决,瑷珲辖区的煤矿由合股公司承办,在黑龙江将军辖区的其他地方的煤矿再允许"开办一二处"。关于合同的以何文本为主,李席珍提出以华文为主,俄商提出"增入附占俄文四字"。①

可以看出交涉中黑龙江地方政府和纪凤台、卢宾诺夫的分歧很大,尽管签订了合同,因事关对外交涉,黑龙江将军不敢擅自定夺,恩泽上报总理衙门,请求"总理各国事务衙门会同管理矿务局大臣妥议",没有多久爆发义和团运动,瑷珲局势异常混乱,合股开矿一事不了了之。

中俄矿务交涉案中,作为当事方之一纪凤台的表现值得关注,他在其间的表现一定程度上影响了时人和后人对其看法。笔者认为纪凤台在阿拉别林煤矿交涉案中表现,具体说他反对中国官方代表的提议是时人对其"差评"的原因之一。交涉中纪凤台的中国人身份和他与中国代表的严重分歧乃至对立引起了参与交涉的中国官方代表的不快。在改定合同的谈判中,黑龙江将军的代表李席珍分析了原合同出现不利于中方的原因时将责任归咎于卢宾诺夫和纪凤台的欺骗。永和公、鼎盛昌"不明事体,不解洋文",被纪凤台和卢宾诺夫"作弄","大受其骗",导致"所议条款利权半非己有"的严重后果。②李席珍作为中国官方代表,在交涉中采取维护中国国家利益举措,这与纪凤台、卢宾诺夫扩大他们作为股东的公司在中国境内的矿务开采权发生冲突,加之纪凤台的华人身份,导致对纪凤台印象不佳,甚至是打上"奸商""汉奸"标签的一个原因。至于交涉案中,作为一名加入俄籍的中国人是否负有助帝俄掠夺中国矿产资源,笔者认为下此结论有些牵强。作为一名商人让他作为股东之一的公司在中国境内采煤、销售等环节上拥有更多的权限,进而谋求更多的利润也无可厚非。

---

① 《黑龙江将军恩泽等奏爱珲商号煤矿因疏通销路改为华俄合股折》,王彦威、王亮:《清季外交史料》,第139卷,第5页。收录于沈云龙:《近代中国史料丛刊》第三编第二辑,文海出版有限公司1985年版,第2370页。

② 《黑龙江将军恩泽等奏爱珲商号煤矿因疏通销路改为华俄合股折》,王彦威、王亮:《清季外交史料》,第139卷,第5页。收录于沈云龙:《近代中国史料丛刊》第三编第二辑,文海出版有限公司1985年版,第2370页。

第二章 帝俄时代中国人在远东地区的工商活动

二 张廷阁在远东的工商活动

张廷阁，1875年出生，山东掖县平里店镇石柱栏村人。家境贫寒，少年丧父。中日甲午战争后，为了生计，张廷阁和同乡先结伴"闯关东"，之后又"跑崴子"。张廷阁来符拉迪沃斯托克之初在中国人开办的名为"福长兴"的菜摊当学徒。由于张廷阁幼年时读过几年私塾，粗通文墨，加之其勤奋好学、善于思考，很快悟出经商之道。难能可贵的是，张廷阁能较流利地讲俄语，这为后来同俄国人做生意打下了基础。当时远东地区的中国人多数生活在较为封闭的环境中，他们交往的范围主要是华人圈，很少接触俄罗斯人，多数人几乎不会俄语，即使会的话也是简单的日常交流。当时远东地区发展较好的中国人都具有一个共同的特征，就是俄语好、与俄罗斯人交往没有语言障碍，这样便于生意往来。当时远东地区华商代表纪凤台、张廷阁、叶华林都具备这个特点。

在"福长兴"张廷阁结识了同来自掖县的中国商人郝升堂。郝升堂来符拉迪沃斯托克比张廷阁早，1889年，郝升堂已与他人合伙成立一家名为"双合盛"的杂货铺，但生意不景气，合伙人撤资，郝升堂需要寻找新的合作者。郝升堂邀请张廷阁来"双合盛"共事，1898年张廷阁入股"双合盛"。张廷阁受郝升堂的信任和器重，任命其为"双合盛"的执事（副经理），并逐渐将"双合盛"的经营管理交与张廷阁。"双合盛"成为张廷阁施展经商才华的舞台，同时"双合盛"也在张廷阁的经营下迅速发展。

"双合盛"和张廷阁发展的一个转折点是日俄战争。日俄战争前，符拉迪沃斯托克驻扎了大量俄国军队，张廷阁想方设法承揽了为符拉迪沃斯托克驻军供应军需品的业务，"双合盛"获利颇丰。这时期张廷阁将"双合盛"的业务拓展至国内，向哈尔滨的"义合成"杂货铺投资5万卢布，是辛亥革命后"双合盛"转战国内的前奏。张廷阁通过与符拉迪沃斯托克俄国人的接触获悉俄国和日本即将爆发战争的消息，于是"双合盛"开始大量囤积畅销商品。不久后，日俄战争爆发。战争期间日本舰队对俄国在太平洋沿岸包括符拉迪沃斯托克在内的港口实施封锁，导致符拉迪沃斯托克的物价飞涨，商品供应紧张。"双合盛"出售之前的囤积商品，获利甚巨。如战争前4分钱1斤购进的食盐，战争期间卖至5—6角钱1斤。日俄战争后，张廷阁又获悉了俄国政府要加税的消息，他由此断定加税后物价必上涨，"双合盛"大批赊购商品，待加税、商品涨价后出售，"双合盛"再获巨利。① 这样，日俄战争结束后，实力大增的"双合盛"开始扩大规模，在符拉迪沃斯托克中心地带购买地皮，为商号建新房舍。"双合盛"由之前默默无闻的仅经营日用百货的杂货铺变成了资金雄厚的零售兼批发呢绒、绸缎、五金等的综合商号。

"双合盛"是符拉迪沃斯托克首屈一指的中国商号。俄罗斯学者按照资本拥有量将远东地区中国商业机构分为大、中、小三类，大商行指的是拥有20万—50万卢布资本的商号，中等商行拥有6万—10万卢布，小商行拥有0.8万—5万卢布。那时"义泰"（И Тай）有25万卢布资本，"福兴昌"（Фу Синчан）有20万卢布资本，"昌泰宁"（Чэнь Тайни）有45万卢布资本。② 1907年，"双合盛"资产规模约100万卢布。据当时中国人的记载，20世纪初符拉迪沃斯托克有三家有实力的中国商号，分别是"双合盛""义泰""广源盛"（Гуаньюаньшэн）。另有记载，20世纪初符拉迪沃斯托克规模大商号有："双合盛""图利广和成"（Тун-ли Гуаньхайцяо）、"义泰""鸿顺福"（Хунь-Шин-фу）、"源和山"（Юн-хо-зан）。③ 无论是哪个记载，双合盛都名列其中。

日俄战争后，"双合盛"的业务范围超出了符拉迪沃斯托克和远东地区的地域范围，在莫斯科、大阪、横滨、中国香港、新加坡等地设立

---

① 金宗林：《张廷阁其人其事》，中国人民政治协商会议黑龙江省哈尔滨市委员会文史资料研究委员会：《哈尔滨文史资料》第2辑，1983年版，第17—20页。

② Романова Г. Н. Торговая деятельность китайцев на Дальнем Востоке России（конец XIX-начало XX в），Россия и АТР，2009. № 3.

③ Нестерова Е. И. Китайский торговый дом «Шуанхэшэн»（Владивосток-Харбин, конец XIX-первая половина XX в.），Вестник ДВО РАН. 2011. № 1.

第二章　帝俄时代中国人在远东地区的工商活动

分号或代理机构，直接与厂商建立进货关系。① 主体业务转回中国前，符拉迪沃斯托克一直是"双合盛"总部所在、经济活动的基地。与张廷阁及"双合盛"资本迅速增长同步的是，张廷阁在远东地区华人圈影响力增强，他积极参与远东地区中国人的社会事务。1909 年，被选为符拉迪沃斯托克华人商会（Владивостокское китайское коммерческое общество）理事，1911 年当选为符副会长，1912 年升任会长。② 要成为华人社团的领导人要满足一系列条件，除了具备一定社会地位、声望外，还要精通俄语，便于同俄国行政机构打交道，还要具备一定的中、俄文书写能力。

张廷阁和"双合盛"在俄国远东的商业活动在辛亥革命后开始收缩，将发展重心移至国内，至 1919 年结束了在远东地区的全部业务。张廷阁不仅是名经营有道的商人，也是一位爱国实业家。1914 年，张廷阁购买了瑞士企业家在北京的啤酒汽水厂，更名为"双合盛啤酒汽水厂"，生产中国自己的啤酒——五星啤酒。与此同时，在哈尔滨等地开设面粉厂、制革厂、制油厂等，20 世纪 20—30 年代张廷阁步入哈尔滨著名的民族实业家行列。

三　叶华林在远东工商活动

1864 年，叶华林出生于中国，1879 年即 15 岁时来到俄国远东地区。1885—1895 年，在符拉迪沃斯托克的德国公司"兰格里季耶"商行（Торговый Дом И. Лангелитье и К°）当伙计。1886 年，受洗成为东正教教徒。1895 年，叶华林离开了"兰格里季耶"商行来到哈巴罗夫斯克，进入纪凤台的商号工作，叶华林的经商才能得到纪凤台的赏识，两人开始合作。1895 年，纪凤台组建一家饮料加工厂，生产饮料和啤酒，纪凤台将饮料加工厂交给叶华林管理。

---

① 杨云程：《我在双合盛的见闻》，莱州市政协文史资料研究委员会：《莱州文史资料》第 2 辑，1988 年版，第 11 页。

② Нестерова Е. И. Китайский торговый дом «Шуанхэшэн» (Владивосток-Харбин, конец XIX-первая половина XX в.), Вестник ДВО РАН. 2011. № 1.

1897年，叶华林当选为哈巴罗夫斯克华人协会（Хабаровское китайское общество）会长。当时共有5名中国人参加竞选，俄国当局支持叶华林，理由是他俄语好，且能用俄文书写。1901年，纪凤台、叶华林和其他三名华商合资成立"纪凤台公司"。叶华林和纪凤台在生意上多有合作，他同纪凤台一同参与到19世纪末中俄松花江贸易，是"纪凤台公司"在松花江沿岸商行的负责人，后来和纪凤台一样获得了一等商人的称号。

1902年，叶华林加入了俄国国籍，成为俄国公民，有了弗拉基米尔（Владимир）·尼古拉耶维奇（Николаевич）·叶华林（Ехоалин）的名字。在这之前叶华林几次申请入俄国国籍，但未能如愿。1895年第一次申请入籍，被拒绝，拒绝的理由是他在中国有家室，据此推断他申请入籍不是"发自内心"，是为了在远东地区获取更多的"经济利益"，为了摆脱俄国法律对外国人在阿穆尔河沿岸地区获得不动产的限制。[①] 1897年，再次申请入籍，仍被拒绝。1902年，叶华林如愿加入俄国国籍。他能入籍与娶了一个名叫奥丽加（Ольга）·弗拉基斯拉沃夫娜（Владиславовна）·鲍斯特洛伊（Построй）俄国女性为妻有关。奥丽加的父亲 В. Э. 鲍斯特洛伊（Построй）是波兰人，因参加1863年波兰起义而被流放到远东地区，19世纪末鲍斯特洛伊已成为哈巴罗夫斯克颇具资产的商人。

20世纪初，叶华林在哈巴罗夫斯克获得了一定社会地位，成为哈巴罗夫斯克市杜马的议员。同纪凤台一样，叶华林在日俄战争期间帮助俄军运输军需品。有资料记载叶华林参与了旅顺要塞保卫战，因为他在旅顺要塞保卫战中的贡献，1908年叶华林成为哈巴罗夫斯克"世袭名誉公民"（Потомственный почётный гражданин）。叶华林是帝俄时代哈巴罗夫斯克历史上唯一获此殊荣的中国人。1910—1911年，叶华林任滨海州罪犯监护人协会哈巴罗夫斯克分会（Хаборовское отделение

---

① Нестерова Е. И. Китайцы на российском Дальнем Востоке: люди и судьбы, Диаспоры. 2003. № 2.

第二章　帝俄时代中国人在远东地区的工商活动

Приморского областного комитета Попечительного о тюрьмах общества）的主席。1913年，叶华林同哈巴罗夫斯克市长、市杜马议员和俄国交通运输部大臣一同参加阿穆尔铁路工程局大楼落成仪式，因为工程施工中得到了叶华林的资金支持。1914年，叶华林去世。

同为远东地区的华商，且曾经是纪凤台生意上合作者，叶华林得到了当时国人的好评，曹廷杰曾向吉林交涉局建议奖励叶华林"五品蓝翎奖"即为证明：

> 卑府前在伯利，与华商叶华林婉商吉江两省商人借俄轮抗税，江关员司无法措办，不能不就俄镇派人稽查。拟恳赏给该商叶华林五品蓝翎奖札，并恳咨行山东原籍，饬令代查伯利华商粮石未完江关税课，俾资鼓励等情。①

中国商人除了在俄国远东地区的城镇广泛开展业务活动外，还将商业活动延伸至土著民族居住区，而且对当地贸易的垄断程度要强于其他地区。早在阿穆尔地区未被俄国吞并前，汉族人就向这里的少数民族供应生活用品，这种关系没有因中俄《北京条约》的签订而发生变化。1860年后相当长一段时间里中国商人仍是当地土著居民的生活日用品的主要供应者。关于19世纪末中国商人向远东土著居民供应商品问题曹廷杰评价道："贡貂诸部入俄多年，至今眷念中国，不改俄装，皆赖华商维持。"② 这里所言的"贡貂诸部"指的是远东地区土著居民赫哲人、鄂伦春人等。曹廷杰看到了中国商人在向土著居民供应生活用品方面的作用，但有些夸大。

那时中国商人和土著居民间的买卖是易货交易，通常是用毛皮来交换需要的生活用品。在阿穆尔河沿岸地区刀兵河（р. Даубихэ）一带住

---

① 曹廷杰：《禀请奖赏商人叶华林五品蓝翎奖》，光绪二十九年十一月二十五日，丛佩远、赵鸣岐：《曹廷杰集》（下册），中华书局1985年版，第474—475页。
② 曹廷杰：《条陈十六事》，丛佩远、赵鸣岐：《曹廷杰集》（下册），中华书局1985年版，第382页。

着一位叫孙塔（Сун Тай）的中国人，他主要向居住于刀兵河和松阿察河（р. Сунгача）一带的那乃人供应生活用品，并将收购的毛皮运到符拉迪沃斯托克和哈巴罗夫斯克出售。

中国商人和远东土著居民的商品交易是按照一定价格来交换的，不同的地区价格会差异。1904年，比金河（р. Бикин）一带的交易情况是：1普特黄米交换1/2只—3只黑貂；1普特满洲茶交换6只黑貂；1普特盐交换3只黑貂；3俄丈平纹布交换1只黑貂；1把火绳枪交换6只黑貂；1把短枪交换6—8只黑貂；20发子弹交换1只黑貂。而1904年宏格力河（р. Хунгари）和奥托依河（р. Отой）一带及帝国湾（Императорская гавань）一带的交易情况是：1只黑貂可以交换1袋55俄磅的美国面粉或30俄磅糖或8块茶砖，而土著居民要得到1俄磅火药需拿1/3只—4只黑貂交换，要得到1俄磅铅弹则用1/8只—1只黑貂交换。①

后来俄国毛皮商人也来到远东土著民族居住区，俄国人和土著居民贸易随后展开。与中国商人不同的是，他们之间的买卖是多用金钱来支付的，而非华商和土著居民则是物物交换。曾经深入土著居民居住区的格拉韦搜集到一些交易情况的数据：1只带有外皮的黑貂价格是15—50卢布。俄国商人出售给土著居民商品价格分别为：1支步枪100—150卢布、1发子弹近1卢布、1瓶酒3—5卢布、1普特小米10—20卢布。②

通过华商、俄商与远东土著居民交易对比看，俄国商人出售给土著居民商品价格要高于中国商人的，而俄商收购毛皮价格要低于中国商人的。关于这点，阿穆尔河沿岸地区总督 Н. А. 克留科夫（Крюков）曾评价道：关于中国商人剥削"异族人"的言论"或多或少"被"夸大"

---

① Сорокина Т. Н. Хозяйственная деятельность китайских подданных на Дальнем Востоке России и политика администрации Приамурского края（конец XIX-начало XX вв.），Омск：Издательство ОмГУ，1999. С. 82.

② Граве В. В. Китайцы, корейцы и японцы в Приамурье，Труды командированной по Высочайшему повелению Амурской экспедиции. Санкт-Петербург：тип. В. Ф. Киршбаума，1912. Выпуск XI. С. 38.

第二章　帝俄时代中国人在远东地区的工商活动

了，俄国毛皮商人在和"异族人"打交道时要比中国人"坏许多"。①

以上所谈主要是阿穆尔河左岸中国人从事工商业的情况，1906年前外贝加尔地区是隶属于阿穆尔河沿岸总督辖区，故中国人在该地区的工商业活动也属于本节研究的范畴。20世纪前，外贝加尔地区的中国人的主要经济活动是经商，这一特点与中俄恰克图贸易有关系。有"沙漠威尼斯"之称的恰克图是18—19世纪上半叶中俄贸易最主要地点，这里云集了数量众多的中、俄商人，盛极一时。19世纪下半叶，许多中国商人经过恰克图来到外贝加尔地区，而中俄间的一些条约、章程为中国商人进入外贝加尔提供了法律保障。如1862年《中俄陆路章程》的"边境50俄里无税贸易区"等。当时外贝加尔地区中国人较为集中之地的特罗伊茨科萨夫斯克（Троицкосавск）距离恰克图较近。有资料记载，1864年经恰克图进入外贝加尔的中国商人为56人，1867年有290人，1869年有557人，1894年有674人。② 其中许多中国商人会在外贝加尔长期居住。

当时除了特罗伊茨科萨夫斯克外，上乌丁斯克（Верхнеудинск）也是中国商人较为集中之地，上乌丁斯克有个商品交易集市。每年的1月末2月初开市，中国商人是该集市的常客。上乌丁斯克有位叫李万新（Ли Ван-си）的中国商人颇具实力，他是二等商人，在上乌丁斯克拥有商号和货栈。他皈依了东正教，并娶了俄罗斯女性，在20世纪初加入了俄国籍。③

在外贝加尔地区的中国商人从民族成分上看主要是汉族商人，蒙古族商人要少于汉族商人。从籍贯上看，晋商占有较高比例，这与在恰克

---

① Сорокина Т. Н. Хозяйственная деятельность китайских подданных на Дальнем Востоке России и политика администрации Приамурского края（конец XIX-начало XX вв.）. Омск：Издательство ОмГУ，1999. С. 82、84.

② Дацышен В. Г. Китайцы в Забайкалье в первой четверти XX века，Конференция "Россия и Монголия на рубеже веков：дипломатия，экономика"，Иркутск：Байкальский государственный университет экономики и права，2014. С. 136－137.

③ Петров А. И. История китайцев в России：1856－1917. СПб：ООО «Береста»，2003. С. 524.

图的晋商居主导一样，与当时阿穆尔沿岸地区鲁商数量多不同。

中国人在外贝加尔地区的经商活动与恰克图贸易兴衰紧密结合，在恰克图贸易衰落后，中国人在外贝加尔的商业也开始走下坡路。19世纪末20世纪初，随着外贝加尔地区采金业的发展和西伯利亚大铁路外贝加尔段的修筑，中国人在外贝加尔地区从事的活动逐渐多样化，进入金矿和铁路建筑工地的中国人渐多，经商不再是外贝加尔地区中国人的主要的职业。1902年，外贝加尔铁路上乌丁斯克段有180名中国工人，楚戈尔斯克（Цугольск）段有191名中国工人；1902年，特罗伊茨科萨夫斯克有华商35人、恰克图仅有1名中国人，这个人不是商人，是名报务员；1902年，赤塔（Чита）生活着43名中国人，其中有27人是商人。①

第二节　远东地区中国商人和俄国商人的竞争情况

远东地区中国商人的大量存在对俄国商人及其他国家商人构成了威胁，中国商人和俄国商人的竞争贯穿了19世纪下半叶至20世纪初远东商业史的始终。那时中国商人在店铺或商行数量上占优势，但规模上中国商人要照俄国及欧洲商人逊色。以远东地区工商活动最为活跃的符拉迪沃斯托克市为例看一下中、俄商人竞争情况。

以上表格数据是以经商者的肤色来界定，冠之以"黄种人"和"白种人"。那时在远东地区的"黄种人"几乎都是中国人、朝鲜人和日本人，但三者从事的领域有所差别，朝鲜人活动的范围主要是农业、以黄金开采业为主的矿业领域，经商的很少。远东地区日本人的数量远不能和中国人、朝鲜人相提并论，而且日本人活动的范围主要是沿海一带，从事的活动多和海洋相关，如渔业、捕捞业等。相对于朝鲜人、日本人，远东中国人从业领域很广泛，农业、工商业、采金业、运输业等

---

① Дацышен В. Г. Китайцы в Забайкалье в первой четверти XX века, Конференция "Россия и Монголия на рубеже веков: дипломатия, экономика", Иркутск: Байкальский государственный университет экономики и права, 2014. С. 139.

第二章 帝俄时代中国人在远东地区的工商活动

无不看到大量中国人身影,因而表2-2中列举"黄种人"的主体是中国人。至于表格中所说经商的"白种人"主体是俄国人,那时远东商业领域有德国人、英国人等其他欧洲国家的商人,但数量有限,不能和俄国人相比。综上所述,表2-2列举的"黄种人"和"白种人"商铺和营业额数据能反映出当时华商和俄商的经营情况。

表2-2 1909年、1910年符拉迪沃斯托克"黄种人"和"白种人"经营情况对比

经营商品种类	年份							
	1909年				1910年			
	店铺数量(单位:家)		营业额(单位:卢布)		店铺数量(单位:家)		营业额(单位:卢布)	
	黄种人店铺	白种人店铺	黄种人店铺	白种人店铺	黄种人店铺	白种人店铺	黄种人店铺	白种人店铺
日用小百货	68	62	1912900	3952000	141	101	3492000	3391000
杂货	230	51	7431900	7865200	414	227	10061650	24849920
食品	964	253	3300000	2791000	833	319	3658500	3490500
水果蔬菜	272	12	63660	919000	351	581500	23	44000

资料来源:Граве В. В. Китайцы, корейцы и японцы в Приамурье. С. 357-358.

1909年和1910年,除了"日用百货",中国人店铺数量普遍较俄国人的多,但总营业额相差无几,甚至数量较少的俄国商铺的营业额反超过店铺数量较多的华商的,如"混合店铺"。1909年,中国人商铺是俄国人的几倍,但总营业额俄国店铺反超过中国人的。1910年的情况也是如此:食品方面,1909年和1910年两年情况相同,中国人店铺数量远多于俄国人的,但总营业额相差无几;水果蔬菜方面,1909年12座俄国人店铺的营业额是272个中国人店铺营业额的十几倍;对华商而言,1910年的情况要好于1909年的,351家中国人店铺的营业额高出23家俄国店铺的十几倍。

· 53 ·

此外，中国人和俄国人获得从事商业许可证的数量多少也能反映出他们经营规模的差异。那时俄国政府根据商人拥有的资产多少划分不同的等级，同时授予其相应的经营许可证书，有一等商人（купец I-й гильдии①）、二等商人（купец II-й гильдии）、小商人（мелочный купец）……高等级商人的资本要比低等级商人的雄厚，纳税额度要多些，一、二等商人一般要缴纳资产 4% 的营业税，小商人要缴纳资产 2.5% 的营业税。下面看看 19 世纪末符拉迪沃斯托克的中、俄商人获得经商许可证情况。

表 2-3　　1882 年符拉迪沃斯托克中国一等、二等商人数量及所占比例

	一等商人	二等商人		零售商	
		资格证书	经商许可	资格证书	经商许可
华商	0	25	30	62	60
符拉迪沃斯托克商人总量（单位：人）	8	78	88	92	89
华商所占当地商人比例（单位：%）	0	32	34	67.4	67.4

资料来源：РГИА ДВ. Ф. 28, оп. 1, д. 78, л. 32 об. —33. См.: Нестерова Е. И. Русская администрация и китайские мигранты на Юге Дальнего Востока России（вторая половина XIX-начало XX вв）, Владивосток: Издательство Дальневос-точного университета, 2004. С. 110.

表 2-4　　　19 世纪末符拉迪沃斯托克参议会颁发的经商许可证数量　　（单位：个）

经商许可	年　份							
	1890 年		1891 年		1892 年		1893 年	
	华商	俄国及其他国家商人	华商	俄国及其他国家商人	华商	俄国及其他国家商人	华商	俄国及其他国家商人
一等商人	—	7	—	14	—	13	—	9
二等商人	133	151	141	178	211	205	139	115

---

① "гильдия" 原意是 "等级"，有时音译成 "基尔德"。

第二章 帝俄时代中国人在远东地区的工商活动

续表

经商许可	年 份							
	1890年		1891年		1892年		1893年	
	华商	俄国及其他国家商人	华商	俄国及其他国家商人	华商	俄国及其他国家商人	华商	俄国及其他国家商人
小商人	83	58	110	56	117	55	100	87
渔猎商	24	20	31	16	35	24	33	25
贩运商	14	3	38	9	32	17	34	22
挑贩	138	12	117	5	216	6	301	6
总计	392	251	437	278	611	320	607	264

资料来源：Даттан А. В. Исторический очерк развития Приамурской торговли. Москва：типография Т. И. Гаген，1897. С. 77.

表2-4显示，1890—1893年间没有一个中国人获得一等商人证书，1890年和1891年中国人中二等商人的数量少于俄国人和其他国家，但从事小额贸易、长途贩运（развозная торговля）、货郎买卖（разносная торговля）的中国商人的数量远多于俄国及其他欧洲国家，特别是贩运商和挑贩的数量具有绝对优势，但中国商人在大买卖方面不占优势。

帝俄时代，阿穆尔河沿岸地区规模较大的贸易主要集中于俄国商人或欧洲其他商人手中，其中较为出名的有"秋林"（Чурин）公司、德国的"库斯特—阿尔贝斯"（Кунст и Альберс）商行[①]、"兰格里季耶"商行等，在阿穆尔河左岸的几乎所有城市及大村庄都有它们的分支机构。

符拉迪沃斯托克是阿穆尔河左岸的贸易中心，聚集了各国的商人。符拉迪沃斯托克中、俄店铺数量的对比情况：1893年，当地有中国人商铺127座，俄国人商铺23家；1909年，中国人和俄国人开设的商铺分别是447家和99家；1910年华、俄商铺数量分别是625家和181家。[②] 至

---

① 该商行是德国人库斯特和阿尔贝斯于1864年在符拉迪沃斯托克建立，是帝俄时代远东地区实力雄厚的外国公司。商行成立之初，规模不大，至19世纪末商行初具规模，年周转资金达100万卢布。在符拉迪沃斯托克之外开设分行，既经营俄国商品，也经营外国商品。

② Сорокина Т. Н. Хозяйственная деятельность китайских подданных на Дальнем Востоке России и политика администрации Приамурского края（конец XIX-начало XX вв.）. Омск：Издательство ОмГУ，1999. С. 79.

1912年中、俄两国人拥有工商企业数量对比如下表。

表2-5　　1912年符拉迪沃斯托克的企业及其员工数量　　（单位：家、人）

企业拥有者的国籍	企业数量	员工数量
俄国人和欧洲人	940	3487
中国人	1023	6751
朝鲜人	27	446
日本人	192	462
总计	2182	11146

资料来源：Записки Приамурского отдела императорского Общества востоковедения. Вып. II. 1913. Хабаровск. 1913. C. 274-275.

表2-5显示，俄国人和其他欧洲人拥有的企业占符拉迪沃斯托克全部企业的43%，中国人企业占47%，全部黄种人企业加到一起占57%。企业员工所占比例上看，中国人企业员工数量占符拉迪沃斯托克全部企业员工总数的60.5%，俄国及其他欧洲企业仅占31.3%。但表2-5的数据是不完全的，因为它没有涵盖挑贩和贩运商，这两类销售形式几乎被华人垄断，也不包括没有领取营业执照的企业，因为以上表格的数据来源于阿穆尔沿岸地区税务局的资料，仅记录的是纳税企业的，至于没有纳税企业的情况就无从知晓了。不可否认的一个事实是，那时无照经营的商人当中中国人占有一定比例。若把挑贩和贩运商以及无照经营的商家计算进去，中国人企业及企业的员工数量所占的比例会更大些。

关于中国人在符拉迪沃斯托克市场做买卖的情况，1892年的《符拉迪沃斯托克报》有过报道：

> 金角湾码头的市场应该称为满洲人市场，因为现在这里几乎没有俄罗斯商人，除了面包小贩。人们说，之所以出现这样的情况，是因为满洲人在市场上增加了租金，所以打败了俄罗斯人，小铺也留给了满洲人。俄罗斯商人四散到县城里找地方。满洲人在这里贩卖生活必需品：面包、肉、禽类、鱼、蔬菜和米类。这种买卖物品

第二章 帝俄时代中国人在远东地区的工商活动

集中在中国人手里也是理想的结果。①

类似的情况不仅在符拉迪沃斯托克出现,在阿穆尔河沿岸地区的其他城镇和居民点也出现了。尼科尔斯克—乌苏里斯克从1883年起部分俄国商铺就开始破产或关闭,而与此相反的是中国人店铺大量成立;1893年该地中国人商铺为69家,而在10年前那里还没有1家中国人商铺;1909年,中国人商铺达到了245家,俄国人商铺48家;1910年,中、俄商铺数量分别为272家和106家。② 以上所谈是滨海州情况,下面看看阿穆尔州的情况。

表2-6　1910年阿穆尔州不同等级商业机构的数量和营业额

	企业规模	中国人		俄国人		黄种人外的外国人	
		企业数量（单位：家）	交易额（单位：卢布）	企业数量（单位：家）	交易额（单位：卢布）	企业数量（单位：家）	交易额（单位：卢布）
商业	一等企业（торговля I разряда）			11	2700000	2	1200000
	二等企业（торговля II разряда）	76	1500000	394	3600000	12	900000
	三等企业（торговля III разряда）	248	1200000	618	3000000		
	四等企业（торговля VI разряда）	5	1000	162	250000		
	贩运企业（торговля развозного торга）	17		101			
	挑贩（торговля разносного торга）	48		33			
	享有特惠权企业（торговля льготного торга）			81			
	总计	394	270100	1400	9550000	14	2100000

资料来源:Граве В. В. Китайцы, корейцы и японцы в Приамурье. С. 356.

---

① 聂丽·米兹、德米特里·安洽:《中国人在海参崴——符拉迪沃斯托克的历史篇章（1870—1938年）》,第46页。
② Граве В. В. Китайцы, корейцы и японцы в Приамурье. С. 33.

表 2-6 显示：其一，阿穆尔州的工商业活动不如滨海州活跃，无论是俄国人的，还是中国人和其他欧洲国家拥有的商铺数量都照滨海州逊色。出现这一差别，Ф. В. 索洛维约夫认为与阿穆尔州发达的采金业有关。阿穆尔州金矿多，商铺多位于金矿区，而金矿和金矿内商铺的所有者主要是俄国人，经营中多是以采购的黄金作为抵押来赊购商品。① 中国人主要是以工人身份参与远东地区金矿开采业，故阿穆尔州的中国商铺数量有限；其二，就中国商人和俄国商人数量而言，在滨海州中国人占优势的挑贩、贩运贸易领域在阿穆尔州则失去优势；其三，规模较大的商业机构，如一等、二等商人的商行同在滨海州一样，在阿穆尔州中国商人的拥有量仍有限，不如俄国商人。以上数据能看出符拉迪沃斯托克及滨海州，乃至全阿穆尔河沿岸地区中国人的经商情况。

第三节　远东当局及中央政府对华商态度和政策

与对待在远东地区从事种植活动和采金活动的中国人一样，如何看待帝俄时代远东中国商人的活动问题上，在远东各个阶层存在不同的态度和评价。有的人主张区别对待远东的中国商人：大商人活动是积极的、有益的，活跃了远东市场，丰富了居民生活。中小商人特别是深入土著居民区的华商，经常欺诈、盘剥土著居民，使他们更加贫困，持这种意见的代表是参加了 1910 年阿穆尔考察队的俄国外交部特派员格拉韦。在格拉韦看来，应该区别对待远东地区中国商人，应该肯定中国大商人在远东经济发展中的贡献：

---

① Соловьёв Ф. В. Китайское отходничество на Дальнем Востоке России в эпоху капитализма (1861–1917 гг.). Москва: Наука, 1989. С. 52–53.

第二章　帝俄时代中国人在远东地区的工商活动

无论是城市还是农村的中国大商号，按当地人的说法数量并不多。这些大商号享有很高的声誉。他们起着调节当地商品价格的作用，同样也限制着俄国商人过分的"胃口"。从这一点上说，他们是有益的。他们对俄国的大商号还不能构成大竞争，他们售出的商品数量不多，品种也较为单一，他们又不善于迎合口味变换极快的消费者，同时这些中国商人又是俄国大商号商品的买家。他们唯一的负面作用就是资助中国小业主，以此领导中国人的所有生意和手工业网络。对此必须要进行斗争，但应该打击的不是这些中国大商号，而是小商家。①

格拉韦不看好远东地区中国中小商人活动，原因有三：其一，从俄国商人和俄国工商业发展的角度看，具体说从中国商人对俄国商人的排斥和刺激消费方面看。中国人在农村的买卖，特别是挑贩和贩运商的"危害性尤大"，在土著居民区华商垄断了和土著居民的买卖，俄国商人很难插手，这阻碍了俄国民族工商业的发展。同时，中国商人会将赚得的钱带回祖国，所赚取的俄国人的钱全部流入了中国。另外，中国人在俄国的消费仅满足于"最基本的消费"，"用的主要是中国商品"。其二，从政治角度出发，具体说是从国家安全角度看，不能对中国商人特别是挑贩和流动买卖"视而不见"，为了经商他们经常往返各地，熟悉阿穆尔沿岸的地形，"需要的时候"他们会成为"敌军最好的向导"。其三，从"异族人"角度出发，认为中国商人和"异族人"的买卖带有掠夺性，使"异族人"陷入绝境，甚至危言耸听地说中国商人"榨光异族人的全部油水后"，把他们变成"自己的奴隶"。②

当时也存在有异于格拉韦等人的看法，如任阿穆尔河沿岸地区总督的 Н. А. 克留科夫（Крюков）就不认为中国商人在土著居民区的活动是有害的：中国人向"异族人"供应所有必需品，他们同"异族人"

---

① Граве В. В. Китайцы, корейцы и японцы в Приамурье. С. 34 – 35.
② Граве В. В. Китайцы, корейцы и японцы в Приамурье, Труды командированной по Высочайшему повелению Амурской экспедиции. С. 37 – 38.

能自由交流，很清楚他们需要什么，这对"异族人"很有益。①

剥削远东地区土著居民并非中国商人的"专属"，当时活跃在远东地区的俄国商人也这样做。关于这点，曾在远东地区任职多年的翁特尔别格是承认的，阿穆尔公司和东西伯利亚公司活动的一个"主要基础"是剥削"按低价向公司交售貂皮及其他各种毛皮的异族人"，"不仅这两公司，几乎所有的与异族人作生意的企业都施展各种各样的剥削异族人的伎俩"。②

当时阿穆尔河沿岸地区著名外国商行"库斯特—阿尔贝斯"的经理 А. В. 达曼（Датман）③ 在总结中国人经商成功经验时说：中国人的经商天赋、狡猾、令人厌烦的纠缠及钻营的特点是华商成功的经验。④ 的确部分中国商人存在欺诈行为，如缺斤短两等行为，但只是少数，而非主流。

帝俄时代，在限制远东的中国人问题上远东当局很积极，当代俄罗斯学者 А. Г. 拉林承认：在打击移民问题上俄国各个部门看法并非不一致，远东当局主张采取强硬态度，他们一年比一年更强烈地要求执行严厉的反移民措施。⑤ 拉林的评价用于中国商人问题上是再合适不过了。帝俄时代俄国远东地区商业的中心是符拉迪沃斯托克，是远东商业活动的集中之地，包括华商在内的各国商人云集这里。该地华商和俄商的竞争也异常激烈，排挤华商是俄商及远东当局的共同目标，排斥和限制华

---

① Крюков Н. А. Промышленность и торговля Приамурского края. Н. Новгород. 1896. С. 94.

② П. Ф. 翁特尔别格：《滨海省：1856—1898 年》，第 184 页。

③ А. В. 达曼，德国人，1871 年来符拉迪沃斯托克经商，1884 年入俄国国籍，1885 年获一等商人称号，1886 年成为"库斯特—阿尔贝斯"商行经理，1887 年成为符拉迪沃斯托克市议会议员。Нестерова Е. И. Русская администрация и китайские мигранты на Юге Дальнего Востока России（вторая половинаXIX-начало XXвв），Владивосток：Издательство Дальневосточного университета，2004. С. 330.

④ Сорокина Т. Н. Хозяйственная деятельность китайских подданных на Дальнем Востоке России и политика администрации Приамурского края（конец XIX-начало XX вв.）. Омск：Издательство ОмГУ，1999. С. 67.

⑤ Ларин А. Г. Китайские мигранты в России：история и современность. Москва：Восточная книга. 2001. С. 38 – 39.

第二章　帝俄时代中国人在远东地区的工商活动

商远东当局的一贯政策，只是在不同背景下程度有轻重之分。

俄国远东当局对华商的态度及政策体现在三次会议上，即 1893 年滨海州的限制中国商人活动会议、1900 年初的会议、1903 年第四次哈巴罗夫斯克代表会议。

在远东俄国商人推动下，19 世纪末符拉迪沃斯托克曾出现一个"限制中国人贸易问题委员会"（Комиссия по вопросам ограничения китайской торговли）的组织，该组织的宗旨是保护俄国商人在滨海州经济利益和排挤华商。在滨海州对华商不友好的俄国商人积极努力下，滨海州地方当局开始把限制华商活动提上了议事议程。1893 年，滨海州政府在符拉迪沃斯托克召集了由一等商人、俄国远东地区知名企业家 М. Г. 舍韦廖夫（Шевелёв）任主席、地方杜马和富商大贾代表参加的专门会议。此次会议的宗旨就是制定限制中国人商业活动的办法，会议拟定了以下措施：

①向中国人的工商活动征取 5%—10% 的税。

②在税务人员的协助下，成立一个对中国人买卖进行稽查的机构。该机构所获取的税金要在遵循国库相关规章基础上，并基于实际情况来使用。

③对于被证实未遵守或破坏规定的中国人要加倍惩罚。

④对于两次被揭发违反规定的中国人，若第三次再被揭发，则要和伙计一同被永远驱逐出境，店铺被关闭。

⑤责成中国社团对中国人的纳税情况进行监督，中国社团要为某些中国商人的玩忽职守行为，或违法行为负责，并要接受罚款惩处。

⑥坚决禁止中国人在城市之外的村镇及南乌苏里其他地区做生意，那里中国人现有的店铺要限期关闭。[1]

---

[1] Граве В. В. Китайцы, корейцы и японцы в Приамурье, Труды командированной по Высочайшему повелению Амурской экспедиции. Санкт-Петербург : тип. В. Ф. Киршбаума, 1912. Выпуск XI. С. 39.

当这一议案提交滨海州当局审议时，滨海州驻军司令 П. Ф. 翁特尔别格（Унтербергер）做了如下批示："从所有收集的资料看，我认为现在是应该对中国人的生意采取措施的时候了。中国商人不仅给俄国人经商活动带来不利的影响，而且这种影响呈扩大趋势。但是，目前为了消费者的利益，不应采取过激措施，可以根据其危害程度在本区不同地域课以不同的特别税是可行的，也是比较稳妥的。这项措施可以通过授权驻军司令以扩大向拥有不动产的中国人和朝鲜人征收商业税的办法实行。"①

翁特尔别格对包括中国人在内的"黄种人"来到远东地区有着深深忧虑，主张对黄种人特别是中国人采取限制政策，对待中国人的这种态度贯穿了他在远东任职的始终，无论是在任滨海州驻军司令期间，还是任阿穆尔河沿岸地区总督期间都是如此。这时他否决了上述会议决议是因为他认识到在滨海州工商业不发达的情况下严格限制华商活动不现实。时任阿穆尔河沿岸地区总督的 С. М. 杜霍夫斯科伊（Духовской）持有和翁特尔别格同样观点，认为对中国商人采取限制措施为时过早，故1893年滨海州严格限制中国人会议的决议未能实行。

在 Н. М. 奇恰戈夫（Чичагов）任滨海州驻军司令时，如何对待包括中国人在内的"黄种人问题"再次提上了日程，为此而成立的专门委员会建议采取如下措施：

其一，在不影响贸易大局的情况下，减少中国人的大商号数量，为保护消费者的利益在城市可以允许买卖完全自由。

其二，对中国人在农村的商业活动实行最大程度的限制。

其三，由于实施第二项措施会伴随着风险，希望采取能够有效防止中国人剥削农村居民的措施。

其四，坚决禁止中国人到异族人居住地。

其五，禁止中国人到临近交通要道的哥萨克村镇和重要的战略

---

① Граве В. В. Китайцы, корейцы и японцы в Приамурье, С. 39 – 40.

第二章　帝俄时代中国人在远东地区的工商活动

地点。

其六，禁止中国人开办酒肆。①

后来俄国借着义和团运动之机，在使用极端暴力手段驱逐中国人，促使远东中国人数量锐减，故上述措施未能付诸实施，但这些规定为后来已经升任为阿穆尔河沿岸地区总督的翁特尔别格主持制定《同"黄种人"涌入做斗争的措施》（Меры борьбы против наплыва жёлтых）时采纳。

中国商人除了在滨海州大量存在外，在阿穆尔州及其他地区亦不少，因而制定一个切实有效的对中国商人政策关乎远东的社会经济发展大局，已经超出了滨海州一地的范围。1903年，在哈巴罗夫斯克召开的第四次阿穆尔沿岸地区代表大会上专门讨论了黄种劳动力和黄种人贸易问题，经过与会代表的激烈讨论，会议通过了"给予黄种人正当竞争前提下的贸易自由权"决案。②

此处需要解释的是决议中所说的"正当竞争"暗指的是当时存在不正当竞争现象，其中就包括走私行为。最终将走私贸易的存在归结为中国边境"50俄里免税贸易区"的规定，因而主张取消该项规定以杜绝走私贸易，进而为中俄商人在阿穆尔地区的正当竞争营造良好的环境。作为取消"50俄里免税贸易区"补偿之策，时任阿穆尔河沿岸地区总督的 Н. Л. 贡达基的建议中央政府在阿穆尔河沿岸开放部分城市，如符拉迪沃斯托克、哈巴罗夫斯克、布拉格维申斯克、尼古拉耶夫斯克等城市。③贡达基的建议为中央政府采纳，取消了中俄边境50俄里免税贸易区，在中俄边境设置多个海关关卡，对入俄国境内的商品征收关税。

---

① Граве В. В. Китайцы, корейцы и японцы в Приамурье. С. 40.
② Ларин В. Л. Китай и Дальний Восток России. Владивосток: ИИАЭ ДВО РАН. 1998. С. 120 – 121.
③ Романова Г. Н. Торговая деятельность китайцев на Дальнем Востоке России (конец XIX-начало XX в.), Россия и АТР. 2009. № 3.

第四节　对远东中国人工商活动的评价

帝俄时代，中国人积极参与远东商业活动，并产生了很大影响，之所以如此是多个因素共同作用的结果。首先和中国人的勤劳、经商才能有关系。关于这点，当时的俄国人是承认的，П. Ф. 翁特尔别格评价道：中国人是天生的商人，他们具有卓越的经商才能，只要哪里稍有机会可乘，他们就奔向那里去作各种各样的生意……中国人有对做生意的特殊爱好和本领，再加上勤苦耐劳、头脑清醒、生活比较简朴等品质，那么不难明白，欧洲人是无力与之角逐的①。《西伯利亚问题》杂志编辑 П. 戈罗瓦切夫（Головачев）也给予华商很高的评价："中国人在经商天赋上和犹太人有共性……中国商人有进取心、爱劳动、精明、整洁、勇敢，而俄国商人懒惰和缺少经商的积极性。从这个角度出发，华商作为竞争对手是不可战胜的。"② 当代俄罗斯学者 Г. Н. 罗曼诺娃（Романова）在分析中、俄商人在远东地区的商业竞争中华商占优的原因时，总结出三点：大商行广泛贷款给小商行、商行店员薪水异常低、店主生活简朴，甚至日常开销同店员一样。在这三个因素作用下，中国商铺总能以比俄国商铺低得多的价格出售商品。③

除中国商人勤劳、有经商天赋外，还云他们的经营方式、营销手段有关。那时中国商人多采取"合伙制"和"网络化"经营。而且远东的中国商业机构多是些中小规模的商号或店铺，雇佣的员工数量有限，员工多是主人的亲属或同乡，薪水很微薄，但年底他们参与商行或店铺的利润分配。"合伙制"能调动员工劳动积极性，同时也降低了商行或店铺的经营成本。经营中除了实行"合伙制"外，还实行"网络化"

---

① П. Ф. 翁特尔别格：《滨海省：1856—1898 年》，第 189、190 页。
② Сорокина Т. Н. Хозяйственная деятельность китайских подданных на Дальнем Востоке России и политика администрации Приамурского края（конец XIX-начало XX вв.）. Омск: Издательство ОмГУ, 1999. С. 66 – 67.
③ Романова Г. Н. Экономические отношения России и Китая на Дальнем Востоке. XIX-начало XX в. Москва: Наука, 1987. С. 74.

第二章 帝俄时代中国人在远东地区的工商活动

经营,即大商号和中小商号以信贷建立起密切的联系,大商行借款给中等规模商行,中商行再借款给小商号,这样建立起一个商业网。在这个网络中商行能以较低的价格卖出货物,资金能得到较快的周转。

经营过程中中国商人的运营成本要比俄国商人的低很多。据"库斯特—阿尔贝斯"商行经理 А. В. 达曼(Датман)的计算,当时一个俄国商行的各项费用,如员工工资、住宿、奖金、租用货栈及照明、取暖灯各项费用的总和约占整个营业额的15%—20%。而对于一个同等规模的中国店铺,以上各项开支不会超过营业额的5%—8%。① 之所以成本如此之低,和中国人的吃苦耐劳精神及"合伙制"经营有关。中国店铺中雇佣的多是店主的亲属,薪水微薄,一般每月只有几卢布,几乎等同于无偿劳动。同时期俄国商号雇员的薪水是每月35—37卢布。②

中国人的吃苦耐劳精神在此也有体现,衣食住行都很简单和随意。关于中国商人的住所,"对于他们任何一个人来说,只需要放得下被褥和简易而便于搬动的家当就行,即便是富裕的商人也经常满足于类似的场所,而旁边就是他的管家"。食物方面,"穷人和富人几乎没有区别,米饭和蔬菜是整个中国人饮食的主要组成部分"。穿着方面,"衣服尽管看起来又肥又大,但是非常方便,走到哪里都可以穿,而且价格也不贵"。③

在经营中中国商人不打广告,待卖的商品简单地摆放在货架上。曾到过远东地区的旅行家 Д. И. 施罗德曾对符拉迪沃斯托克的中国人商铺的陈设有过描述:

> 在不大空间内,平行地摆放着一排排小型的木制"商场",用

---

① Граве В. В. Китайцы, корейцы и японцы в Приамурье, Труды командированной по Высочайшему повелению Амурской экспедиции. Санкт-Петербург: тип. В. Ф. Киршбаума, 1912. Выпуск XI. С. 30.

② Романова Г. Н. Экономические отношения России и Китая на Дальнем Востоке. XIX-начало XX в. Москва: Наука, 1987. С. 75.

③ 聂丽·米兹、德米特里·安治:《中国人在海参崴——符拉迪沃斯托克的历史篇章(1870—1938年)》,社会科学文献出版社2016年版,第46页。

木制的隔板隔成更小的方形场地，我们在里面可以找到一切，从皮货到肉再到便宜的五谷杂粮。面向海湾的是几排平行的露天货槽和货架，里面有中国人贩卖的绿叶菜和水果。这些食品当然是从中国和日本运来的，当地、边疆区的蔬菜栽培和园艺还刚刚起步，几乎连所有者本身的需求也不能满足。①

为了降低经营成本，中国商人对店铺的建筑及内部设施要求不高，故部分店铺存在一定程度的安全隐患。鉴于此，远东地区有的城市市政部门出台过关于商铺建筑规格和施工要求的相关规定。1898年，布拉戈维申斯克市政管理部门对店铺的建造出台过一些规定，如建造商铺过程中要有平面图、店铺的建造中必须打立柱、店铺墙和天花板要用镀锌的铁包裹上、店铺的门和护窗板要用黑色的铁皮包裹上等。② 当然，关于店铺建造详细规定的出台有出于规范城市规划的考虑，也与当时远东地区中国商铺建筑、内部设施过于简陋存有一定关系。通过以上几种方式的经营，中国商人的经营成本就降低了，出售商品的价格自然会低，在和俄国或欧洲商人竞争中有价格优势。

---

① 聂丽·米兹、德米特里·安洽：《中国人在海参崴——符拉迪沃斯托克的历史篇章（1870—1938年）》，第46、48页。

② См.：Петров А. И. История китайцев в России：1856 - 1917. СПб：ООО «Береста». 2003. С. 140.

第三章　帝俄时代中国人在远东的渔猎采集活动

19世纪中叶，俄国通过《瑷珲条约》和《北京条约》从中国割去的100多万平方公里的领土，该地资源丰富。曾实地到过那里的清朝舆地学家、爱国学者曹廷杰在《西伯利东偏纪要》中有记载："黑龙江以北、以东山多松、桦……产貂皮、麏、狼、马鹿……出木耳、蘑菇。""自伯利至庙尔山多松、桦、柞……产狐、貉、貂皮、水獭……恒滚河产黑狐……松花江海口出青黄鱼骨、海豹皮，海滨多海牛、海马、海虎。""自伯利至海参崴各处产狐、貉、貂皮……兴凯湖以北，多马鹿，以南多花鹿，出人参、木耳、蘑菇……乌苏里江多鱼沿海出海参、海菜、蟹肉。"① 俄国远东地区丰富的森林和水产资源为中国人从事渔猎采集活动提供了可能。中国人的渔猎采集活动是帝俄时代中国人在远东活动的有机组成部分，对该问题的研究可作为探讨远东乃至全俄中国人活动的一个切入点。

第一节　远东地区中国人采集和捕捞水产品活动

俄国远东地区濒临太平洋和北冰洋，海岸线漫长，因其处于太平洋

---

① 曹廷杰：《西伯利东偏纪要》，丛佩远、赵鸣岐：《曹廷杰集》（上册），中华书局1985年版，第86—87页。

暖流和白令海寒流交汇处，生物资源丰富，是世界著名的渔场，除了盛产各种鱼类外，还盛产海带、海参等海产品。在北部沿海和岛屿上栖息着海狗、海豹等海洋毛皮兽。然帝俄时代中国人在远东海洋捕鱼业中影响力要逊色于日本人和俄国人，但在海带采集、海参捕捞等方面占优势。

一 采集海带

帝俄时代，中国人在俄国远东地区特别是乌苏里地区沿海一带从事采集和捕捞海带、海参、螃蟹等活动，其中以从事海带采集的较为普遍，从业人数也最多。在海带采集领域从业人员多，既有远东沿海一带盛产海带的因素，也与海带采集对技术要求不高有关。当时几乎整个日本海沿岸都产海带，尤以南乌苏里地区和萨哈林的海带质量最佳。当时在远东沿海一带从事海带采集者不仅有中国人，还有朝鲜人、日本人、俄国人，其中中国人数量最多。

海带采集最佳季节是3月末至6月中旬，该期间采集的海带品质最好。6月后海带会停止生长，海带茎和叶子逐渐会变老。那时中国人采集海带区域仅局限于近海，采集者驾驶舢板等小船即可前往目的地。采集到的海带由小船运到岸上。小船的运载量有限，最大的承载量是100普特。由于在近海作业，小船一天可以往返数次。运到岸上的海带在出售前需要处理，主要工序是晾晒、打捆和储存。

乌苏里沿海一带的海带资源丰富，吸引了大量中国人前来。考察队湾（б. Экспедиция）有个叫汉申（Ханьшин）村子，聚集了大量来自中国的海带采集者，这里逐渐成为海带采集基地。中国人在此不仅从事海带采集，还从事海带装卸、运输等业务。19世纪60年代中期，乌苏里地区从事海带采集的中国人不超过1000人，至80年代达到了6000人，旺季有时能达到1.5万人。[1]

---

[1] Сборник главнейших официальных документов по управлению Восточной Сибирью. Т. I. Вып. I. С. 307.

第三章 帝俄时代中国人在远东的渔猎采集活动

19世纪80年代，中国人在乌苏里地区的苏城（Сучан）地区采集海带的情况为：1886年，从事海带采集的中国人有287人、拥有采集船261艘，共采集海带29120捆、715.5吨；1887年，来自中国的海带采集人员为263人、采集船230艘，采集海带25070捆；1889年的数据分别是：262人、235艘、25707捆。①

从海带采集者居住的简易的、临时住所——窝棚的数量也能反映出从业的中国人数量和海带采集量。当时中国人多在海带产地附近搭建用于临时居住的窝棚，每个窝棚居住者多少不等，少则十几人，多则几十人。1880年，乌苏里地区的阿瓦库莫夫斯克（Аввакумовск）区有窝棚40座、苏城区有窝棚20座、绥芬河区有窝棚2座；1900—1907年，乌苏里地区有海带采集者居住的窝棚158座。因每座窝棚容纳不一，故每个窝棚的海带采集量有差别。20世纪初，平均每座窝棚的海带采集量在500—1500普特间浮动。②

帝俄时代，俄国远东地区的海带采集不仅局限于乌苏里地区，萨哈林海域海带资源也很丰富。中国人到萨哈林沿岸从事海带采集要晚于乌苏里地区，始于19世纪90年代。萨哈林岛的海带产区主要位于克里利翁角（м. Крильон）到拉库满凯河（р. Ракумакай）以北的西海岸85海里的范围内。19世纪末20世纪初，萨哈林海域海带的年产量是6万普特。

帝俄时代，俄国远东地区出产的海带多数销往中国，从销往中国的海带量也能反映出远东海带采集业的规模。1869年，从诺夫哥罗德湾（г. Новгород）、符拉迪沃斯托克、奥利金斯克湾（г. Ольгинск）三地运往中国的海带达36万普特。

1876—1885年，平均每年从符拉迪沃斯托克销往中国的海带达15万普特，价值约11.3万卢布；1876—1885年，平均每年从乌苏里和萨

---

① См.：Петров А. И. История китайцев в России：1856 – 1917. СПб：ООО «Береста», 2003. С. 447.

② Арсеньев В. К. Китайцы в Уссурийком крае. Очерк историческо-этнографический. Москва：КРАФТ，2004. С. 148 – 149.

哈林销往中国的海带达50万普特。1886年后远东地区销往中国海带量缺乏记载，但从中国经营海带的企业纳税情况看出，销量很大。

表3-1　　　　1886—1894年阿穆尔河沿岸总督辖区中国
企业出口海带纳税情况　　（单位：卢布）

年份	滨海州	萨哈林州
1886	29822	4469
1887	34702	2174
1888	31545	1414
1889	28080	5298
1890	25832	5063
1891	20651	3432
1892	21029	2383
1893	18235	2969
1894	21576	5573
总计	213472	32765

资料来源：Алепко А. В. Зарубежный капитал и предпринимательство на Дальнем Востоке России（конец XVIIIв - 1917г），Хабаровск：Издательство ХГПУ，2001. С. 350. "таблица № 23".

帝俄时代，牛庄①是远东出产的海带由符拉迪沃斯托克海带销往中国内地的中转站。19世纪末，平均每年从符拉迪沃斯托克运抵牛庄的海带达42万普特，价值超过10.6万卢布。② 海带采集成本较低。最初，采集海带不需纳税，尽管后来有了海产品采集税，但因监管困难，更多是"自愿交税"。此外，海带出口税低，1普特海带仅需交7戈比的税。因为低成本和低关税，故海带贸易的利润很大。19世纪

---

① 牛庄今营口。
② Романова Г. Н. Придпринимательство, земледение и промыслы китайских мигрантов на Дальнем Востоке России（конец XIX-начало XXвв.），Проблемы Дальнего Востока，2013. No 6.

第三章　帝俄时代中国人在远东的渔猎采集活动

末,中国市场海带价格为 1—1.4 卢布/普特;20 世纪初,涨至 12—15 卢布/普特。①

在海带采集兴盛之时,中国商人在珲春、吉林、三姓、宁古塔等地成立了集采集、加工、销售于一体的公司。当时在远东地区从事海带采集的多数中国人都受雇于这些公司。公司向工人提供海带采集工具和小船、为工人搭建窝棚和供应食物等。帝俄时代,俄国人也参与了海带采集和销售活动,一个叫 Я. Л. 谢苗诺夫（Семёнов）的商人曾在符拉迪沃斯托克成立了一家公司,主要雇佣中国人采集海带。后来,因在符拉迪沃斯托克竞争不过中国商人,公司迁至萨哈林,转而雇佣日本人。当时其他国家的公司也参与了海带经营业务,如"库斯特—阿尔贝斯"商行,但该商行很快退出了该领域,原因也是竞争不过中国商人。

鉴于海带经营的高额利润,乌苏里地方当局曾建议对外国人从事海带采集和运输进行限制。1879 年,符拉迪沃斯托克市政管理部门向符拉迪沃斯托克驻军司令建议禁止外国船只参与海带出口业务,并提高海带出口税。1890 年,滨海州出台了向运输的海产品的外国船只征税的法令。之后,又进一步规定,从 1905 年起,禁止外国企业家在符拉迪沃斯托克附近从事海产品捕捞活动;1908 年又规定,禁止外国企业家和外国工人在彼得大帝湾从事海产品捕捞活动。②

二　捕捞海参、海蟹、河蚌

远东地区濒临太平洋,水产品丰富,除了海带外,还盛产海参、海蟹、河蚌,捕捞这些产品也获利颇丰。彼得大帝湾（з. Пётр Великий）是远东地区海参的主要产区,特别是符拉沃斯托克附近的海域。符拉迪沃斯托克的旧称"海参崴"的得名就因金角湾（б. Золотой Рог）盛产海参。

---

① Алепко Н. А. Экономическая деятельность китайцев в дальневосточном регионе России в XIX-начале XX вв, Проблемы Дальнего Востока, 2002. № 2.
② Галлямова Л. И. Дальневосточные рабочие России во второй половине XIX – начале XX вв. Владивосток: Дальнаука, 2000. С. 55 – 56.

俄国远东地区中国人活动史（1860—1917）

海参营养丰富，烹制海参是中国传统菜肴中一道上等美味。因为中国市场对海参有需求，活跃在远东沿海一带的中国人将捕捞海参列入活动范畴。帝俄时代，在俄国远东沿海一带从事海参捕捞的中国人数量不菲，以至于符拉迪沃斯托克驻军司令海军少将 И. В. 菲里德加乌津（Фельдгаузен）略有夸张地说海参捕捞只有中国人在从事。① 实际上，帝俄时代在远东从事海参捕捞的群体不完全是中国人，朝鲜人和日本人也参与其中，但数量不及中国人。

最初，中国人主要在波谢特湾到弗兰格尔湾（б. Врангель）之间的海域捕捞海参，之后又延伸至萨哈林岛。春季和秋季是捕捞海参的旺季。春季一般从3月中旬始到5月末6月初结束，秋季始于8月末9月初，至深秋结束。捕捞者多驾驶着带有帆的舢板出海，主要的捕捞工具是渔网。这种网不同一般的捕鱼网，带有固定装置——木制杆和框，以避免渔网被海水冲走。从19世纪末开始，中国人捕捞海参的方式发生转变，改为潜水捕捞，即人潜至海水中捕捞海参。潜水捕捞能将个头小或未发育好的海参捞上来。潜水捕捞海参的捕捞量增加了，但不利于海参捕捞业的持续发展。

和海带一样，湿海参不易保存，需要晾晒，但晾干后海参的重量会锐减。2—3人一昼夜能捕捞120只海参，这些海参晾干后的重量减至6俄磅左右。19世纪末20世纪初，1俄磅干海参在符拉迪沃斯托克的价格为70戈比左右，运到芝罘后价格变为1卢布50戈比左右。② 海参贸易利润之高可见一斑。

当时在俄国远东地区前后出现两个主要海参捕捞地，一个是符拉迪沃斯托克，另一个是苏城。符拉迪沃斯托克作为海参捕捞地历史悠久，但经多年的捕捞，至20世纪初海参捕捞量锐减。苏城成为继符拉迪沃

---

① Сорокина Т. Н. Хозяйственная деятельность китайских подданных на Дальнем Востоке России и политика администрации Приамурского края (конец XIX-начало XXвв.), Омск: Омский государственный университет, 1999. С. 95.

② Арсеньев В. К. Китайцы в Уссурийком крае. Очерк историческо-этнографический. Москва: КРАФТ, 2004. С. 148.

第三章　帝俄时代中国人在远东的渔猎采集活动

斯托克之后另一个主要海参捕捞地。俄国远东地区出产的海参很大一部分流入了中国市场，其中不乏通过走私渠道流入的。有统计说，19世纪末20世纪初，每年走私到中国的海参为5000普特。①

表3-2　1889年在苏城地区从事海参捕捞的中国人及拥有捕捞船的数量

海参捕捞地	中国捕捞者数量（单位：人）	捕捞船数量（单位：艘）	
		独木舟	单桨舢板
斯特列洛克海峡（п. Стрелок）至赤甘霍鲁盖角（м. Чиган Холуай）、阿斯科尔德岛（о. Аскольд）、普提雅廷岛（о. Путятин）	180	130	45
尤舒阿伊角（м. Юшуай）附近	3	3	—
汉甘湾（б. Ханган）	6	6	—
库尔石湾（б. Гульш）	5	3	—
总计	194	142	45

资料来源：Петров А. И. История китайцев в России: 1856-1917. СПб: ООО «Береста», 2003. С. 450.

除了捕捞海参外，远东地区中国人还从事捕捞海蟹活动。1906—1910年，乌苏里地区共有中国捕蟹工人居住的小屋68座。捕蟹屋多是捕蟹工人租赁来的。在出租捕蟹屋时，捕蟹屋的主人会连带将捕蟹船一同租给捕蟹者。一座捕蟹屋一般会配备3—4艘小船。3—4艘捕蟹船一昼夜能捕蟹500只。② 按照这个标准，68座捕蟹屋里的工人一昼夜可捕捞3.4万只螃蟹，那时符拉迪沃斯托克的海蟹价格是19戈比/俄磅。可以看出，经营海蟹捕捞利润很高。

中国人在乌苏里地区还从事河蚌捕捞活动。捕捞河蚌是为了获得珍

---

① См.: Петров А. И. История китайцев в России: 1856-1917. СПб: ООО «Береста», 2003. С. 450.
② Арсеньев В. К. Китайцы в Уссурийком крае. Очерк историческо-этнографический, Москва: КРАФТ, 2004. С. 150.

珠。19世纪末20世纪初，比金河（р. Бикин）、伊曼河（р. Иман）、刀兵河（р. Даубихэ）、阿库密河（р. Ваку）、貂头河（р. Нотто）等地是河蚌的集中之地。河蚌生长在河流的深处，需要下水捕捞，需两人或多人合作方能完成。捕捞河蚌的大概过程是：一个人站在岸边，把一根木杆插到河底，用力顶着；另一个人顺着杆子潜入水中。潜水者左手抓着杆子，用右手捞河蚌。潜水者在水底停留时间有限，不能超过半分钟。潜水者上岸后，另一人潜入水中，两个人轮流入水。一段时间后开始在岸上作业，用小锤子敲开河蚌壳，寻找珍珠。不是每个河蚌里面都有珍珠，河蚌和珍珠的比例一般是50:1。1个中国人一夏天可获得120颗珍珠，当时1颗小珍珠的价格为30—50卢布，大珍珠价格为150—200卢布。一夏天捞河蚌的收入为500卢布左右。帝俄时代，有很多中国人在阿穆尔河左岸从事捕捞河蚌。据阿尔谢尼耶夫统计，19世纪末，每年在乌苏里地区从事河蚌采集的中国人达5000人。[①] 具体数字我们已经无法得知，但5000这个数字有些夸张。

帝俄时代，俄国远东地区中国人的海带采集和海参、海蟹、河蚌捕捞活动属于渔猎采集活动中的"渔"。"渔"活动的主要地点是沿海，渔猎采集中的"猎"和"采集"活动的地点是深山老林。时人称呼在深山老林作业者为"沟民"，这一群体包括挖参者、狩猎者及采集木耳等菌类者。下面就中国人在俄国远东地区的狩猎和挖参活动进行论述。

第二节 远东地区中国人的狩猎活动

曹廷杰在《西伯利东偏纪要》中将中国人在俄远东山林中活动分为五类：采参、定碓、木营、菜营、棒槌营。采参指挖野生人参，"专采大山野参"；定碓者指的是捕猎者，"设木为碓以捕牲"；木营指伐木；菜营指采集和培养木耳，"于柞木多处放倒，俟生木耳往收"；棒

[①] Арсеньев В. К. Китайцы в Уссурийком крае. Очерк историческо-этнографический, С. 150、147.

第三章 帝俄时代中国人在远东的渔猎采集活动

椎营指的是人工培育人参的活动,"棒椎营种参,取人参子种入土中,培养灌溉,不令见日,约十余年后,方可获利"。① 曹廷杰所列囊括了中国人在远东深山老林的主要活动:狩猎、挖野生人参和人工培育人参、采集木耳。

远东地区森林资源丰富,森林覆盖率高达40%以上。就树种而言,以针叶树种特别是落叶松为主。远东林业资源的这种特点使远东的原始森林成为各类毛皮食肉动物的天堂。帝俄时代,在远东原始森林中大量存在貂、松鼠、黄鼬、狐狸、驼鹿、马鹿、麝等动物。远东地区森林资源及其伴生的品种繁多的野生动物为狩猎活动的开展提供了可能。和其他领域一样,帝俄时代远东狩猎领域同样可以看到中国人的身影。

捕兽业在阿穆尔河沿岸地区有着悠久的历史。早在1860年中俄《北京条约》签订前,世居于此的土著民就从事猎捕鹿、熊、野猪等野兽来获取肉类,但那时的狩猎仅为了满足个人及家庭需要。当时土著居民数量有限,野兽的猎取量亦不多,远未达到滥捕的程度。19世纪末随着大量中国人、朝鲜人及俄罗斯人加入狩猎的行列后,情况发生变化。

帝俄时代,中国"沟民"在远东活动中狩猎占有一定位置。那时中国人主要的狩猎方式是陷阱,因陷阱主要用于捕鹿,故有时也称"鹿窖"。陷阱多位于猎人居住地——狩猎屋(捕兽房)附近。狩猎屋是指原始森林中临时搭建的狩猎者临时住所。狩猎屋一旦建成就会使用多年,通常是秋天来此居住,严寒来临后离开,待第二年秋天再来居住。

为了捕获更多猎物,陷阱通常设置较为密集,有时陷阱绵延几公里或更长。据曾到乌苏里地区考察的俄国地理学家 В. К. 阿尔谢尼耶夫统计,1899—1910年,奥利金斯克县(у. Ольгинск)和伊曼斯克县(у. Иманск)共有猎貂屋230座,在狩猎屋居住的猎人人均拥有500—

---

① 曹廷杰:《西伯利东偏纪要》,丛佩远、赵鸣岐:《曹廷杰集》(上册),中华书局1985年版,第126页。

3000个猎貂陷阱。① 阿尔谢尼耶夫对狩猎用的陷阱功能及捕猎的过程做过详尽描述：在鹿途径之处，一般是前往水源的必经之处用树木围起栅栏，在栅栏附近留有通道，通道下面挖个深坑，坑上面用草和干树枝伪装一下。夜间如有鹿经过此处，受阻后便会设法绕过栅栏，结果掉入坑中。② 野兽一旦踏入陷阱很难脱身。在狩猎季，猎人每天做的事就是巡视陷阱，将陷阱中被困的野兽取出。因为陷阱数量多、对野兽的杀伤力大，遭到远东地区动物保护组织指责。

帝俄时代，中国人在俄国远东地区的狩猎活动以猎鹿和貂为主要对象。远东地区地域广阔，针阔混交林面积大，是梅花鹿和马鹿的主要栖息地。鹿的多个器官具有药用价值，这使中国猎人将其列为主要猎捕对象。鹿茸是贵重的中药材，同时也是上等滋补品。获取鹿茸是中国人猎鹿的最主要目的之一。狩鹿始于春夏交替之际，持续至7月末，这时期的鹿茸品质好。获取鹿茸主要有两种方式：第一种是从活鹿身上割。这样一般不会伤及鹿的生命，鹿茸可再生，待鹿茸重新长出后可再割。但这种获得鹿茸的前提是先要饲养鹿，不仅周期长，而且鹿茸药用价值不及野生的，价格自然要低。第二种获取鹿茸的方式要直接些，即通过猎杀野生鹿获取鹿茸。这既可保证鹿茸的药用价值，还能获取鹿茸外的其他器官，如鹿筋、鹿心、鹿血等，但过于血腥。鉴于两种获取鹿茸方式的优劣，猎杀鹿的方式来获取鹿茸是多数中国狩猎者的首选。新鲜的鹿茸不易保存，很容易变质，因而割下鹿茸后需要将其熬煮，煮好的鹿茸晾干后可长久保存，远东地区出产的鹿茸多流入中国市场。

关于帝俄时代中国人在远东地区猎杀鹿的大致数量从鹿尾运往中国的鹿筋重量能反映出来。据统计，19世纪80—90年代，中国人在阿穆尔沿岸地区俄国一侧共猎获鹿尾1.5万条。至20世纪初，每年猎获的

---

① Арсеньев В. К. Китайцы в Уссурийком крае. Очерк историческо-этнографический, Москва：КРАФТ, 2004. С. 101.
② 弗·克·阿尔谢尼耶夫：《在乌苏里莽林中——乌苏里山区历险记》，王士燮等译，人民文学出版社2005年版，第185页。

第三章　帝俄时代中国人在远东的渔猎采集活动

鹿尾数量不超过 200 条。若以 20 年为限计算，80—90 年代年均猎杀鹿 750 头。同此数字相比，20 世纪初鹿的猎杀量下降了许多。猎鹿量下降如此之快，同过度猎杀有直接关系。和狩猎量下降相对应的是，鹿尾价格的上涨。19 世纪末，梅花鹿尾价格是 5 卢布/条，马鹿尾为 3 卢布/条。20 世纪初，梅花鹿尾价格变为 10—11 卢布/条，马鹿尾为 4—5 卢布/条。① 关于中国狩猎者猎获鹿筋的情况，阿尔谢尼耶夫《在乌苏里莽林中》有记载：考察队路过一个中国狩猎者的住所，仓库里堆放了一捆捆鹿筋。根据每捆重量推断，这里堆积的鹿筋大概有 700 公斤。这些鹿筋先运到符拉迪沃斯托克，然后转运至芝罘。房子的四壁上晾着近百张海狗皮，全是小海狗皮。② 另有记载，1903 年以前，从阿穆尔河沿岸地区左侧输往中国鹿筋总量达 1200 普特。这个数字能大致计算出猎获鹿的数量。当时 1 只梅花鹿的鹿筋重量为 1 俄磅左右，1 只马鹿的鹿筋重 1.5 俄磅。③ 那么，1 头鹿的鹿筋平均重量是 1.25 俄磅。鹿只有后腿有筋，每头鹿有两根筋。由此可计算出，1903 年前，共猎获了约 19200 头鹿。若从 1863 年算起，到 1903 年共 40 年，年均猎鹿数量约 480 头。

除为得到鹿茸、鹿筋、鹿尾而猎杀鹿外，还有获取药用价值同样大的鹿胎为目的的猎鹿行为。为了获得鹿胎而猎杀母鹿的时间要早些。梅花鹿和马鹿多数在 5—6 月产崽，3—4 月猎杀母鹿方可获得鹿胎。据统计，19 世纪 80—90 年代，在阿穆尔沿岸地区俄国一侧中国猎人每年能获得高达 1500 副梅花鹿胎和 2000 副马鹿胎。鹿胎的价格分别为：1 副梅花鹿胎为 4 卢布，1 副马鹿胎 1 卢布。至 1910 年前后，鹿的数量下降，平均每年的猎获量变为 100 副梅花鹿胎和 150 副马鹿胎。物以稀为贵，鹿胎的价格相应上涨许多，梅花鹿胎价格变为 7—8 卢布，马鹿胎

---

① Арсеньев В. К. Китайцы в Уссурийком крае. Очерк историческо-этнографический, Москва：КРАФТ，2004. С. 142.
② 弗·克·阿尔谢尼耶夫：《在乌苏里莽林中——乌苏里山区历险记》，王士燮等译，人民文学出版社 2005 年版，第 225 页。
③ Арсеньев В. К. Китайцы в Уссурийком крае. Очерк историческо-этнографический, Москва：КРАФТ，2004. С. 142 – 143.

价格为3—4卢布。①

除了猎鹿外，中国人还猎杀麝，猎杀雄麝是为了获得麝香。麝香既是名贵的药材，也是香料。那时远东地区栖息着大量的麝，麝的生活环境和鹿一样在原始森林中。中国人的捕麝方式和捕鹿类似，用陷阱猎捕。据统计，19世纪80—90年代，中国人在乌苏里地区猎获了2.5万—3万头麝；1910年，猎获麝的数量降为2500—3000头。19世纪末，带有麝香的香囊价格为1卢布50戈比—2卢布/枚；20世纪初，涨为6卢布/枚。② 据此能计算出中国人猎麝获利情况。

帝俄时代，除了猎杀鹿和麝外，远东地区中国人狩猎的另一个主要对象是毛皮兽，其中以猎捕貂为主。貂是珍贵的毛皮动物，生活在气候寒冷的亚寒带针叶林与针阔叶混交林地带。猎貂主要是为了获得貂皮。在国际毛皮商品中，貂皮价格昂贵，被称为"黑色的黄金"，在一段时期里是俄国出口的重要商品。最初，获得毛皮兽是远东土著居民收入的重要来源，他们以实物税的形式向俄国政府缴纳毛皮。③ 由于貂皮昂贵，远东地区有部分中国人参与到猎貂活动中来。猎貂在秋冬季进行，一般是从9月份开始到降大雪止。

貂生活在人迹罕至的原始森林中，狩猎者需要在原始森林中生活一段时间，这需要一定的生活储备。一些有经济头脑的中国人看到商机，于是在原始森林深处，野兽经常出没之处建狩猎屋。狩猎屋建成后，屋主人与有租赁狩猎屋的猎人合作猎貂。狩猎屋供猎人居住，同时狩猎屋主人向猎人提供狩猎工具和狩猎期间所需的食物等。至于中国猎人如何猎貂，狩猎屋主不干涉。作为回报，猎人需将获得的一半猎物交给狩猎屋主。狩猎季结束后，合作协议自动失效。

由于远东地区貂数量多、貂皮的价格高，故19世纪末20世纪初，

---

① Петров А. И. История китайцев в России: 1856 - 1917. СПб: ООО «Береста», 2003. С. 142.
② Арсеньев В. К. Китайцы в Уссурийком крае. Очерк историческо-этнографический. Москва: КРАФТ, 2004. С. 144.
③ 关于包括远东在内的俄国东部地区毛皮贸易参见殷剑平《西伯利亚的毛皮贸易》（上、下），《西伯利亚研究》1998年第5—6期。

第三章　帝俄时代中国人在远东的渔猎采集活动

在阿穆尔河沿岸地区俄国一侧的原始森林中从事捕貂者人数众多，不仅有中国人，还有俄国人和朝鲜人，中国人数量多于俄、朝两国人。有资料显示，1895—1906年，远东原始森林中捕貂者不少于1.2万人，其中绝大多数是汉族人。①

关于当时中国人猎获貂等野生小动物的数量。俄国总参谋部军官И. 纳达罗夫（Надаров）在考察报告中有记载：19世纪80年代，兴凯区有121座狩猎屋，每年可捕貂1000只以上，捕捉松鼠和黄鼠狼1.8万只；苏昌区有中国人狩猎屋58座，共设置了2500个陷阱；整个乌苏里地区有狩猎屋154座，每年可捕貂1800只和捕松鼠、黄鼠狼1.9万只。② 还有统计说，20世纪初，乌苏里地区有约5万名中国人在此狩猎，每个季节可捕获10万—15万只貂。③ 当时貂的价格是40卢布/只，除了猎貂外，还会捕获数量不菲松鼠、獐等小动物，有时也会猎获鹿、浣熊、黑熊等。

关于帝俄时代被中国人猎获的各类毛皮兽的确切数字已经不可考，但能从时人零星的记载看出数量是很庞大的。据纳达罗夫的资料，平均每个猎貂屋在1个狩猎季能捕获的猎物为：12—15只貂，约1000只灰鼠，100只艾鼬，约100只麝。19世纪末，1张貂皮的价格是40卢布，1张灰鼠皮价格是50戈比，1只麝价格4卢布。④ 由此可以看出猎户的收入不菲。和其他猎物一样，从1910年起毛皮兽的猎获量锐减，同时，猎貂屋的数量也大幅减少。那时中国人除了猎捕貂等毛皮兽外，也猎杀体型庞大的野兽，如老虎、熊等，但受狩猎工具所限，加之老虎、熊凶猛，猎获量有限。对貂的大肆捕杀导致貂的数量急剧下降，其栖息地逐

---

① Петров А. И. История китайцев в России：1856 – 1917. СПб：ООО 《Береста》，2003. С. 453.

② 伊凡·纳达罗夫：《〈北乌苏里边区现状概要〉及其他》，上海人民出版社1975年版，第105页。

③ Романова Г. Н. Придпринимательство, земледение и промыслы китайских мигрантов на Дальнем Востоке России（конец XIX-начало XXвв.），Проблемы Дальнего Востока，2013. № 6..

④ Арсеньев В. К. Китайцы в Уссурийком крае. Очерк историческо-этнографический. Москва：КРАФТ，2004. С. 127.

渐缩小。有资料显示，20世纪20年代远东的貂栖息地仅为之前的5%—8%。①

由于19世纪末20世纪初乌苏里原始森林对野兽的过度捕杀造成当地野生动物数量锐减，当然参与这个过程的不完全是中国人，朝鲜人、俄罗斯人及当地土著居民不同程度参与其中。鉴于此，远东当局颁布了《野生动物保护条例》，在南乌苏里地区划出三个禁猎区：第一个位于阿穆尔湾西岸，第二位于乌苏里湾和亚美加湾之间的岸边山岭的东坡，第三个在刀毕河上游右侧各支流流域。②

第三节　远东地区中国人采集、培育人参活动

帝俄时代，在远东的中国人，除从事水产品采集和捕捞、狩猎活动外，还从事人参、木耳等菌类的采集和培育活动。人参具有很高的药用价值，是中药中不可或缺的一类珍贵药材。乌苏里江以东和绥芬河流域是著名的产参之地，两地的采参活动曾纳入清朝官方控制之下，由隶属于吉林将军的打牲总管衙门管理。当时穿梭于深山老林的挖参人被称为"刨夫"。中俄《北京条约》签订后，仍有为数不少的"刨夫"穿梭于乌苏里丛林中。

乌苏里地区的人参分布较广，霍尔河（p. Хор）到舒凡河（p. Шуфан）、绥芬河（p. Суйфун）、苏城河（p. Сучан），以及诺夫哥罗德湾（г. Новгород）至捷尔涅伊村（п. Терней）的日本海沿岸都生产人参，其中黑哈齐尔山岭（х. Хехцир）出产的人参最好。阿穆尔河左岸从事挖参人有汉族人、鄂伦春族人、赫哲族人，俄国人几乎不从事该项活动。中国人在乌苏里地区采集人参有着较为悠久的历史，早在1860年《北京条约》签订前就有人在此挖参。那时不只民间人士来此挖参，有时军队也来此挖参，"每队由200名士兵，或更多些"，1882—1883年，北

---

① Петров А. И. История китайцев в России: 1856 – 1917. СПб: ООО «Береста», 2003. С. 456.

② П. Ф. 翁特尔别格：《滨海省：1856—1898年》，商务印书馆1980年版，第164页。

第三章　帝俄时代中国人在远东的渔猎采集活动

乌苏里地区有中国人挖参者300—400人。① 由于乌苏里地区的原始森林盛产人参，1860年后，无论是来此挖参的中国人数量，还是人参采集量增长都很快。19世纪90年代，乌苏里地区共采集出约50普特、价值55万卢布的人参；20世纪初，在乌苏里地区从事挖参的中国人数量约3万人，共挖出人参4000株。②

当时在乌苏里地区出产的人参有野生的和人工培育之分，野生人参的功效强，价格远高于人工培育的。以当时人参交易的一个重要地点伊曼河同乌苏里江汇流处的亦麻河子集市的交易价格为例，人工培育的人参价格是6—12卢布/磅，野生人参为85—1000卢布/磅。1879年，一个鄂伦春人挖到一株直径约1俄寸、长6—7俄寸根须保存较好的人参，最终以1500卢布成交。③ 除了野生人参外，生活在乌苏里地区的中国人还培育人参。阿尔谢尼耶夫在考察报告中描述过"参场"，"凡是在不同时间几次找到过人参的地方就被认为是合适的参场"，把别处的人参移植到这里培育，为了人参能茁壮的生长，有时会搭建凉棚保护人参不受太阳暴晒。为了防止土地过热，参场两侧栽着蕨丛。为了便于浇灌，还会挖条水沟引来泉水。④

由于乌苏里地区盛产人参、鹿茸、貂皮等，渐渐形成了交易这些商品的集市。当时在奥尔加湾东岸有个中国人称为"石门"（俄国人称"科什卡"）的集镇，一度很繁荣，是中国人在乌苏里地区交易渔猎和海产品的主要地点。每年数以百计的平底小驳船载着各类货物从珲春驶来，乌苏里江从事狩猎和海产品捕捞的中国人在经乌苏里江将貂皮、鹿茸、人参等运到石门，双方进行物物交换。岸边建有一排排存放货物和

---

① 伊凡·纳达罗夫：《〈北乌苏里边区现状概要〉及其他》，上海人民出版社1975年版，第36页。
② Романова Г. Н. Придпринимательство，земледение и промыслы китайских мигрантов на Дальнем Востоке России（конец XIX-начало XXвв.），Проблемы Дальнего Востока，2013，No 6..
③ 伊凡·纳达罗夫：《〈北乌苏里边区现状概要〉及其他》，上海人民出版社1975年版，第35页。
④ 弗·克·阿尔谢尼耶夫：《在乌苏里莽林中——乌苏里山区历险记》，王士燮等译，人民文学出版社2005年版，第100页。

各种原料的木棚。①"石门"集市在日俄战争后衰落，衰落的原因是战争期间交通受阻，不只是各类用于交易的商品运不过来，"石门"集市上常驻居民的生活必需品的运输也受限，导致日用生活品短缺，居民纷纷离开，日俄战争结束后集市未能恢复。

帝俄时代，中国人在远东地区深山老林从事狩猎、挖参等活动时成立了一些类似于行会的社团组织。成立自我管理机构不是中国人在狩猎、挖参领域所特有，在其他领域也存在，如商会。19世纪末20世纪初，远东的主要城市都成立了中国商会。那时远东地区的中国人行业协会与近代国内的行会性质一样，具有多重职能，既有互助性，对贫困的会员进行一定的救助，也有垄断性质，以团体的名义以统一的价格销售商品。捕貂、挖参、猎取鹿茸获利大，因而当时从事这几项活动的中国人较多，为了规范中国人在这几个领域的活动，减少纠纷，同时也为同俄国人的竞争中取得优势，实现中国人对貂皮、鹿茸等的销售中垄断的目标，在深山老林活动的中国人成立了一些行业社团组织。早在19世纪60年代，乌苏里地区的伊曼河谷一带就出现了一个名为"公议会"（Гунь-и-хуэй）的中国人社团。最初，"公议会"是建立在亲缘关系基础上的，会员仅局限于亲属间，后来成员扩展到熟人、老乡。同时"公议会"的活动范围也超出了伊曼河谷，延伸至整个乌苏里地区。"公议会"成立的初衷是为了乌苏里地区的从事挖参、猎获鹿茸和貂皮，以及毛皮收购的中国人间免于竞争，②由中国人垄断这些活动。为了实现该目的，"公议会"章程号召会员团结、互助友爱，若有违反者则处以各类惩罚措施。"公议会"章程中有九条关于狩猎、挖参、毛皮收购的，具体如下：

---

① 弗·克·阿尔谢尼耶夫：《在乌苏里莽林中——乌苏里山区历险记》，王士燮等译，人民文学出版社2005年版，第117页。

② Граве В. В. Китайцы, корейцы и японцы в Приамурье, Труды командированной по Высочайшему повелению Амурской экспедиции. Санкт-Петербург: тип. В. Ф. Киршбаума, 1912. Выпуск XI. С. 106.

第三章 帝俄时代中国人在远东的渔猎采集活动

第二条 凡夜入仓房，意在偷盗貂皮者，处以活埋。

第三条 凡偷挖别人的人参者，不论所挖之参是野参，抑或园参，偷挖者一律沉河溺死。

第四条 凡偷盗鹿茸者，不论行窃于山间房中还是市镇，一律处以活埋。

第五条 凡偷盗貂皮5张以下者，责40杖，逐出本区。凡偷盗5张上者，处以活埋。

第六条 盗窃少量人参者，杖40，逐出本区。盗窃大量人参者，不论所偷系栽植之园参，或者野人参，一律按本区法规处以活埋。

第九条 受雇之猎人获得毛皮，应交付东家，经东家允准方可出售。凡违反此法规者，没收所获之物，并杖40，逐出本区。

第十一条 异族人（鞑子）与本会会员合伙猎获鹿茸时，不准其据为己有，亦不准擅自出售鹿茸。凡购买此种鹿茸者，按该鹿茸所值之三倍罚款，并没收鹿茸。违反此法规之鞑子，杖40。

第二十三条 鞑子猎获猞猁皮，必须交付自己的东家，但不准用其抵偿旧债。违者责以40杖。

第三十四条 不论市镇或是郊外，亦不论贫富，任何商贩皆不准进山卖货或买卖貂皮，凡违反此法规者，处以交200斤物品的处罚，没收肥猪1头，并责以20杖。[①]

"公议会"不仅仅存在于狩猎领域，在其他行业也存在。聂士成在《东游纪程》中对黑龙江左岸的"公议会"有过记载，伯利"南面山洼码头有华商三十余家，贸易去来不常，约有千余人，立有公议会，俄官给会首牌记。"又载"各那司改业俄站对江中国卡伦，有种地百余人，山东籍，立有公议会。"[②] 可以看出，"公议会"在华商和从事种植业的

---

① Петелин И. И. Китайское общество Гунь-и-хуэй в Уссурийском крае. Владивосток: типо-лит. Вост. ин-та, 1909. С. 7–15.

② 聂士成：《东游纪程》，中华书局2007年版，第58、61页。

华农间都存在，而且一段时间里俄国当局是认可"公议会"的，"俄官给会首牌记"。

远东地区的"公议会"是中国东北地区"公议会"的延伸，是由来远东地区谋生的中国人带入的，因而在职能、模式等和东北地区的"公议会"很相似。"公议会"本质上属于行会，同时也是民间经济组织。"公议会"在19世纪中期到20世纪初的中国东北地区很盛行，约到1910年前后，东北地区的"公议会"大致先后均改组为商会。"公议会"在确定商品价格和解决成员间的纠纷等方面起很大作用。"公议会"的出现是近代中国商业资本发展的产物，在"公议会"中商人居主导，东北地区各地"公议会"的规模、影响力和公议会所在的城市的商业发展有莫大关系，因营口开埠较早，商业资本活跃，所以20世纪初营口的"公议会"发展的好。① 同样作为商业城市的哈尔滨的"公议会"和营口等地的差别大，它受殖民势力控制。1908年，哈尔滨成立"哈尔滨自治公议会"，是受中东铁路管理局的领导，是殖民机构。

当时乌苏里地区的中国人居住区几乎都存在社团，每个社团都为会员制定一份行为准则，同行业社团准则的内容大致相同。在深山老林活动的中国人设立的社团的行为准则中狩猎、采参、猎貂是必不可少的。1906年，В. К. 阿列克谢耶夫在乌苏里地区的三河皮沟（р. Санхобэ）发现了一份名为《同鉴录》（Тун-дян-лу）的中国人行为准则的文件，文件中有关于规范中国人狩猎活动内容的，共有三条：

第二条　凡趁主人不在，潜入库房偷窃毛皮、鹿茸、人参或粮食者，沉水溺毙。

第四条　猎貂时应沿自设陷阱（ловушка）捕貂小道巡视，不可越界。若越界到他人捕貂区域者，陷阱拥有者可将其打死。

第五条　凡有盗窃商贩的毛皮、人参和鹿茸者，一经被检举，

---

① 仓桥正直：《营口的公议会》，徐鼎新译，《上海经济研究》1983年第12期。

第三章 帝俄时代中国人在远东的渔猎采集活动

将被处以沉水溺毙之刑。①

第四节　中国人在森林中采集和培育菌类活动

帝俄时代，中国人还在阿穆尔河左岸的原始森林中采集蘑菇等菌类。至于当时采集量和从业人员的规模存在分歧有不同记载，且数量差别很大。И. П. 纳达罗夫认为中国人采集蘑菇等菌类的量不多，采集的地域有限，对当地森林资源的破坏性也不大。"关于中国人严重危害森林一事，有不少人谈论和写文章，但不免言过其实"。为此他列举了1878年、1880年、1881年、1882年四年符拉迪沃斯托克输出的菌类的数量：1878年输出12普特；1880年仅900普特；1881年788普特；1882年25普特。纳达罗夫的结论是，为了采蕈而砍伐柞树的现象，并不像人们见到过有人为了采蕈而特地砍倒柞树的。②

维斯涅列夫认为只有兴凯区有采蕈业，该区有九幢房子的主人从事这桩营生，他们每年的采集量近400普特。到过乌苏里地区的布季舍夫和巴拉巴什也认为乌苏里地区的菌类采集活动并不兴盛，对当地森林构不成破坏。③

阿尔谢尼耶夫和以上几人看法不一样。他认为那时中国人蘑菇采集量比纳达罗夫等列举的数量要多，且采集地点不仅仅局限于兴凯区，对森林资源的破坏性大。蘑菇的培育周期较长，从砍倒柞树到生长出蘑菇需要5—6年的周期。柞树被砍伐后的第1—2年是蘑菇的孕育阶段，第3—4年多数情况下蘑菇也不能长出来，第5—6年是蘑菇的成熟期，这之后柞树干会萎缩、衰老。由于蘑菇培育周期较长，为了获得更多蘑菇需要大量的柞木，所以大面积砍伐柞树势在必行。阿尔谢尼耶夫认为

---

① Арсеньев В. К. Китайцы в Уссурийском крае. Очерк историческо-этнографический. Москва：КРАФТ，2004. С. 213 – 214.

② 伊凡·纳达罗夫：《〈北乌苏里边区现状概要〉及其他》，上海人民出版社1975年版，第117—118页。

③ 伊凡·纳达罗夫：《〈北乌苏里边区现状概要〉及其他》，第117页。

1881—1895 年乌苏里地区蘑菇培育和采集的中心是苏城区，那时苏城区建有带着用于鲜蘑烘干火炕的小房子，在火炕上蘑菇烘干到一定程度后再拿到户外风吹和日晒。20 世纪初，乌苏里地区蘑菇采集业突破了苏城区地理范围，中国人在乌苏里的其他地区大面积砍伐柞树培育蘑菇。阿尔谢尼耶夫记载，1895—1900 年，平均每年从乌苏里地区向外输出 2000 普特的干蘑菇，那时平均每俄磅干蘑菇的价格为 15—20 戈比。1906 年价格大涨，在产地每俄磅升至 50 戈比，运到中国价格变为每俄磅 1 卢布 50 戈比。①

除了采集蘑菇外，那时中国人还在乌苏里原始森林培育木耳。木耳生长在森林中被伐倒的和腐烂的椴树等树木的树干上，为了采集木耳需要事先将椴树等树木伐倒，倒下的椴树第二年会长出木耳。当时在俄中国人为了采集木耳需要砍倒树木，但那时中国人砍伐树木和采集木耳的数量没有具体数据。

俄国对帝俄时代中国人在乌苏里地区为主的广大远东地区的渔猎采集活动的态度是矛盾的，一方面看到中国人在远东拓殖中的积极作用，对中国人勤劳、吃苦耐劳精神充满赞赏："中国人的进取精神，不能不令人感到惊讶。""有的猎鹿，有的挖参，有的捕貂，有的取麝香"，"这里有人捞海带，那里则有人捉螃蟹或捞海参"，"只要有一座房子，便有一种新的营生：采珍珠、榨某种植物油、烧酒、挖黄芪根……"② 另一方面，对中国人在沿海、深山老林的大量存在充满恐惧，认为中国人的渔猎采集活动同俄国对当地的管理及同化土著民族相悖，对维护国家安全不利。这一态度的代表人物是曾于 19 世纪 80 年代两次在乌苏里地区考察的俄国总参谋部中校伊凡·纳达罗夫。"中俄一旦开战，这些蛮子将是中国最好不过的前哨。""蛮子对这个地区极其熟悉……他们甚至还熟悉不少我们根本没有料到会有的羊肠小道。"伊凡·纳达罗夫还特别

---

① Арсеньев В. К. Китайцы в Уссурийком крае. Очерк историческо-этнографический. Москва: КРАФТ，2004. C. 145 – 146.
② 弗·克·阿尔谢尼耶夫：《在乌苏里莽林中——乌苏里山区历险记》，王士燮等译，人民文学出版社 2005 年版，第 232 页。

第三章　帝俄时代中国人在远东的渔猎采集活动

指出乌苏里地区的土著居民——赫哲人和鄂伦春人对中、俄两国的认同情况。鄂伦春人承认中国人是统治者,"中俄一旦爆发战争,鄂伦春人必将站到中国一边,以其反俄游击队活动为中国效命"。戈尔德人和鄂伦春人类似,戈尔德人"虽然在某种程度上承认俄国政权",但他们"仍然会替中国人效劳",戈尔德人"事实上""在经济上和政治上都完全依附于中国人"。纳达罗夫得出中俄发生战争时"乌苏里地区的鄂伦春人和戈尔德人都将站在中国一边"的结论。[①]

[①] 伊凡·纳达罗夫:《〈北乌苏里边区现状概要〉及其他》,上海人民出版社1975年版,第52—53页。

第四章　帝俄时代中国人在远东的交通运输活动

帝俄时代，俄国远东地区的交通运输领域活跃着一些中国人，那时中国人在交通运输领域的活动主要表现在近海运输和乌苏里铁路的修筑上，本章围绕中国人在以近海运输为主的航运活动和乌苏里铁路修筑中活动进行论述。

第一节　帝俄时代中国人在远东地区航运活动

俄国远东地区濒临海洋，海岸线漫长、港湾众多的特点为中国人从事海洋运输活动提供了舞台。帝俄时代，俄国远东海洋运输领域，中国人主要参与近海运输活动。中国人在远东近海运输领域的活动为远东居民特别是偏远地区居民提供了便捷、廉价的运输工具，在促进远东的经济发展方面作出一定贡献。帝俄时代，俄国政府鉴于近海运输领域中国人对俄国人的优势，为了保护俄国人的利益，出台了限制以中国人为主的外国人在远东近海运输领域活动的措施，但效果不理想。

一　帝俄时代俄国远东地区航运业

远东地区三面环海，海岸线漫长、港湾众多，具备发展海洋运输业的天然条件。无论是历史上还是当前，海洋运输都是远东地区主要的运输方式之一，在远东经济发展中发挥重要作用。帝俄时代，中国人是俄

第四章　帝俄时代中国人在远东的交通运输活动

国远东地区近海运输的重要参与者,但在海洋运输的另一个组成部分——远洋航行中较少见到中国人的身影。远洋航行对船只的吨位、动力等要求高,如船只要具备龙骨结构等,所以从事远洋运输的多是财力雄厚的大公司,当时在远东海域很活跃的俄国轮船公司有"志愿者船队"(Добровольный флот)① 和"舍韦廖夫轮船公司"(Пароходство 《Шевелёв и К°》)②,这两个公司能从俄国政府得到一些航运补贴,"志愿者船队"每航行一次可获得3.6万卢布的补贴,"舍韦廖夫轮船公司"每航行1海里可获得3卢布补贴,外国商船无此特权。在远洋运输中除了俄国公司外,还有欧美船运企业,如美国人艾默力的阿穆尔船运公司。

远东地区河网密布,河流众多,长度超过1000公里的河流有13条,大的河流有阿穆尔河、勒拿河、科雷马河、阿尔丹河、阿姆贡河、奥廖克马河、阿纳德尔河等。尽管河流多、水量充沛,但由于气候的原因,长期以来远东地区的内河航运业落后。远东地区气候寒冷,河流通航期短,南部地区河流如阿穆尔河及其支流通航期5—6个月,北部的通航期仅为4个月。除了气候寒冷外,远东北部地区人烟稀少,发展内河航运业困难更大。南部的河流受太平洋季风影响,雨季集中,常常河流泛滥,也不适合内河航运。在这样的自然气候条件下,内河运输量占那时货运总量的比例很小。1897年,驶抵尼古拉耶夫斯克和符拉迪沃斯托克的海船数量分别是86艘和246艘。同年,行驶在远东地区主要

---

① "志愿者船队"缘起是1878年俄土战争,政府购买了几艘商船作为军舰的辅助船,战争结束后改为商业用途。该船队俄国境内的主要航线是敖德萨－符拉迪沃斯托克,后来开通了符拉迪沃斯托克－上海等地的航线。主要是承担一些政府委派的任务,如运送欧俄移民、流放犯等到远东地区,有时也载货物,每次航行都会得到政府的补贴。见安德鲁·马洛泽莫夫:《俄国的远东政策:1881—1904年》,商务印书馆翻译组译,商务印书馆1977年版,第14—15页。同时在20世纪初国内报纸,如《中外日报》《时务报》《中华新报》等对"志愿者船队"有记述,当时这些报纸称其为"俄国义勇舰队"。参见聂宝璋、朱荫贵《中国近代航运史资料》第二辑·上册,中国社会科学出版社2002年版,第182—184页。

② "舍韦廖夫轮船公司"是由俄国商人 M. Г. 舍韦廖夫创建。最初仅有滨海州的航行权,19世纪80年代起开通了符拉迪沃斯托克－尼古拉耶夫斯克、符拉迪沃斯托克—上海—汉口的航线。

的河流——阿穆尔河水系的商船为近 120 艘。① 1905 年，在阿穆尔河定期航行的船只为 159 艘。②

19 世纪末 20 世纪初，由于包括远东在内的东部地区河运和陆路交通落后，欧俄地区的货物运输到远东地区的时间长、运费高。从欧俄地区经西伯利亚运输货物到阿穆尔河左岸平均时间为 320 天，每普特货物的平均运价为 10 卢布，而由敖德萨经海路运输时间平均为 65 天，运价为每普特货物 2 卢布 27 戈比。③

尽管内河运输业不发达，但从巩固和加强边疆统治角度看，内河航运确有存在的必要，如阿穆尔河下游地区的河运几乎是唯一的交通运输方式。鉴于此，俄国政府对内河运输进行政策支持，对从事内河运输的公司进行财政补贴，但能享受财政补贴的公司均为俄国公司，当时在阿穆尔河流域较为知名的船运公司——"俄罗斯轮船公司"（Русское общество пароходства）就享有国家补贴。1893 年，在阿穆尔河流域参与航运的 46 艘轮船中，有一半属于"俄罗斯轮船公司"。④ 外国公司则无此特权。帝俄时代，远东内河运输的困境及俄国政策的倾斜政策导致在该领域活动的中国人数量有限，更多的人选择从事近海运输活动。

二 中国人在远东的航运活动

帝俄时代，中国人在乌苏里地区特别是彼得大帝湾（з. Пётр Великий）一带的近海运输活动很活跃。每年春天，中国人驾驶的船只满载各类商品，如粮食、蔬菜、烧酒、茶、丝织品等在不同水域穿梭。20 世纪初，曾到乌苏里地区进行考察的俄国地理学家 А. К. 阿尔谢尼耶夫（Арсеньев）描述道：从符拉迪沃斯托克的高处向下望去，海平面

---

① П. Ф. 翁特尔别格：《滨海省：1856—1898 年》，第 195、198 页。
② Лельчук В. С. Курс на индустраиализацию и его осуществление, Страницы истории советского общества: факты, проблемы, люди. Москва: Политиздат, 1989. С. 217.
③ Романова Г. Н. Экономические отношения России и Китая на Дальнем Востоке. XIX-начало XX в. Москва: Наука, 1987. С. 58.
④ 斯拉德科夫斯基：《俄国各民族与中国贸易经济关系史》，宿丰林译，社会科学文献出版 2008 年版，第 314 页。

第四章　帝俄时代中国人在远东的交通运输活动

尽收眼底。晴朗时能看到海面上满是装满货物的船只。这都是中国人的驳船和舢板，它们都向一个方向行驶，或顺风，或逆风，船上都是中国人和他们的货物。待货物销售完毕后，商船开始返航，返程时船上堆满交换来的各类商品，有各类海产品，如海带、海参、螃蟹等，有当地土著居民和中国猎人获取的人参、毛皮等。①

作为1910年阿穆尔考察队的一员、负责考察阿穆尔河左侧"黄种人"问题的外交部特派员 B. B. 格拉韦在其考察报告中也对中国人在近海运输领域的活动有过评价："我不能不对数量旁大的中国人、朝鲜人驾驶的驳船和舢板好奇，它们沿海岸线行驶，随时在居民点停靠。每艘船的载重量约为300—600普特，平均每月航行8—12次，多的时候甚至达20次。确切说，它们几乎每天都在阿穆尔河和乌苏里江沿岸行驶。"②

西伯利亚大铁路建成前，近海运输在远东居民生活中起的作用不可低估，正是由于中国近海商船为主的外国商船的存在使阿穆尔河左岸，特别是乌苏里地区较为偏远地区居民的基本生活用品供应得到了保障。"在大彼得湾和鞑靼海峡沿岸各个居民点之间的帆船运输和小船运输，从一开始就掌握在蛮子手中"，"在符拉迪沃斯托克维持船舶同海岸之间交通联系的所有舢板主也全都是蛮子"。③

关于中国人在远东近海航运业中的垄断地位，俄国官员感触颇深：近海运输主要是中国人和少数朝鲜人在做，从大彼得湾到圣奥利加沿岸北部的所有农村居民都掌握在他们手里。在主要从事农业，不熟悉海洋的俄罗斯居民中间他们没有遇到竞争。中国人广泛利用自己的优势，把船队握在手里，不仅把它们作为货物运输的工具，而且作为中介手段，以低价向农民收购面包、干草、蔬菜和鱼，直接运给符拉迪沃斯托克的

---

① Арсеньев В. К. Китайцы в Уссурийком крае. Очерк историческо-этнографический. Москва: КРАФТ, 2004. С. 235.

② Граве В. В. Китайцы, корейцы и японцы в Приамурье, Труды командированной по Высочайшему повелению Амурской экспедиции. Санкт-Петербург: тип. В. Ф. Киршбаума, 1912. Выпуск XI. С. 48.

③ П. Ф. 翁特尔别格：《滨海省：1856—1898年》，商务印书馆1980年版，第178—179页。

消费者。①

19世纪末20世纪初，中国人在远东近海运输领域的影响力能从中国人拥有的船只和运输量上体现出来。

表4-1　1909年从符拉迪沃斯托克港驶出的俄、中、朝三国船只的运输量比较

船只所有人	货运量（单位：普特）	所占比例（%）
俄国人	387309	39.3
中国人和朝鲜人	597059	60.7
总计	984368	100.0

资料来源：Петров А. И. История китайцев в России：1856-1917. СПб：ООО «Береста»，2003. С. 538.

表4-1显示，1909年抵达符拉迪沃斯托克的中国和朝鲜船只的运货量超出俄国船只运输量209750普特，当时从事近海运输的中、朝船只是以中国人的船只为主。1909年是俄国在远东地区实行自由贸易港政策最后一年，此后外国商人包括船主在远东港口优势消失。

帝俄时代，按照近海航行的船只的动力来划分，从事近海运输的船只主要有两种：汽船和帆船。当时中国人使用的船只主要是帆船，对汽船的使用中国人较俄国人逊色许多，这能从当时俄国人和中国人拥有的汽船数量的对比反映出来。1899年，从事近海运输的外国汽船数量为9艘，俄国汽船数量为8艘；1909年，从事近海运输的外国汽船数量是8艘，俄国汽船数量是13艘，这13艘俄国汽船完成了207航次，而8艘外国汽船只完成了23航次。②

---

① 聂丽·米兹、德米特里·安洽：《中国人在海参崴——符拉迪沃斯托克的历史篇章（1870—1938年）》，胡昊等译，社会科学文献出版社2016年版，第44页。

② Граве В. В. Китайцы, корейцы и японцы в Приамурье, Труды командированной по Высочайшему повелению Амурской экспедиции. Санкт-Петербург：тип. В. Ф. Киршбаума, 1912. Выпуск XI. C. 47.

第四章　帝俄时代中国人在远东的交通运输活动

据 1898—1902 年任阿穆尔河沿岸地区总督的 Н. И. 格罗杰科夫（Гродеков）的统计：1901 年，驶入符拉迪沃斯托克港的俄国汽船 57 船次，而外国汽船为 13 船次；1901 年，驶入尼古拉耶夫斯克港的俄国船只和外国船只分别为 18 船次和 6 船次；1902 年上半年驶入符拉迪沃斯托克港的俄国汽船、外国汽车数量分别是 22 艘和 1 艘。① 可以看出，在近海运输中汽船的拥有量俄国人占优势，而在帆船的使用上则中国人居主导。汽船是以蒸汽为动力，是以蒸汽机为能量转换工具，是蒸汽机被发明和运用后出现的。汽船是 19 世纪较为先进的水上运输工具。新机器的装备要有一定的资金来支撑，当时参与远东近海运输的中国人有实力者数量少，所以中国人汽船的拥有量上照俄国人逊色。

符拉迪沃斯托克港管理部门的资料显示：1899 年，709 名外国人获得了近海运输许可证；1909 年，493 名外国人获得近海运输许可证；1910 年，460 名外国人获得航行许可证。② 当时从事近海航运的"外国人"几乎都是中国人和朝鲜人。格拉杰科夫为此感叹帆船和驳船运输"完全"为中国人和朝鲜人所控制，他们从中"获利不菲"。③

相对于近海航运业，那时中国人在远东内河航运不活跃，尽管从业人员少，但仍然存在。阿穆尔河运公司（Амурское речное пароходство）就有中国人的身影。有记载显示，1911 年该公司有 560 名中国人，约占公司总人数的 30%，这 560 人的工种和工资情况如下。

---

① Сорокина Т. Н. Хозяйственная деятельность китайских подданных на Дальнем Востоке России и политика администрации Приамурского края（конец XIX-начало XX вв.）. Омск：Издательство ОмГУ, 1999. C. 104.

② Граве В. В. Китайцы, корейцы и японцы в Приамурье, Труды командированной по Высочайшему повелению Амурской экспедиции. Санкт-Петербург：тип. В. Ф. Киршбаума, 1912. Выпуск XI. C. 47.

③ Сорокина Т. Н. Хозяйственная деятельность китайских подданных на Дальнем Востоке России и политика администрации Приамурского края（конец XIX-начало XX вв.）. Омск：Омский государственный университет, 1999. C. 105.

表4-2　　1911年阿穆尔航运公司中国人的工种和工资

工种	月工资（单位：卢布）
厨师	57
水手	30
司炉	41
餐厅服务员	29
食堂杂役	22

资料来源：Соловьёв Ф. В. Китайское отходничество на Дальнем Востоке России в эпоху капитализма（1861－1917 гг.）. Москва：Наука，1989. С. 50.

中国人在远东航运中占据优势，既有运输工具的因素，也与中国人运输的成本低相关。那时在俄国远东航运活动中，中国人普遍使用一种叫"舢板"的小船，俄国人称为"尤利"①。舢板的动力主要是人力，依靠一种特别的桨来操纵舢板，舢板一般由2—3人来操纵。舢板分为大舢板和小舢板，大舢板可载10人，小舢板可以载6人。舢板是平底结构，航行平稳、灵活，不需要码头，可以直抵岸边。舢板吃水量不大，但运载量不小。当时中国人在航运中的成本要低些，其中一个体现是船员的薪酬低。中国船主雇佣的船员主要是中国人，他们对生活用品、工作环境等要求都低，基本满足最低的需求即可，中国船员的低需求在无形中降低了近海运输的成本，在和俄国人的竞争中占有优势。

那时船既是中国人的运输工具，也是他们日常生活的主要场所。对于中国人在小船上的生活场景，20世纪初远东地区的俄国报纸曾做过描述：在金角湾观察中国船工是件有趣的事情——早餐或者太阳落山之时，每艘船都变成了厨房。船头点火做饭，中国人在小案上使劲地揉着面团，做面条和饺子。许多小船上传出牧笛和其他乐器的声音——简直就是一座浮动的城市。这样的图景在俄罗斯境内的任何地方都难以看到。②

---

① 即俄语"ялик"的音译，指的是带桨的"小船"或"小艇"。
② 聂丽·米兹、德米特里·安洽：《中国人在海参崴——符拉迪沃斯托克的历史篇章（1870—1938年）》，胡昊等译，社会科学文献出版社2016年版，第37页。

第四章　帝俄时代中国人在远东的交通运输活动

三　俄国对中国人航运的限制政策及效果

对于是否限制外国商船的活动和如何限制无论是在中央政府，还是在远东地方是有不同看法的，主要有以下几种观点。

第一种观点，主张继续允许外国人在远东从事近海运输。认为若禁止，则失去便捷、廉价的运输工具了。俄国私人船队运费高，远东居民不能接受。官营运输船负有专项任务，如军队所属的运输队用于运输军需物资，移民局的船队主要用于移民事务，这些船很少担负民用物资的运输。

第二种观点，主张禁止外国人参与近海运输，理由是阿穆尔河沿岸地区俄国一侧居民数量有限，俄国商船尽管数量有限，但基本可以满足居民需求。当时中国人和朝鲜人的近海船队服务的主要对象是外国移民。持有这一意见的人还认为，外国人从事近海运输活动后果很严重，因为以中国商船为主的外国商船经常出入偏僻之地，这其中也包括军事战略要地，不利于边境安全的维护。[①]

第三种观点，"缓行禁运令"。先大力扶植俄国近海船队发展，然后再禁止外国人参与近海运输活动。持这种观点的代表者是格拉韦。格拉韦的"缓行"方案具体说有五点：允许俄国近海船队使用外国工人；向俄国近海运输船队提供贷款；待俄国近海船队发展起来后，逐渐禁止外国人参与近海运输活动；逐步减少外国人在俄国近海船只上的数量，最终完全禁止；对中国近海船队课税以增加其运行成本。符拉迪沃斯托克港口的管理人员精确地计算出要向中国大驳船征收210卢布和小驳船征收105卢布的税才能改变俄国商船的劣势。[②]

三方意见持有者经多次激烈讨论，得出结论：对外国近海商船征重

[①] Петров А. И. История китайцев в России：1856 – 1917. СПб：ООО «Береста»，2003. С. 539 – 540.

[②] Граве В. В. Китайцы, корейцы и японцы в Приамурье, Труды командированной по Высочайшему повелению Амурской экспедиции. Санкт-Петербург：тип. В. Ф. Киршбаума，1912. Выпуск XI. С. 49 – 50.

税不现实,中国人和朝鲜人会因无利可图而放弃,这对远东经济社会的发展是非常不利的。最后,第三种观点占了上风,即"缓行禁运令",先允许外国人在阿穆尔沿岸地区从事近海运输活动,待俄国人在近海运输中占据优势后再对外国人行禁止令。

随着俄国人在远东近海帆船运输中劣势越来越明显,俄国采取对外国帆船征税的措施。征税标准为:载货量少于 250 普特的帆船每次征收 5 卢布的航运税;载货量在 250—2000 普特之间帆船,按照货物重量征税,每普特 2 戈比;载货量在 2000 普特以上的船,按照货物重量征税,每普特 3 戈比。① 通过征税的方式来打击近海运输中外国帆船的活动。

然而,对外国帆船征航运税方案最后未能贯彻实施,因为俄国国家杜马通过了《禁止外国人在阿穆尔地区近海航行法案》。作为禁止外国商船活动的应对之策,上至中央政府,下至远东州级行政单位积极扶植俄国近海商船的发展,主要采取以下两种方式。

其一,给予俄国船队的近海运输活动以优惠贷款,以"航行特别奖"的方式对俄国近海商船予以财政补贴,一等商人、远东地区知名企业家 М. Г. 舍维廖夫的"舍维廖夫轮船公司"就得到了政府的财政补贴。

其二,为沿海居民建造船只提供种种优惠。为了降低远东居民造船成本,在西伯利亚铁路委员会(Комиссия Сибирской железной дороги)的提议下,政府允许乌苏里居民免费砍伐建造房屋和帆船及近海航运所需的木材;官方还以较优惠的价格向远东所有的俄国臣民出售用于建造海船和内河航船所需木材。此外,在阿穆尔河沿岸地区总督的申请下,经沙皇特别批示,无偿向阿穆尔河沿岸地区的穷人提供建造航船的木材。② 此外,考虑到俄国近海航运人才缺乏,俄国政府采取培养近海航运人才的措施,在符拉迪沃斯托克等港口开设航海培训班。

---

① Граве В. В. Китайцы, корейцы и японцы в Приамурье, Труды командированной по Высочайшему повелению Амурской экспедиции. Санкт-Петербург: тип. В. Ф. Киршбаума, 1912. Выпуск XI. C. 49.

② Петров А. И. История китайцев в России: 1856 – 1917. СПб: ООО «Береста», 2003. C. 541.

第四章　帝俄时代中国人在远东的交通运输活动

但对外国人在远东近海的"禁运"法令的实施效果并不理想，以中国人为主的外国人实际上仍然在远东近海运输中居主导作用。1911年，在符拉迪沃斯托克商港管理局（Управление Владивостокского торгового порта）登记的615艘驳船中，有超过一半是虚假注册，即表面上船主是俄国人，但真正的主人是中国人。很明显，这是以中国人为主的外国人对"禁止外国人在阿穆尔沿岸地区近海航行"措施的应对方式。

关于限制外国人在远东近海从事运输活动的实施效果，符拉迪沃斯托克海运协会委员会主席 K.肖斯塔科维奇（Шостакович）有一定认识，他在给阿穆尔河沿岸地区总督 H. Л. 贡达基的报告中写道：1911年，登记驳船超过600艘，其中大部分属于中国人，当外国人的近海运输被禁止时，他们的驳船就寄存在岸上（拴在岸上），中国人曾气馁过，但是这种情绪很快就过去了。一旦好时机到来，这些驳船就会挂出各式各样的俄罗斯旗帜。① 当然，这种虚假行为能实施俄国人要负一定责任。俄国船运人员是有偿"挂名"，而作为"俄国人航船上的船员不少于一半的人为俄国臣民"规定的应对之策，中国船主（真正的主人，非名义上的）往往将船员中超出规定数量的船员列入服务人员的行列，如厨师、装卸工等，以此逃避检查。

对于中国人船主的破坏法律的行为，远东当局是有所觉察的，并采取了一定的应对之策，如要求航船的服务人员到港口管理部门登记、稽查人员核对航船的装置与实际功能是否一致、通过检查航船的产地来断定航船的真正主人等。② 除以上两项破坏"禁运"法令行为外，中国人和朝鲜人驾驶的航船还有逃税行为。多数情况下外国近海商船绕过较大的港口，如符拉迪沃斯托克和尼古拉耶夫斯克等征收港，而到一些稽查不是很严格的地方停靠。

在限制外国人近海航运活动上，符拉迪沃斯托克海洋协会

---

① 聂丽·米兹、德米特里·安治：《中国人在海参崴——符拉迪沃斯托克的历史篇章（1870—1938年）》，胡昊等译，社会科学文献出版社2016年版，第38页。
② Петров А. И. История китайцев в России: 1856 – 1917, СПб: ООО «Береста», 2003. С. 541–540.

（Владивостокское морское общество）是坚定的支持者。对于阿穆尔河地区外国商船全面禁运的法案的实施效果，该协会承认该法案的实施效果不理想。符拉迪沃斯托克海洋协会在1913年末的一份报告中这样描述了"禁运"法令颁布后中国人、朝鲜人在近海航行中的情况：多数情况下仍然是中国人和朝鲜人，尤其是中国人继续掌控着近海航运业，但船名义的主人却是俄国人。俄国人同意这样做不外乎是为了钱，航船登记在他们的名下，他们可以轻而易举发一笔财。有时为了应付港口稽查人员对航船乘务人员中俄国人所占比例的检查，船主会临时雇佣俄国人，待稽查人员离开后，被临时雇佣的俄国人就会下船，中国航船继续行驶。

第二节　中国人在乌苏里铁路修筑中的活动

修建于19世纪末20世纪初的西伯利亚大铁路是一项举世闻名的宏伟建筑工程。它西起莫斯科①，东到符拉迪沃斯托克，绵延9332公里，是迄今为止世界上最长的铁路。其主体工程主要位于俄国亚洲部分，于1891年从符拉迪沃斯托克和车里雅宾斯克东西两端同时动工修建，1904年全线通车，后续工程则延续到1916年。有人将西伯利亚大铁路分为6段，即西西伯利亚线、中西伯利亚线、环贝加尔线、外贝加尔线、乌苏里线、阿穆尔线。还有人按照当时的行政区划，将西伯利亚大铁路划分为四个区段：西伯利亚铁路、外贝加尔铁路、阿穆尔铁路和乌苏里铁路。② 无论是哪种划分方式，阿穆尔河左岸都是西伯利亚大铁路的一个重要的施工区域，在该地修筑的铁路的重要组成部分——乌苏里铁路的修建过程中中国人参与其中，为乌苏里铁路的修筑作出一定

---

① 关于西伯利亚铁路的起点在何处有分歧，主要有四种观点：一说起自莫斯科，本书采用此说，二说起自乌拉尔山以东的车里雅宾斯克，三说起自叶卡捷琳堡，四说起自圣彼得堡。参见张丽《折冲樽俎——维特远东外交政策研究》，北京大学出版社2011年版，第15页。

② 陈秋杰：《西伯利亚大铁路研究（19世纪中叶—1917年）》，黑龙江人民出版社2011年版，第95—96页。

第四章　帝俄时代中国人在远东的交通运输活动

贡献。

乌苏里铁路分为南北两段，即南乌苏里线和北乌苏里线，全长约761公里。南乌苏里铁路（符拉迪沃斯托克—格拉弗斯卡亚），全长400.68公里（378俄里）。北乌苏里铁路（格拉弗斯卡亚—哈巴罗夫斯克），全长360.4公里（340俄里）。南乌苏里线先开始施工。1891年5月31日10时，当时的皇储尼古拉即后来尼古拉二世在距符拉迪沃斯托克2.5俄里处参加西伯利亚大铁路奠基典礼，乌苏里铁路正式开始修建，至1894年竣工。

乌苏里铁路的北段——北乌苏里铁路（格拉弗斯卡亚—哈巴罗夫斯克）1894年开始兴建，至1897年竣工。该路段途径多条河流，施工难度大。为此在铁路线上建设了跨霍尔河（р. Хор）、比金河（р. Бикин）、伊曼河（р. Иман）、乌苏里江（р. Уссури）的桥梁。这些桥梁得益于工程师的精心设计、建筑材料的及时运输到位而快速建成。乌苏里铁路是远东地区的第一条干线铁路，由工程师 О. П. 维亚泽姆斯基（Вяземский）领导建设。

乌苏里铁路修筑中一个很急迫的问题是劳动力问题，那里远离俄国统治中心，居民数量有限，而铁路的修筑需要大量劳动力。从铁路一开始动工，铁路建设部门就计划从欧俄地区招募俄国工人，以此减少乃至摆脱对中国人劳动力的依赖。这一计划得到政府的支持。从欧俄地区招募筑路工人的工作交给了一些包工头，其中有个包工头叫福明（Фомин）。受较高薪酬的吸引一些欧俄地区的人来到了远东铁路建筑工地，但多数人因不适应远东的气候和铁路修筑的高强度劳动量没能参与到筑路工作中来。如福明招募的乌苏里铁路的筑路工人主要来自敖德萨及周边地区，这些工人的成分复杂，其中不乏社会闲散人员，这些人同西伯利亚铁路修建中主要依靠的劳动力——贫困农民相比，他们的纪律性和吃苦耐劳精神都要逊色很多。他们刚到达符拉迪沃斯托克就解散了。一个叫卡乌罗夫的包工头面临着和福明大致相同的情况，从卡乌罗夫（Кауров）招聘来的欧俄工人在乌苏里铁路建设工地工作没有多久，工人便与工头发生薪资纠纷，工人遂离开工地返回欧俄地区。① 鉴于从欧俄地区招募来的工人在乌苏里铁路的劳动效果，西伯利亚铁路工程局得出结论：在现有条件下靠招募俄国工人来修筑铁路是不可能的……按所需数量吸收俄国工人参加筑路工程，成功的可能性很小。②

在使用欧俄地区工人修筑铁路失败后，远东铁路工程局将注意力集中到以华人为主体的黄种劳动力、远东的苦役犯和流放犯、军人身上。这样，乌苏里铁路的施工人员可分为四类：俄国技术人员、东亚人、军人、萨哈林的流放犯和苦役犯。

乌苏里铁路修筑中征用了萨哈林岛的流放犯，乌苏里铁路开了西伯利亚大铁路使用流放犯作为劳动力的先河。1891年2月19日，大臣委员会批准了内务大臣提出的在乌苏里路段使用流放犯来筑路的提议。作为"罪孽的袋子"广大的亚洲地区作为流放地有着悠久的历史，至19世纪末20世纪初外贝加尔和阿穆尔河沿岸地区仍然存在众多的流放犯、苦役犯。据统计，1890年各地的苦役犯在当地居民所占的比例是：外贝加尔地区占2.3%，阿穆尔州占1.8%，滨海州占1.4%，萨哈林岛占39.7%。③

1895年前，阿穆尔河左岸有1.1万名流放犯；1917年前，在萨哈林有3.2万名流放犯。他们成为修建乌苏里铁路挖土工的储备力量。对于流放犯参加铁路修建，政府明确规定：如流放犯不愿参加铁路建设，则追加5年以内监禁；如流放犯在施工中吃苦耐劳，表现良好，则以减少流放年限、刑满后允许留在滨海州（流放犯都不愿留在萨哈林岛）作为奖励措施。④ 除乌苏里铁路外，在中西伯利亚等路段也有流放犯参加其中。

士兵是铁路建筑的又一支储备力量。早期乌苏里铁路的修筑中另一个重要的参与群体是俄国士兵。1891年7月初，乌苏里铁路工地的军

---

① П. Ф. 翁特尔别格：《滨海省：1856—1898年》，第206页。
② П. Ф. 翁特尔别格：《滨海省：1856—1898年》，第206页。
③ Кораблин К. К. Каторжане на строительстве транссиба, Россия и АТР, 2005. № 1.
④ 陈秋杰：《西伯利亚大铁路研究（19世纪中叶—1917年）》，黑龙江人民出版社2011年版，第111页。

第四章 帝俄时代中国人在远东的交通运输活动

人数量为2500人，到1895年5月，乌苏里铁路工地上的俄国士兵数量为3000人。除了多数在乌苏里铁路工地上从事体力劳动的一般士兵外，还有部分工程营的士兵和下层军官，后者角色是技术人员。鉴于铁路的战略意义及用于支付雇佣工人资金短缺等原因，1895年陆军部和交通部正式批准可以动用军队参与铁路建设。此后投入西伯利亚大铁路建设的士兵人数迅猛增加。军队纪律严格，士兵们夜以继日地奋战在施工现场，所以这段铁路才能在规定的时间内顺利修建完成。参与筑路的军人则在专门的军官领导下劳动。

以中国人为首的黄种劳动力是乌苏里铁路修筑中主力之一，他们充当的角色是"粗工""苦力"，是非技术性的工作，技术性工作主要由掌握一定技术的俄国人及来自德国、芬兰等国人来负责。黄种人劳动力在私人承包工程中占的比例尤其大。当时西伯利亚铁路的修筑可分为国家工程和私人承包工程，国家工程是由官方直接负责修筑的工程，流放犯、士兵参与的工程多是国家工程，私人工程是路段承包给了私人的，黄种劳动力在私人工程中所占比例高。一般是工程局将某一路段承包给中国包工头，他们再根据工程实际需要雇佣工人，中国包工头雇佣的多是中国人。乌苏里铁路的修筑中各类人数及所占比例情况见表4-3。

表4-3　　　1891年7月1日参与乌苏里铁路施工的
人员的数量及所占比例　　　（单位：人、%）

施工人员的种族或身份	数量	所占比例
士兵	2500	40.2
苦役犯	900	14.5
流放人员	300	4.8
俄国粗工	400	6.4
中国粗工和朝鲜粗工	1700	27.3
俄国技术工人	125	2.0
中国技术人员	300	4.8
总计	6225	100.0

资料来源：Петров А. И. История китайцев в России: 1856-1917. СПб: ООО «Береста», 2003. С. 501.

从大以上数据可以看出早期乌苏里铁路施工中流放人员和苦役犯是广泛参与的。有统计显示，1891年4月23日至1893年11月1日，乌苏里铁路的建设中，流放人员和苦役犯共完成了价值897893卢布65戈比的取土工程和价值274741卢布40戈比铁路枕木的砍伐。① 随着到铁路建设工地上工的以中国人为首的黄种人数量的增多，流放人员和苦役犯在铁路建设中起的作用降低。

西伯利亚大铁路的其他路段特别是距离欧俄地区近的路段欧俄移民是重要的来源。据统计，在西伯利亚大铁路修筑期间，来自欧俄地区的建筑工人工作在西西伯利亚路段的达到3600—1.5万人，中西伯利亚路段为3000—1.1万人，外贝加尔路段为2500—4500人。② 由于位置遥远和气候自然条件的原因，乌苏里铁路修筑中来自欧俄移民数量不能与其他路段相比。在整个西伯利亚大铁路施工过程中，共有近1.57万名外国工人，其中有3/4是东亚人，这些工人主要工作在乌苏里铁路和外贝加尔铁路的施工现场。③

乌苏里铁路建设初期以中国人为主的黄种人的数量还有限，之后黄种人的数量逐渐攀升。1891年，乌苏里铁路建筑工地中、朝工人约3000人，至1900年达到了1.22万人，占全部工人总量的84.1%。④ 乌苏里铁路修筑中黄种劳动力以中、朝劳动力为主尤其是中国人，参与铁路修筑的日本人数量很少。那时日本人在远东活动主要区域是沿海及符拉迪沃斯托克等大城市，日本人几乎不在乌苏里铁路通过的地段区域活动，故参与到乌苏里铁路建设的日本人很少。

---

① Кораблин К. К. Каторжане на строительстве транссиба，Россия и АТР，2005，№ 1.
② Борзунов В. Ф. Рабочая сила на строительстве Сибирской железной магистрали（1891 - 1905 гг.）. Исторические записки. Т. 70. Москва：Изд-во Академии наук СССР，1961. С. 150.
③ Борзунов В. Ф. К вопросу об экономическом значении Сибирской железной дороги в конце 19-начале 20 вв.，Вопросы истории Сибири и Дальнего Восток. Новосибирск：Изд-во Сиб. отд-ния АН СССР，1961. С. 99.
④ Отчёт по постройке Северо-Уссурийской железной дороги，1894 - 1895гг. СПб.，1900. С. 222.

第四章 帝俄时代中国人在远东的交通运输活动

表4-4　　　　　1892—1896年乌苏里铁路施工人员的数量

	1892	1893	1894	1895	1896
俄国雇佣工人		500	1000	900	800
中国人为主的东方人	3000	6000	9700	10900	7400
总计		6500	10700	11800	8200

资料来源：ГАХК. Ф. П-44. Оп. 1. Д. 593. Л. 38. См.：Петров А. И. История китайцев в России：1856-1917. СПб：ООО «Береста», 2003. С. 502.

以上关于在乌苏里铁路上施工的表格，或是将中国人和朝鲜人放到一处，或是统称为"东方人"，毫无疑问其中人数最多的是中国人，至于具体数量就不得而知了。

乌苏里铁路的修筑中，中国工人广泛参与挖土方、架设桥梁、修建站台等事务。1891年乌苏里铁路建筑工地华工平均工作效率是一天挖0.12—0.25立方米沙绳的土方，而俄国工人平均效率为0.27—0.83立方米沙绳土方。后来随着中国工人对工作的熟悉效率有提高，1894年中国工人的效率为0.3—0.5立方/俄丈土方。乌苏里铁路的伊曼—哈巴罗夫斯克段铁路建筑所需的土方的71%由中、朝工人完成。①

乌苏里铁路建设工地的中国工人的薪酬低，是俄国工人的35%。因为乌苏里铁路修筑中华工数量多，且工资低，这无形中降低了铁路敷设的成本。1俄里乌苏里铁路修建成本是同长度的阿穆尔铁路成本的1/12，修建阿穆尔铁路的主力是俄国工人。乌苏里铁路修筑中，中国工人的表现得到铁路建设部门的肯定：组织中国人作工，没有任何特殊之处和任何困难。中国人无论对土方工程，还是对房屋建造，全都习惯，因此筑路工程对他们说来也毫无不习惯之处。②

后来阿穆尔铁路的修筑中较少见到中国人的身影，因为阿穆尔铁路的修筑时正是"黄祸论"在俄国远东地区猖獗时，故俄国官方对中国

---

① Аплеко А. В. Китайский труд в промышленно-транспортной сфере российского Приамурья в конце XIX-начале XXвв, Конференция "Россия и Китай：история и перспективы сотрудничества"，Благовещенск：БГПУ. 2016. С. 111.

② П. Ф. 翁特尔别格：《滨海省：1856—1898年》，商务印书馆1980年版，第207页。

劳动力参与铁路修筑进行限制。"我国之劳动工人，从事俄国西伯利亚铁路之工事，深入俄境者，其数甚多，据近三月间俄国税关之调查，实数有三万九千八百六十八人，所得之工银，约有'卢布'四五百万。俄国人民以为我国工人，有如是之多数，将来继续增多，非至压迫俄国劳动者不止，故俄人忌之，拟设法禁绝我国劳动者，不入俄领，以为排斥之际云。"[①]

[①]《华侨近事汇录》，《东方杂志》，第7卷，第11期。

第五章　帝俄时代中国人在俄国远东地区的采金活动

黄金开采具有劳动强度大、危险系数高的特点，俄国人往往不堪其苦，而具有吃苦耐劳精神的中国人能胜任该项工作。中国人的到来缓解了远东采金业劳动力不足问题，促进了远东黄金开采业的快速发展。然而俄国政府却无视中国采金工人的贡献，对中国人在采金领域活动进行了诸多限制。采金业是帝俄时代俄远东中国人较为集中的一个领域，研究中国人在该领域的活动可以管窥一下帝俄时代远东乃至全俄中国人活动特点和俄国政府对中国人政策。

第一节　俄国远东地区采金业的发展

俄国远东地区矿产资源丰富，地质面貌多样，蕴藏着多种储量巨大的矿物原料，具有发展采矿业的巨大资源潜力。然而在相当长一段时期里，俄国对远东地区采矿业发展不好，多数矿产没有得到有效的开采。鉴于黄金的特殊性，采金业是帝俄时代远东地区发展较早的矿业部门之一。

阿穆尔河左岸采金业发展始于 19 世纪 60 年代，这一过程与矿业工程师 Н. П. 阿纳索夫（Аносов）的名字联系起来。阿纳索夫在阿穆尔河支流贾林达河（р. Джа-линда）上游考察时发现了金矿，之后与他人合作开采黄金。19 世纪末 20 世纪初，阿穆尔河左岸采金业初具规模，采金场遍布阿穆尔河（р. Амур）、结雅河（р. Зея）、布列亚河（р. Бурея）和阿姆贡河

（р. Амгунь）沿岸。① 采金机构不断涌现，具备一定规模者有：上阿穆尔公司（Верхнеамурская компания）、尼曼斯克公司（Ниманская компания）、结雅公司（Зейская компания）、上结雅公司（Верхнезейская компания）、中阿穆尔公司（Средне-амурская компания）、阿姆贡公司（Амгунская компания）、鄂霍次克公司（Охотская компания）、阿穆尔采金公司（Амурское золотопромышленное общество）等。② 20 世纪前，阿穆尔河左岸的众多采金机构中数上阿穆尔公司规模最大，1868—1900 年，由上阿穆尔公司采出的黄金占整个阿穆尔沿岸左岸总采金量的 51%。③

帝俄时代，在阿穆尔河左岸除以上较大规模采金机构外，还存在数量众多的中小规模的采金公司，但初期后者在全区黄金总产量中所占份额有限。黄金开采投资大，加之远东地区开发晚，基础设施不配套，这导致远东地区的黄金开采成本要高于其他地区，因而远东黄金开采之初起主导作用是一些实力雄厚的大企业。大的采金企业主导远东黄金开采的局面持续至 19 世纪末。俄国远东地区采金业至 19 世纪末初具规模，1892—1894 年俄国远东地区采金量见表 5-1：

表 5-1　　　　　1892—1894 年俄国远东地区采金量　　　　（单位：普特）

年份	滨海州	阿穆尔州	外贝尔州	总计
1892	37.3	418	247.3	702.6
1893	71.0	431.8	274.3	777.1
1894	119.3	408.8	275.6	803.7

资料来源：Романова Г. Н. Экономические отношения России и Китая на Дальнем Востоке. XIX – начало XX в. Москва：Наука，1987. C. 133.

----

① Романова Г. Н. Экономические отношения России и Китая на Дальнем Востоке. XIX-начало XX в. Москва：Наука，1987. C. 54.

② Горное дело в России. СПб.，1903. C. 10，61，114，233，246. См.：Маркова Н. А. Золотопромышленное предпринимательство в Приамурье（вторая половина XIX-начало XX в.），Россия и АТР，2007. № 2.

③ Ступников В. М. Горнодобывающая промышленность Приамурья（1868 – 1914 гг）. Благовещенск：Изд-во БГПИ，1975. C. 8.

第五章　帝俄时代中国人在俄国远东地区的采金活动

帝俄时代，阿穆尔州采金业的发展好于滨海州。第一次世界大战前，阿穆尔州有金矿超过 1300 座，有采金企业超过 300 家；1870—1900 年，阿穆尔州矿业管理部门共收到近 3000 份开设金矿的申请。①

关于阿穆尔州的金矿数量，1893 年赴黑龙江左岸考察的晚清爱国将领聂士成在其沿途见闻录——《东游纪程》有过记述，聂士成一行途经阿穆尔州的连伊镇，在同该地金矿的华人交谈中，聂士成等人问"阿穆尔省共有金矿几处？"答曰："难以遍举，其总厂南至海兰泡则黄河厂，即精奇里河，向北则各勒毕改厂，再向东入山三百余里则连伊厂"。② 帝俄时代，不同年份阿穆尔州和滨海州采金业发展之情况如下。

表 5-2　1870 年、1890 年、1900 年阿穆尔州和滨海州采金业之比较

	1870 年			1890 年			1900 年		
	金矿数量（座）	采金工人数量（人）	采金量（普特）	金矿数量（座）	采金工人数量（人）	采金量（普特）	金矿数量（座）	采金工人数量（人）	采金量（普特）
阿穆尔州	6	1600	136	44	3600	486	206	11800	500
滨海州	1	130	2	3	300	6	32	3600	160

注：帝俄时代，俄国人普遍使用普特、俄磅、佐洛特尼克、多俩等计量单位。1 普特约合 16.38 公斤、1 俄磅约合 409.5 克、1 佐洛特尼克约合 4.26 克、1 多俩约合 44.43 毫克。郝建恒：《中俄关系史译名词典（俄汉对照）》，黑龙江教育出版社 2000 年版，第 205 页。

资料来源：Крушанов А. И. История Дальнего Востока СССР в эпоху феодализма и капитализма (XVIIв - февраль 1917г), Москва：Наука，1991. C. 253.

---

① Клеопов И. Л. Развитие и размещение золотопромышленности на Дальнем Востоке в дореволюционный период и первые годы советской власти, Сибирский географический сборник 2，Москва：Издательство Академии наук СССР，1963. C. 209、206.

② 聂士成：《东游纪程》，中华书局 2007 年版，第 40 页。

表 5-3　　　　　　　1906—1910 年阿穆尔州和滨海州
　　　　　　　　　　　采金业之比较　　　　　（单位：座；人；普特）

	1906 年			1907 年			1908 年			1909 年			1910 年		
	金矿数量	工人数量	采金量	金矿数量	工人数量	采金量	金矿数量	工人数量	采金量	金矿数量	工人数量	采金量	金矿数量	工人数量	采金量
阿穆尔州	225	11000	385	320	22000	651	256	16146	487	276	18352	494	297	18890	494
滨海州	24	2964	92	31	3323	68	31	3562	83	42	3715	64	46	5135	54

资料来源：Унтербергер П. Ф. Приамурский край. 1906 - 1910 гг. СПб.：тип. В. Ф. Киршбаума，1912. "приложение 8".

表 5-2、表 5-3 数据对比能看出，1870—1910 年，阿穆尔州采金业发展明显好于滨海州。无论是从金矿数量、采金工人数量，还是从黄金产出量看都是如此。阿穆尔州金矿数量最多的年份是 1907 年，有 320 座，最少的年份是 1906 年，有 225 座；采金量最多的年份仍是 1907 年，年产黄金 651 普特，最少的年份是 1906 年，产量是 385 普特；滨海州的情况分别为：采金企业最多的年份是 1910 年，有 46 座，最少的年份是 1906 年，有 24 座。采金量最多的年份是 1906 年，出产黄金 92 普特，最少年份是 1910 年，年产量 54 普特。

以上表格也显示 1900 年后阿穆尔州和滨海州的总采金量下滑，其中滨海州更为明显。阿穆尔州采金量 1900 年为 500 普特，至 1910 年为止，只有 1907 年超过 1900 年产量，为 651 普特。滨海州的情况类似，1900 年采金量达到峰值——160 普特，至 1910 年止都未能超过这个值。出现这种情况的原因和 19 世纪下半叶阿穆尔左岸粗放式开采有关。至 20 世纪初经过几十年的开采，储量丰富的矿井已经基本告罄，余下的或是储量有限的矿或是被开采过的富矿残余。储量有限的金矿采金量自然低，而富矿残留的开采技术难度要求高，需要更新采金设备，增加投资势在必行，但随着大量廉价外国劳动力的涌入，不更新设备也可获得较为丰厚的利润。这样，多数金矿继续粗放式开采，采金量下降不可

第五章 帝俄时代中国人在俄国远东地区的采金活动

避免。

整体上看，滨海州的黄金储量和采金业的规模较阿穆尔州逊色，但滨海州也存在较为优质的产金地，如阿斯科尔德岛（о. Аскольд）①。早在中俄《北京条约》签订前就有中国人在阿斯科尔德岛采金。和远东地区的多数黄金产地相比，阿斯科尔德岛拥有十分罕见的脉金矿，那时远东地区的金矿多数属于砂金矿。1898—1902 年，阿斯科尔德岛的脉金矿共采出 16 普特 27 俄磅的黄金，每 100 普特砂金的含金量大致在 9.5—23.3 佐洛特尼克间浮动。② 砂金的含金量是衡量金矿优劣的一个重要标准，阿斯科尔德岛的从脉金中开采出金砂的含金量高于别处金矿的。1885—1898 年，上阿穆尔矿区的沃斯克列新斯克（Воскресенск）矿井平均 100 普特砂金的含金量是 13—91 多俩；1893—1901 年，上阿穆尔矿区的涅奥日达内依（Неожиданный）矿井的平均每 100 普特砂金的含金量是 30—46 多俩。1891—1899 年，结雅矿区伊利干（Иликан）矿井平均每 100 普特砂金的含金量 89 多俩；1894—1895 年，结雅矿区的阿列克谢斯克（Алексеенск）矿井平均每 100 普特砂金的含金量是 2 佐洛特尼克 70 多俩；1893—1901 年，科列斯托沃兹德维热斯克（Крестовоздвиженск）矿井平均每 100 普特砂金的含金量 1 佐洛特尼克 24 多俩。③ 可以看出，阿斯科尔德岛的脉金矿较为优质。

至于阿斯科尔德岛采金工人数量，由于年代久远缺乏统计，仅能从时人的模糊记载中看出当时金矿规模尚可。翁特尔别格称每年有成百上千的"蛮子"在岛上采金……中国人的生产方式很原始，"把含金沙放在手摇洗矿槽里淘洗"。④ 曹廷杰在《西伯利东偏纪要》中记载中国

---

① "阿斯科尔德岛"是俄国人的称呼，当时中国人多称该岛为"青岛"。该岛位于符拉迪沃斯克东南 100 余里日本海上，距大陆 10 余里。早在乌苏里地区并入俄国前，东北地区居民就在此打猎、采金。19 世纪 60 年代，俄国当局觊觎采金利润，禁止中国人在此采金，令限期离开，遭中国采金工人的拒绝，遂引发"青岛淘金工人起义"。参见佟冬《沙俄与东北》，吉林文史出版社 1985 年版，第 230 页。

② Полнер Т. И. Амурье: факты, цифры, наблюдения: Собраны на Дальнем Востоке сотрудниками общеземской организации. Москва: Гор. тип., 1909. С. 557.

③ Полнер Т. И. Амурье: факты, цифры, наблюдения, С. 546 – 548.

④ П. Ф. 翁特尔别格：《滨海省：1856—1898 年》，商务印书馆 1980 年版，第 165 页。

人在"青岛""偷采者多至数万"。① 尽管记载较为简单和模糊，但从中能窥探出阿斯科尔德岛采金业的规模。

外贝加尔州（Забайкальская область）② 采金业发展要早于阿穆尔州。早在中俄《北京条约》前，外贝加尔州的黄金开采业就已经存在。19世纪40年代起，陆续在温达河（р. Унда）、希克河（р. Шилк）、赤卡河（р. Чика）等地发现了金矿，其中以赤卡河沿岸为最。1861—1865年，赤卡河沿岸的金矿年均产黄金25普特。③ 进入70年代后产量大增，和滨海州、阿穆尔州一样，进入20世纪后产量下降。

表5-4　　　　　1870年、1890年、1900年、1905年
外贝加尔州采金业发展情况

年份	金矿数量（座）	采金工人数量（人）	采金量（普特）
1870	74	7200	268
1890	154	7200	220
1900	160	6100	232
1905	106	3300	150

资料来源：Крушанов А. И. История Дальнего Востока СССР в эпоху феодализма и капитализма (XVIIв-февраль 1917г), Москва: Наука, 1991, С. 252、312.

远东地区采金业发展之初，盗采黄金、囤积矿场现象普遍存在。金矿多位于人迹罕至的原始森林中，盗采行为不易被发现，有时候矿业管理部门发现盗采后会派军队去驱逐，但军队一离开盗采者会卷土重来。除了盗采黄金外，还存在越权开采问题。具体说就是承包的矿场暂不开采、囤积起来，先占据、开采邻近的矿井。有资料显示，1902年，滨海州的302座矿井仅有32座被开采，其余的被"储备"起来。④

---

① 曹廷杰：《西伯利东偏纪要》，丛佩远、赵鸣岐：《曹廷杰集》（上册），中华书局1985年版，第108页。

② 最初，外贝加尔州受阿穆尔河沿岸地区总督管辖，1906年该州才从阿穆尔沿岸总督辖区分离出去，划归伊尔库茨克总督辖区，故1906年前外贝加尔州是俄国远东地区的一部分。

③ ГАХК. Ф. 537. Оп. 1. Д. 39. Л. 35 – 36. См.：Петров А. И. История китайцев в России：1856 – 1917. СПб：ООО «Береста», 2003. С. 458.

④ Комов А. Жёлтая раса и рабочий вопрос в амурской золотопромышленности (продолжение), Сибирские вопросы. 1909. № 33.

第五章 帝俄时代中国人在俄国远东地区的采金活动

综上所述,帝俄时代俄远东地区金矿数量较多、储量丰富,开采中即使不采用新技术、新设备也可以获较高利润,因而在很长一段时间里,俄远东地区的采金方式较为原始,多数金矿依靠手工方式采金,能采用机械采金的金矿数量有限。手工采金需要大量劳动力,这为中国人进入采金领域提供了机会。

第二节 远东地区中国采金工人的数量、采金量及薪酬

远东采金业发展之初面临着开工不足问题。《瑷珲条约》和《北京条约》签订后,如何在新领土上立足是俄国政府亟待解决的问题。从国家安全角度看,边境上驻扎一定数量的军队是必须要做的。然而阿穆尔河左岸农业不发达,这一状况在一定程度上影响了驻军规模。为了让当地农业尽快发展起来,东西伯利亚当局曾禁止金矿雇佣土著居民和欧俄来的农民,以此来保证农业人口的优先供应。在这样背景下,为了吸引俄国人来金矿工作,金矿主给出了很优厚的条件。在提供食物的前提下日工资为3卢布;若淘到砾金还会有额外奖励,一般1佐洛特尼克奖励2卢布50戈比。[①] 由于采金收入高,当时在阿穆尔河左岸有"阿穆尔金日"(Амурский золотой день)的传言。由于俄国人不能满足日益增多的金矿对劳动力的需求,矿主不得不转向雇佣中国人。对于第一批中国人到阿穆尔河左岸采金矿的具体年份,А. Г. 拉林先生认为是1886年。1886年,大型金矿企业"上阿穆尔公司"首次雇佣中国采金工人。[②] 到了19世纪90年代末在金矿做工的中国数量已经很可观。19世纪末20世纪初,远东地区成为俄国的主要黄金产地与中国采金工人的辛苦劳作是分不开的,以下数据即为证明。

[①] Комов А. Жёлтая раса и рабочий вопрос в амурской золотопромышленности (продолжение), Сибирские вопросы. 1909. № 33.

[②] Ларин А. Г. Китайские мигранты в России:история и современность,Москва:Восточная книга,2009,С. 21. "上阿穆尔公司"也叫"扎林达金矿"(прииск Джалинда)。

表5-5　1906—1909年阿穆尔河左岸金矿中国人数量

年份	中国人数量（人）
1906	5933
1907	7041
1908	17460
1909	30429

资料来源：Граве В. В. Китайцы, корейцы и японцы в Приамурье. С. 63.

表5-5显示，1908—1909年，中国采金工人数量增长快，这和当局对远东朝鲜人活动进行限制有关。日俄战争结束后，俄国很快走上了对日本协商的道路。1907年，日俄签订第一次《日俄协定》和《日俄密约》，承认日本在朝鲜半岛的特殊利益。从第一次《日俄协定》和《日俄密约》缔结起，作为对"日俄协商"政策的落实，俄国加强远东朝鲜人的管理和对朝鲜人活动进行限制，其中就包括对朝鲜人采金活动的限制。受此影响，大量朝鲜人离开远东地区金矿，因朝鲜人离开而出现的空位为中国人所填补。

1900年，阿穆尔州共有金矿204座，其中140座有中国工人，占全部金矿的68.6%；1900年，阿穆尔州共采出黄金493普特，其中240普特是中国人采出的，占总采金量的48.7%，具体见表5-6：

表5-6　1900年阿穆尔州金矿中国人采金量

金矿所在地	有中国人工作的金矿数量（座）	中国人的采金量（普特）
上阿穆尔（Верховья Амура）	28	33
结雅河（р. Зея）	79	85
翁任斯克河（р. Уньинск）	8	18
博姆河（р. Бом）	5	8
谢列姆贾河（р. Селемджа）	10	76

第五章 帝俄时代中国人在俄国远东地区的采金活动

续表

金矿所在地	有中国人工作的金矿数量（座）	中国人的采金量（普特）
尼曼斯克河（р. Ниманская）	6	8
欣甘斯克河（р. Хинганская）	4	12
总量	140	240

资料来源：РГИА. Ф. 37. Оп. 77. Д. 626. Л. 9. См.：Петров А. И. История китайцев в России：1856 - 1917. СПб：ООО «Береста», 2003. С. 468.

滨海州的金矿数量少于阿穆尔州。1900 年，滨海州有金矿 25 座，其中 19 座有中国人，占 84%；1900 年，滨海州共采金 168 普特，其中 66 普特由中国人开采，占 39.3%，具体见表 5 - 7：

表 5 - 7　　1900 年滨海州金矿中国人数量及黄金采出量　　（单位：座、人、普特）

金矿所在地	有中国人工作的金矿数量	中国采金工人数量	中国人的采金量
南乌苏里（Южно-Уссурийский）区	4	400	10.25
乌第河（р. Уда）上游	1	600	34
阿姆贡河（р. Амгунь）中游	8	300	5.75
贾格德汉湖（о. Джагдаха）	2	140	5.5
齐利哈湖（о. Чилиха）	1	110	3.75
奥列利湖（о. Орель）	1	200	3.5
奇利亚湖（о. Чля）	1	40	1.25
乌德利湖（о. Удыль）	1	25	1.5
总量	19	1815	64.5

资料来源：РГИА. Ф. 37. Оп. 77. Д. 626. Л. 9. См.：Петров А. И. История китайцев в России：1856 - 1917. СПб：ООО «Береста», 2003. С. 469.

关于中国人在远东采金业发展中起的作用，能从"6 月 21 日法令"实施效果看出来。"6 月 21 日法令"是一个限制远东外国人活动的法令。"法令"生效后,当地金矿中国人数量锐减,随之带来的是采金量的下降。

表5-8　　　　1908—1912年阿穆尔、布林斯克、结雅
三矿区中国人数量及采金量　　（单位：人、普特）

年份	阿穆尔矿区		布林斯克矿区		结雅矿区		总量	
	中国采金工人数量	中国人的采金量	中国采金工人数量	中国人的采金量	中国采金工人数量	中国人的采金量	中国采金工人数量	中国人的采金量
1908	2463	102	1619	207	3500	177	7582	486
1909	3802	118	3689	205	4200	155	11691	478
1910	4111	106	6822	195	9800	147	20733	448
1911	2751	89	3115	121	6145	71	12011	281
1912	2515	87	3286	115	6311	52	12112	254
总计	15642	502	18531	843	29956	602	64129	1947

资料来源:Петров А. И. История китайцев в России: 1856 - 1917. СПб: ООО «Береста», 2003. С. 472、475.

表5-8的数据显示,5年中1910年中国采金工人数量最多,为20733人。1911年和1912年三个金矿区中国采金工人数量锐减,由1910年20733人降为12011人和12112人。1911年和1912年远东金矿的中国采金工人数量减少和1911年东北大鼠疫有关。俄国以"防疫"为名,限制中国人进入远东地区,同时,驱逐在远东的中国人回国,远东当局的做法导致远东中国采金工人数量减少。与中国采金工人数量减少同步的是采金量下滑:阿穆尔矿区由1910年的106普特下降为1911年的89普特和1912年的87普特;布林斯克矿区由1910年的195普特下降为1911年的121普特和1912年的115普特;结雅矿区由1910年的147普特,降为1911年的71普特和1912年的52普特。

另有资料显示,1913年阿穆尔、布林斯克、结雅三个矿区中国采金工人数量分别为:4624人、5698人和6513人。这一年三个矿区采金工人总数分别为:5431人、6847人和8977人,中国人所占比例分别

第五章 帝俄时代中国人在俄国远东地区的采金活动

为：85%、83%和73%。①

帝俄时代，远东中国采金工人的薪酬情况。19世纪末20世纪初，按照金矿的经营管理方式不同，远东地区的金矿可分为"矿主式"（хозяйский способ）和"采金工人式"（золотничный способ）。"矿主式"指的是矿主直接参与采金活动，采金的前期准备和开采过程在矿主的直接参与下进行，如购买淘洗设备和采金工具、修筑矿区道路、为采金工人准备食物等。实行"矿主式"的金矿储量相对丰富，采金过程中通常使用机械。但前期投入较大，故该类金矿的拥有者要具备一定经济实力。"采金工人式"指的是矿主将金矿租赁给采金工人，矿主不参与采金活动的前期准备和开采活动。实行"采金工人式"的金矿主要依靠手工方式采金，矿主的前期投入不大，这适合财力不雄厚的中小矿主，因为不需要购置过多的采金设备和工具，尤其不需要购置大型采金机械，如挖泥机、挖沙船、水力冲砂机等。②

依照矿主和采金工人在采金活动中扮演的角色的差异，采金工人获得薪酬的方式也相应地称为"矿主式"和"采金工人式"。所谓"矿主式"，按照预先商定的工资来支付，一般是以日计算，该付酬方式的参与主体是俄国人。"采金工人式"是按照采金量付酬，一般每开采出1佐洛特尼克黄金可得到2卢布25戈比至2卢布50戈比的报酬。该付酬方式的参与主体是中国人、朝鲜人。③ 在实行"采金工人式"金矿里中国采金工人自发组织起来协作采金，劳动组合一般由10人组成，推选1人为组长，平均分配收入。那时中国采金工人不受远东地方当局的管理，他们只听命于"中国工头"，并为此向"中国工头"交中介费和管理费。

---

① Хроленок С. Ф. Китайские и корейские отходники на золотых приисках русского Дальнего Востока（конец XIX-начало XX вв）, Восток, Афро-азиатские общества: история и современность, 1995. № 6.

② Алепко А. В. Китайцы в Амурской тайге—отходничество в золотопромышленности Приамурья в конце XIX-XXв, Россия и АТР, 1996. № 1.

③ Граве В. В. Китайцы, корейцы и японцы в Приамурье, Труды командированной по Высочайшему повелению Амурской экспедиции. С. 66.

最初，远东采金业的投资者多是大企业家，资金雄厚，经营的多是储量丰富的金矿，管理中多采用"矿主式"，后来随着远东采金业深入发展，富矿相继被开采，新勘探出的、储量有限的矿井采不适合机械作业。为了获得更多的利润，矿主转而实行"采金工人式"。大量廉价的亚洲劳动力涌入为"采金工人式"采金方式推广创造了条件，它既受到中国人和朝鲜人的欢迎，也能为俄国中小矿主所接受。对矿主而言，可以激发劳动者的积极性，而且投资小、无需花费太多资金来购买采金工具和设备。

同时，实行"采金工人式"的矿主可获额外收入。矿主或企业主在经营黄金开采"主业"外，还有"副业"，即在矿区或企业里开设货栈、店铺。消费者不仅局限于自己矿场的工人，还有自由采金者。矿主或企业主经营店铺的利润是可观的。一位金矿主披露：尽管金矿的劳动工具和有经验工人都匮乏，甚至采金最基本的装备，如洗槽、马车等都严重不足，但矿主仍然很富有。除了采金获得的直接利润外，矿主还向工人和自由淘金者出售生活必需品，这是其财富积累的一个重要来源。① 矿场内设店铺生意较好，采金工人主要在此购买生活必需品，尽管价格昂贵，但工人别无选择，因为金矿多位于偏远地区，去别处购物不便。

实行"矿主式"金矿和实行"采金工人式"金矿利润差距很大。以"上阿穆尔公司"为例，1909—1910年，"上阿穆尔公司"中实行"采金工人式"的矿井利润是154109卢布，同年该公司实行"矿主式"采金的矿井亏损6788卢布。1910—1911年，"上阿穆尔公司"的总利润是345080卢布，而公司中采用"矿主式"采金的矿井亏损484737卢布；1912年，阿穆尔州金矿开采出的每100普特黄金中有75普特是由采用"采金工人式"矿井采出的。②

---

① Комов А. Жёлтая раса и рабочий вопрос в амурской золотопромышленности (продолжение), Сибирские вопросы. 1909. № 33.
② Алепко А. В. Китайцы в Амурской тайге—отходничество в золотопромышленности Приамурья в конце XIX-XXв., Россия и АТР. 1996. №1.

第五章　帝俄时代中国人在俄国远东地区的采金活动

由于"采金工人式"采金的巨额利润，逐渐为更多的采金企业或金矿所接受。最初，一些实力较雄厚、采用"矿主式"的金矿也渐渐接受"采金工人式"。据 В. В. 格拉韦统计，1906 年，阿穆尔河左岸采用"矿主式"经营的采金企业有 30 家，1907 年变为 27 家，几乎都位于布林斯克矿区和结雅矿区，而 1906 年和 1907 年阿穆尔河左岸金矿总数量分别为 498 家和 614 家。① 据此可以计算出采用"矿主式"经营的采金企业占全部采金企业的比例 1906 年为 6%，1907 年为 4.4%。之后这个比例继续下降。俄罗斯学者 Л. И. 加利亚莫夫娃（Галлямова）根据相关资料计算出：1916 年阿穆尔河左岸只有 2.7% 的采金企业采用"矿主式"，其他的企业都采用了"采金工人式"。② "采金工人式"采金机构所占比例上升、"矿主式"金矿的下降反映出大规模的采金机构数量在减少，中小规模采金机构数量增加，中小规模的采金机构起的作用越来越大。

中、俄采金工人的薪酬和日常开销的比较。俄国采金工人的工资普遍较中国采金工人的高，但俄国工人的生活成本也要高出中国人许多，因而俄国工人的"纯收入"和中国人的相差无几，甚至低于中国人的。由于金矿所处的地域不同，受商品货源地的远近等因素的影响，不同矿区出售的商品价格会有差异，这会导致不同矿区的采金工人的生活成本不一，有时差别很大。据 В. В. 格拉韦统计，阿穆尔州的谢列姆任（Селемж）矿井一个俄国工人平均每月生活支出是 22 卢布 82 戈比③，而中国采金工人的支出仅为 8 卢布 17 戈比；结雅矿区的俄国工人为 28 卢布，中国工人为 12—15 卢布；符拉迪沃斯托克的分别为 19 卢布 37 戈比和 5 卢布 10 戈比；哈巴罗夫斯克的分别为 22 卢布 37 戈比和 4 卢

---

① Граве В. В. Китайцы, корейцы и японцы в Приамурье, Труды командированной по Высочайшему повелению Амурской экспедиции. Санкт-Петербург: тип. В. Ф. Киршбаума, 1912. Выпуск XI. С. 365.

② Галлямова Л. И. Дальневосточные рабочие России во второй половине XIX-начале XXв. Владивосток: Дальнаука, 2000. С. 125.

③ 格拉韦的计算有误，不应是 22 卢布 87 戈比，应为 22 卢布 82 戈比，特此说明。——笔者注

布97戈比。① 以上数据显示俄国采金工人的月生活支出一般不会低于20卢布，中国采金工人月生活支出仅为10卢布左右。中国采金工人的日常生活支出不仅普遍低于俄国采金工人，也低于多数朝鲜采金工人。那时华工赴俄多是只身前往，赚了钱就返回家乡，在俄长期生活者很少。而朝鲜人不同，举家迁移、以定居为目的为数不少。有统计显示，20世纪初，约20%的朝鲜采金工人和家人居住在一起。②

中、俄采金工人日常开销的悬殊主要源于双方饮食习惯的差异。中国工人的食物主要是大米或小米、面粉、豆油等，偶尔吃肉，月均消费肉为5俄磅。俄国工人的食物有：面包、肉汤、含有奶油的粥、含有糖的茶等，月均消费肉35俄磅。中、俄工人的日常食物中，除了肉类消费量有大的差异外，还有糖类，俄国工人每天都要摄入一定数量的糖，如喝茶时要放糖。中国人的日常食物开销中也有俄国工人所没有的，如豌豆，但它在食物总支出中所占比例不大。中、俄工人的衣物、鞋的支出上也存在差异。华工的衣物异常简单，一般是衬衣和肥大的灯笼裤。俄国工人除了衬衣和灯笼裤外还穿衬裤。中、俄工人所穿的鞋子上也有差别，中国工人穿的鞋较为单一，只穿手工缝制的鞋，几乎没有可替换的，穿到不能穿为止。而俄国工人穿的鞋种类多些，在不同季节或不同的工作场所穿不同的鞋，有毡靴，有雨靴，还有便鞋。③

中、俄采金工人的居住环境也存在巨大差异。俄国采金工人住在由金矿提供的宿舍里，在签署合同时会列入保障供暖、供水、照明等条款，同时，还要求提供最基本医疗保障。中国采金工人住在自己动手搭建的非常简易的小房子里，房子内部设施很简单，板床、桌子和做饭用

---

① Граве В. В. Китайцы, корейцы и японцы в Приамурье. , Труды командированной по Высочайшему повелению Амурской экспедиции. С. 57 – 58.

② Хроленок С. Ф. Китайские и корейские отходники на золотых приисках русского Дальнего Востока (конец XIX-начало XXв.) , Восток, Афро-азиатские общества: история и современность, 1995, № 6.

③ Зиновьев В. П. Очерки социальной истории индустриальной Сибири XIX-начало XXв. Томск: Национальный исследовательский Томский государственный университет, 2009, С. 147 – 148.

第五章 帝俄时代中国人在俄国远东地区的采金活动

的炉子几乎是全部陈设。房子里紧挨着墙是铺着草席的板床，房子中间放着一张桌子，桌子上有个用来做饭的炉子。房子里住满了中国采金工人，晚上一个挨着一个、密密麻麻地躺在板床上。①

中、俄采金工人的收入差距导致初期俄国工人不接受"采金工人式"付酬方式。滨海州金矿主布京（Бутин）曾对俄、中工人的工作效率做过详细计算。他假设俄、中工人都采用"采金工人式"采金，且都组成10人为单位的劳动组合，并从事同样的工作。由于俄国人力气大，工作效率高，一般情况下俄国人日均工资为1卢布37戈比，而中国人的日均工资为1卢布。尽管俄国人的收入高于中国人的，但俄国人仍不愿意接受"采金工人式"付酬，因为在"矿主式"金矿工作收入要比在"采金工人式"金矿高。在"矿主式"经营的金矿工作，在矿主供应食物的前提下最末等工人的日均工资是1卢布，能力强者可赚到2卢布。布京的结论为熟悉远东采金事务人士所认同。有个叫伊万诺夫的矿区警察局长评价：俄国工人拒绝前往采用"采金工人式"付酬矿井工作，尽管得到的薪酬比中国人的高，但"仅够买食物"，而中国人对这样的薪酬让他们很"高兴"，一夏天中国工人若得到50卢布就觉着"很富有"了。② 鉴于在不同经营方式的金矿，中、俄工人的收入有差别，在"矿主式"经营的金矿俄国工人收入要高些，故在远东采金业发展之初，俄国工人不接受"采金工人式"的付酬方式，后来随着远东储量丰富的金矿数量减少，更多的矿主转向了"采金工人式"经营，俄国工人不得不接受"采金工人式"的付酬方式。

第三节 俄国政府与远东地区中国人的采金活动

最初，鉴于远东地区劳动力的严重匮乏，采金业急需劳动力，俄国

---

① Хроленок С. Ф. Китайские и корейские отходники на золотых приисках русского Дальнего Востока（конец XIX-начало XXв.），Восток，Афро-азиатские общества：история и современность，1995，№ 6.

② Петров А. И. История китайцев в России：1856 – 1917. СПб：ООО «Береста»，2003. С. 471.

政府对中国人来金矿工作是持欢迎态度的。1865年《矿业法》第661条第2款第5项规定：允许阿穆尔州和滨海州私人采金企业雇佣中国人，雇佣中国人外的其他国家工人则需要"请示"东西伯利亚总督。① 后来随着俄国人大量进入远东地区，劳动力紧张状况得到一定程度的缓解，对中国人的依赖程度降低，于是开始对中国人在金矿工作进行限制。

俄国政府对中国采金工人的态度转变同"黄祸论"有很大关系。所谓的"黄祸论"是指以中国人为主的黄种人对白种人构成了威胁，白种人应当联合起来对付黄种人的一种思潮。"黄祸论"出现于19世纪下半叶，受"黄祸论"影响，部分俄国人对远东地区黄种人特别是中国人持否定态度。持有该观点的人以远东地区为主的俄国媒体、部分政界人士为主，他们对中国人涌入带来弊端大加渲染，其中不乏夸大、炒作的成分，缺乏客观性。苏联解体后，大量中国人再次涌入包括远东地区在内的俄罗斯，作为"黄祸论"变种的"中国威胁论"在俄罗斯大行其道，受关注度甚至超过19世纪末20世纪初，那时俄罗斯关于俄中关系的几乎所有著述中都会涉及"中国移民问题"，这类著述多数具有将学术问题政治化的特点。无论是"黄祸论"还是"中国威胁论"出现的背景都是俄国或俄罗斯远东地区俄罗斯人数量少和大量中国人涌入远东地区。②

19世纪末20世纪初，俄国远东地区"黄祸论"的出现主要是经济因素导致的，这与20世纪90年代"中国威胁论"出现更多的是军事战略和政治因素不同。早期"黄祸论"内容主要指远东地区红胡子的恶行和中国人在乌苏里森林中掠夺包括砂金在内的资源，到了19世纪末"黄祸论"又增加了大量中国廉价劳动力在建筑业、工商业出现，

---

① Собрание узаконений и распоряжений правительства, издаваемых при правительствующем Сенате. Приложений газеты Санкт-Петербургской ведомости. —СПб., 1865г. втор. Пол. —СПб., 1865. С. 485.

② 关于俄罗斯的"黄祸论"可以参见薛衔天《"黄祸论"或"中国威胁论"的历史与实质》，《百年潮》2007年第1期；张宗海《谬种流传的"黄祸"论——中国人难以在俄罗斯立足的历史根源》，关贵海、栾景河主编《中俄关系的历史与现实》第二辑，社会科学文献出版社2009年版。

◈◈ 第五章　帝俄时代中国人在俄国远东地区的采金活动 ◈◈

及中国小商贩在零售业占统治地位。日俄战争后,"黄祸论"增加了政治内容。①

在"黄祸论"甚嚣尘上的背景下,关于中国采金工人的"不安分"的报道增加了远东当局对中国人采金活动的恐惧。不可否认,个别中国人盗采或隐匿黄金行为确实存在,但这些行为被刻意夸大。1893年,在第三次哈巴罗夫斯克代表会议上,与会代表就中国人盗采黄金问题进行了讨论。有代表指出,"热尔图加共和国（Желтугинская республика）"②覆灭后,大量中国采金工人进入俄境,并将野蛮采金方式带入俄国,之后随着中国人数量增多,掠夺式采金方式被推广开。对中国采金工人的活动持否定态度者得出结论的依据主要有两点：

其一,中国采金工人的开采方式野蛮,给当地环境造成极大破坏,经其开采过的矿井中仍会留有大量金砂,但继续开采难度大。移民局官员 А. А. 巴诺夫（Панов）评价说："黄种人的野蛮采金给原始森林金矿后续开采带来了不可估量的损失,至于危害到何种程度则很难确定,这和黄种人数量有直接关系……但可以肯定的是他们的开采方式是极原始的。"③

其二,盗窃和走私黄金问题。1910年,阿穆尔考察队成员之一、工商贸易部的代表 А. Н. 米京斯基（Митинский）在调查报告中写道："中国采金工人会将所获黄金偷偷出售,然后将非法所得寄回'满洲'。"④ 还有媒体称,1893—1894年,每年从外贝加尔、阿穆尔两地

---

① В. Л. 拉林：《二十世纪初期和末期俄罗斯远东政策中"黄祸"综合征》,马维先译,《东欧中亚研究》1996年第1期。
② "热尔图加共和国",有时译作"热勒图加共和国",是1884—1886年存在于中国漠河以南老沟地区的一个非法盗采黄金的机构。在众多的盗采者中俄国人居多,且俄国人居主导。"热尔图加共和国"存在期间黄金大量外流。1886年,清政府加强对采金业的管理,出动军队将盗采者驱逐,"热勒图加共和国"覆灭,在金矿旧址上建立漠河金矿。参见张凤鸣《"热勒图加共和国"的兴灭》,《黑龙江社会科学》2010年第4期。
③ Панов А. А. Жёлтый вопрос в Приамурье, Вопросы колонизации. No. 7. 1910.
④ Сорокина Т. Н. Хозяйственная деятельность китайских подданных на Дальнем Востоке России и политика администрации Приамурского края（конец XIX-начало XX вв.）. Омск: Издательство ОмГУ, 1999. С. 98.

偷运至中国的黄金达500普特。①

笔者认为,以上所列"罪证"并非中国采金工人"专属"。当时远东地区多数金矿采用手工方式采金,采金工具简单,马车、丁字镐、洗砂槽是主要的采金工具。淘洗方式原始,将开采出的金砂放到淘洗槽中,在河水中反复摇动,达到金和砂分离的目的。大量矿砂在河水中沉积,河水被污染,对生态环境的破坏巨大。盗窃黄金现象在当时较为普遍,不只是中国采金工人这样做,俄国采金工人也盗窃。当时被盗窃的多是砾金,因砾金上交所得的报酬要低于私售所得,故在利润的驱使下,一些采金工人会盗窃并出售采得的砾金。据翁特尔别格统计,平均每年滨海州赃金数量占全州采金总量的20%—30%。② 把较为普遍的行为归结为中国人的"专属"是不客观的,对中国采金工人也是不公平的,是媒体及个别人对部分华人不法行为夸大的结果。

在远东采金业对中国劳动力需求降低和"黄祸论"双重影响下,远东当局对于中国人的采金活动进行一些限制。1894年,阿穆尔州的相关部门曾向阿穆尔沿岸地区总督建议金矿不要雇佣中国人和朝鲜人,理由是他们盗窃黄金。阿穆尔河沿岸地区总督 C. M. 杜霍夫斯科伊(Духовской)经调研和慎重考虑后,认为采金业完全杜绝中国人和朝鲜人不现实,但对黄种人的采金活动进行一定限制是必要的。最终,通过了阿穆尔沿岸总督辖区内中、朝采金工人数量不得超过金矿工人总量的1/2的规定。

翁特尔别格就任阿穆尔沿岸地区总督后对黄种人,特别是中国人在远东地区的活动作了进一步限制,出台了一些法令,其中以"6月21日法令"为代表。该法令的全称叫《阿穆尔河沿岸总督辖区、外贝加尔州、伊尔库茨克总督辖区限制外国人法令》(Закон об установлении в пределах Приамурского генерал-губернаторства и Забайкальской области, Иркутского генерал-губернаторства, некоторых ограничений

---

① Вестник золотопромышленности и горного дела вообще. 1893. No 13.
② П. Ф. 翁特尔别格:《滨海省:1856—1898年》,商务印书馆1980年版,第168页。

第五章 帝俄时代中国人在俄国远东地区的采金活动

для лиц，состоящих в иностранном подданстве）。由于法令于 1910 年 6 月 21 日被尼古拉二世批准，故称为"6 月 21 日法令"。该法令是管理远东地区外国人活动的指导性文件。"法令"规定：在阿穆尔沿岸总督辖区、外贝加尔地区、伊尔库茨克总督辖区范围内，禁止将国家工程承包给外国人和禁止国家工程中雇佣外国人，但俄国工人无法胜任的且紧急的工程可以雇佣外国劳动力。①

对远东外国人的采金领域活动的限制政策遭到中小采金业主的反对，因为他们是该政策的受害者。1903 年，哈巴罗夫斯克各级代表会议上，有与会代表指出，完全禁止使用"黄种劳动力"对采金业、渔业、手工业、农业发展来说是"灾难性"。②

类似的情形在 1905 年阿穆尔矿区和布林斯克矿区业主联席会议上出现。与会者的共识是，限制中国人采金活动的后果是中小金矿的破产，进而导致全国采金量的下降，每年的损失会达到 550 万—600 万卢布。③由于远东地区对外国劳动力的巨大依赖性及中国工人在薪酬和工作环境要求方面有着俄国工人无法比拟的优势。俄国大臣会议（Совет министров）对"6 月 21 日法令"进行修订。从修订案涉及的领域看，主要针对的是国家工程，如阿穆尔铁路以及远东的兵营、海关等军事工程；从涉及的群体看，主要关于朝鲜人的，基本不涉及中国人。④

19 世纪末 20 世纪初，俄国官方对远东地区中国人政策的前后变化一定程度反映出使用外国劳动力与远东经济开发之间的矛盾。政府希望远东地区自行发展，不再需要从欧俄地区向其提供资金、技术、劳动力等，为了达到该目的从周边国家引进劳动力、资金等势在必行。另一方

---

① Петров А. И. История китайцев в России：1856 – 1917. СПб：ООО «Береста»，2003. С. 275.

② Березовский А. А. Таможенное обложение и порто-франко в Приамурском крае：опыт всестороннего исследования. Владивосток：тип. "Торг. -пром. вестн. Д. В."，1907. С. 90.

③ Вестник золотопромышленности и горного дела вообще. 1905. № 16.

④ Граве В. В. Китайцы，корейцы и японцы в Приамурье. ，Труды командированной по Высочайшему повелению Амурской экспедиции. Санкт-Петербург：тип. В. Ф. Киршбаума，1912. Выпуск XI. С. 85 – 86.

面，从国家安全角度出发，俄国政府又不希望远东地区的发展过多依赖周边国家尤其是中国，涉及劳动力问题则不希望远东地区大量聚集中国人。远东地区发展中的这种矛盾或困境不仅存在于帝俄时代，到后苏联时代这种矛盾得以延续。不与东亚国家紧密合作，这一地区始终无法生存，但全心全意与周边国家合作，又会引起中央政府心中的焦虑，这将使它变得更倾向于为东亚一体化进程设置障碍。①

一战期间，俄国政府逐渐改变了对境内中国人的政策。一战爆发后，从国家安全角度出发，制定了将境内中国人迁离边境地区的政策。在俄国决策层看来，远东地区的中国人数量多、职业各异，更为重要的是他们熟悉远东的地形和风俗习惯等，他们一旦向俄国敌对方提供情报，后果则不堪设想。尤其是一些小商贩，为了销售商品经常深入人迹罕至之处，甚至比俄国人都熟悉当地自然条件。迁移中国人、保证边境安全的政策后来演变为遣返中国人回国的政策。遣返政策在远东地区遇到障碍。远东地区中国人数量庞大，涉及各个行业和领域，一些工矿企业缺少中国工人经营困难，因而遣返和限制中国人的政策遭到远东企业主的反对。

和中国瑷珲城一江之隔的布拉格维申斯克是赴俄国中国人的重要落脚地，大量中国人的涌入给城市带来了繁荣，而俄政府对中国人的限制政策不利于城市发展，故限制和排斥中国人的政策遭到布拉格维申斯克一些人和机构的反对。"其中赞成采用黄色劳动最力者，为莫斯科喀尚铁路公司华陆纳齐县知事，俄领布拉哥凡西成斯克市政厅、俄国采金公司委员会等。"② 布拉格维申斯克商品交易协会（Благовещенское биржевое общество）就是反对限制中国人活动的一个团体。1915年，布拉格维申斯克商品交易协会在呈给有关部门的报告中呼吁放宽中国人进入采金领域活动的限制：黄种劳动力的到来代替了价格昂贵且不实用的机器；黄种人修筑和维护城市交通，发展采金业……他们几乎能排除城市发展面临的一切困难。之前和当下边区采取的种种排挤黄种人的措

---

① 松里公孝：《1884年阿穆尔河沿岸总督区的创建与俄罗斯亚洲地区的权力重构》，《俄罗斯研究》2013年第2期。
② 许家庆：《记俄国华工情形》，《东方杂志》，第13卷，第6号。

第五章　帝俄时代中国人在俄国远东地区的采金活动

施不利于城市发展,后果之一就是众多金矿的倒闭。① 随着第一次世界大战的深入进行,大量青壮年被征召入伍,这造成和战争联系不密切的行业劳动力匮乏。这样背景下,远东当局有保留地执行遣返中国人的政策,同时对中国人进入工矿企业的限制放宽。

鉴于黄金在国民经济发展中的特殊作用,第一次世界大战期间,俄国成立了黄金事务委员会（Комиссия по золотопромышленным делам）,对黄金开采、加工进行指导。委员会成立伊始就着手研究远东地区采金业开工不足问题。委员会经一番调研后,认为采金业开工不足与限制中国人有关系。委员会成员 А. М. 奥谢杜夫斯基（Оссендовский）直言:限制中国人到金矿工作与增加采金量的目标是背道而驰的。限制中国人采金活动不合时宜,不符合俄国国家利益。②

采金事务委员会综合各方意见得出限制中国采金工人活动的政策是错误的结论:中国人来阿穆尔河沿岸地区不是以定居为目的。中国人是"候鸟",春来冬去。他们除了在金矿工作外,还从事捕捞和运输活动,农忙季节还做短工和从事其他活动。鉴于中国人来阿穆尔地区的动机和当地劳动力匮乏的现状,委员会认为不应该阻止中国人在阿穆尔沿岸地区工作,这也包括在金矿工作。③

采金事务委员还建议降低中国人的护照费用,减轻对证件不齐全的中国人处罚力度等,最大限度地给予中国采金工人自由,以此繁荣远东地区采金业。考虑到采金业在远东乃至俄国全国经济发展中的重要意义及战争期间远东采金业面临的困境,1916 年 11 月,就中国人进入阿穆尔河左岸金矿工作,俄国政府做了如下规定:来到阿穆尔河沿岸地区的中国人必须持有本国护照;持有本国护照,且该护照经俄国领事的查验无误后方可受雇于金矿。同时,中国采金工人护照副本要交金矿主保

---

① Отчёт о деятельности Благовещенского Биржевого Общества и Биржевого Комитета за 1915 год. Благовещенск, 1916. С. 25.

② Оссендовский А. М. К вопросу о свободном доступе рабочих китайцев на золотые промыслы, Золото и Платина. СПБ. 1916. № 1 – 2.

③ Петров А. И. История китайцев в России: 1856 – 1917. СПб: ООО 《 Береста 》, 2003. С. 479 – 480.

存；中国人入俄境时要向俄国边境部门交 30 戈比的登记费用；入境 6 个月后必须办理为期一年的居住证，为此要缴纳 5 卢布费用。若入境 6 个月后去办理居住证，手续费要增加 1 倍。在阿穆尔河沿岸地区停留期间，中国采金工人每年都要重新办理居住证。① 同之前对中国采金工人政策相比，对中国人进入采金领域工作的限制放宽。

帝俄时代，在远东采金领域工作的外国劳动力主要是中国人和朝鲜人，俄国政府对中国采金工人和朝鲜采金工人态度有区别。相对于中国工人，俄国当局更乐于接受朝鲜工人。这一差异出现的主要原因是朝鲜人和中国人迁移远东的目的不同。多数朝鲜人来到远东是以定居为目的，是举家迁移，他们比中国人易于接受俄罗斯文化。远东的中国人绝大多数是"候鸟"，赴俄不是以定居为目的的，他们融入俄国社会的程度要低于朝鲜人。鉴于这一差别，帝俄时代，多数时间里俄国政府对包括中国采金工人在内的远东中国人持排斥态度。

帝俄时代，中国采金工人的积极作用在初期表现明显，这同这时期俄国当局对中国采金工人态度有关。中国进入远东之初，俄国当局对中国采金工人是欢迎的，对中国人在采金领域工作未做过多限制。后来随着远东地区中国人数量的增多，俄国政府在制定移民政策时，战略安全因素超越经济利益因素，开始对中国的采金活动进行诸多限制，限制政策的后果是采金量的下降。一战爆发后，受制于非军工产业劳动力严重匮乏，俄国当局放宽对中国采金工人的限制，远东地区的采金量再次提升。

---

① Далёкая окраина. 1916. 12 ноября.

第六章　帝俄时代中国人在远东市政建设中的活动
——以符拉迪沃斯托克和哈巴罗夫斯克为例①

从经济发展水平来看，滨海边疆区、哈巴罗夫斯克边疆区是当前俄罗斯远东地区开发程度最高和经济最为发达的两个行政区。相应地，这两个联邦主体的行政中心——符拉迪沃斯托克、哈巴罗夫斯克也是远东众多的城市中发展较好的城市。符拉迪沃斯托克是滨海边疆区首府和远东联邦区新的行政中心，也是俄罗斯太平洋沿岸最大海港和太平洋舰队主要军港；哈巴罗夫斯克是哈巴罗夫斯克边疆区的首府，曾长期作为远东联邦区的行政中心。符拉迪沃斯托克和哈巴罗夫斯克在俄远东地区政治社会经济发展中地位的确立是历史演变的结果。帝俄时代，两城市在远东地区地位已经确立下来。

19世纪末20世纪初，俄国政府为了鼓励欧俄居民来远东地区工作采取了一些措施，针对普通劳动者的举措有：为来远东地区工作的工人及其家属提供路费补贴；免除来远东工作的工人参加军事训练任务；为在远东国家工程中工作一段时间的工人回家探亲，或家属来远东地区探望提供交通补贴。为了促进远东地区工程建设，俄国官方还采取了针对工程承包者的措施，如简化远东地区工程承包手续、为部分工程承包者

---

① 笔者最初试图将布拉戈维申斯克列入本章写作的范畴，但苦于关于资料匮乏，只好作罢，这一缺憾只能在今后的研究中弥补。

垫付部分款项等。① 但这些鼓励欧俄居民来远东工作特别来远东国家工程工作的举措效果不佳。帝俄时代，远东地区包括市政工程在内的诸多建设项目中仍然缺乏大量劳动力，这为中国人参与远东城市的市政建设提供了契机。在 19 世纪下半叶至 1917 年，符拉迪沃斯托克、哈巴罗夫斯克大规模的城市建设中不乏中国人的身影，中国人为两城市的建设付出辛勤汗水，本章就帝俄时代中国人在符拉迪沃斯托克、哈巴罗夫斯克城市建设中的活动进行初步论述。

第一节　中国人与符拉迪沃斯托克城市建设

符拉迪沃斯托克大规模的城市建设始于 19 世纪 70 年代初，这一过程与它作为俄国太平洋沿岸港口职能明确化有关，之前符拉迪沃斯托克更多地是以军事哨所的身份存在。在其间居住的主要是军人及其家属，建筑属于是兵营、军人宿舍、仓库及其他与驻军有关的设施。符拉迪沃斯托克发展的一个重要事件是 1873 年俄国太平洋舰队司令部驻地由尼古拉耶夫斯克迁至符拉迪沃斯托克。从 1872 年起，太平洋舰队的一些机构和船厂等开始向符拉迪沃斯托克迁移，符拉迪沃斯托克大规模的城市基础设施建设开启，中国人成为这一历史过程的参与者。

在符拉迪沃斯托克港口建设中面临的一个较为迫切的问题是劳动力匮乏。1872 年，符拉迪沃斯托克城市管理部门决定雇佣 30—50 名中国人，并将雇佣中国人事宜交给了同中国存有贸易联系的一个俄国商人，该商人计划从中国输入一部分技术人员，并签订了用工合同，但后来因为中国政府的阻挠搁浅。因为工程紧急，符拉迪沃斯托克城市管理部门不得不降低用工标准，由原来计划雇佣技术人员变为雇佣粗工，原来准备从中国人内地雇工改为就近选人，即雇佣在俄境的中国季节工，最终

---

① Граве В. В. Китайцы, корейцы и японцы в Приамурье, Труды командированной по Высочайшему повелению Амурской экспедиции. Санкт-Петербург：тип. В. Ф. Киршбаума，1912. Выпуск XI. С. 87 – 88.

第六章　帝俄时代中国人在远东市政建设中的活动

雇用了生活在符拉迪沃斯托克、波谢特湾一带几十名中国粗工。①

早期中国人参与符拉迪沃斯托克城市建设的主要形式是为市政工程提供建筑材料，如石灰、砖、木材等，因为大规模的城市建设对建材的需求量很大，这为中国人参与早期城市建设提供了机会。

19世纪末20世纪初，翁特尔别格称远东城市基础设施建设中的主要施工模式为"经纪人式"。所谓"经纪人式"具体说是建筑工程的负责人要亲力亲为，负责采购和运输建筑材料，还要负责招募工人和监督工人施工等。更有甚者，有时施工方需要自己组织人力来烧制石灰和加工砖等。"经纪人式"和较常采用的"承包人式"有差别。后者指雇主准备好建筑材料，然后将工程承包给施工方。当时远东城市建设中没有采用"承包人式"是和当时远东城市基础设施建设不成体系有关，既有城市建设中缺乏市政工程的组织者和施工技术人员的原因，也和远东地区工商业不发达、建筑材料储备不足有关。② 这样背景下，在城市基础设施建设中不得不给予施工方更大的自主权。

在向符拉迪沃斯托克建筑工地供应砖的华人中有一个叫温旦贵（Ун Дангуй）的中国承包人。温旦贵最初为符拉迪沃斯托克市政工程供应砖是1876年，他和工程方签署了1000块砖12卢布的供应合同。之后，符拉迪沃斯托克工程局又向温旦贵以4969卢布48戈比的价格订购了308280块砖，即每1000块砖的价格是16卢布14戈比，比之前的价格要高些。温旦贵除了供应砖外，他还承担了向砖厂供应加工砖的原料——黏土的任务。1876年，温旦贵仅供应黏土一项就赚了22卢布92戈比。③ 至于温旦贵共向符拉迪沃斯托克建筑工地供应了多少块砖不可考，有资料显示仅加工砖一项，符拉迪沃斯托克市政部门1876年向他支付了3354卢布，据此能看出供应砖的数量。

---

① Петров А. И. История китайцев в России：1856 - 1917. СПб：ООО «Береста»，2003. С. 489.
② П. Ф. 翁特尔别格：《滨海省：1856—1898年》，商务印书馆1980年版，第223—224页。
③ Петров А. И. История китайцев в России：1856 - 1917. СПб：ООО «Береста»，2003. С. 491.

石灰也是城市建设中必不可少的材料,19世纪70年代起中国人介入了符拉迪沃斯托克石灰加工和供应业务。多数情况下是在远离城市中心之地烧制石灰,然后运输至建筑工地。1874年,符拉迪沃斯托克建筑工地以1普特25—50戈比的价格向中国人购买了7568普特的熟石灰,共花费了2251卢布54戈比。除供应熟石灰外,中国人还向工地供应生石灰,生石灰运至建设工地后再加工成熟石灰。据统计,1874年,中国人为符拉迪沃斯托克建筑工地加工了50立方俄丈、价值1945卢布的生石灰;1876年,中国人为符拉迪沃斯托克建筑工地加工了99.5立方俄丈的生石灰。加工生石灰为熟石灰的任务多由中国人完成,有个叫尤安来(Ю Ан-лай)的中国人承揽了加工生石灰工程,1876年的价格为每立方俄丈18卢布,由于尤安来熟悉业务、组织得当,将加工成本降至很低,获利颇丰。①

符拉迪沃斯托克港口建设所用的砖主要由中国人加工和供应。其中一名供应者叫罗戈仁(Рогожин),他在符拉迪沃斯托克从事建筑材料加工、销售多年,后来皈依了东正教。1878年,罗戈仁向港口建设运送了404607块砖,当时价格为每1000块砖17卢布,罗戈仁为此获得了6800卢布的收入。除加工和供应砖外,罗戈仁还承包了烧制石灰的业务。1878年,罗戈仁加工了40立方俄丈的石灰石,从中加工出2万普特生石灰。②

木材也是城市建设中必不可少的材料,在向符拉迪沃斯托克供应木材中不乏中国人的身影,如尤安来、罗戈仁等。1874—1876年参与向符拉迪沃斯托克工地供应板材的中国人有尤安来、兰哈武(Лан Ха-у)、常福庭(Чан Фу-тин)。1874年,三人中仅尤安来向符拉迪沃斯托克建设局供应了3000块板材;1875年,尤安来供应了250块板材、兰哈武供应了400块板材、常福庭供应了175块板材;1876年,没有三人提

---

① Петров А. И. История китайцев в России:1856 – 1917. СПб:ООО «Береста», 2003. C. 491.

② Петров А. И. История китайцев в России:1856 – 1917. СПб:ООО «Береста», 2003. C. 495.

第六章　帝俄时代中国人在远东市政建设中的活动

供板材的记载。1878年，为符拉迪沃斯托克供应板材的中国人数量明显增多，见表6-1。

表6-1　1878年向符拉迪沃斯托克工地供应板材的中国承包人情况

姓名	供应板材数量（单位：块）	单位板材价格		总价格	
		卢布	戈比	卢布	戈比
王钦齐（Ван Цин-чин）	500		73	365	
罗戈仁（Рогожин）	200		70	140	
常旭（Чан Сю）	294		70	205	80
苏（Шу）	320	1	40	448	
苏（Шу）	1124	1	30	1461	20
常福庭（Чан Фу-тин）	425	1	30	552	50
齐（Чи）	60	2	50	150	
吴继山（У Ти-ша）	140	1	50	210	
总额	3063			3532	50

资料来源：РГА ВМФ. Ф. 909. Оп. 1. Д. 503. Л. 30 – 30 об. См.：Петров А. И. История китайцев в России：1856 – 1917. СПб：ООО «Береста», 2003. С. 495；聂丽·米兹、德米特里·安洽：《中国人在海参崴——符拉迪沃斯托克的历史篇章（1870—1938年）》，胡昊等译，社会科学文献出版社2016年版，第4页。

从太平洋舰队司令部驻地迁至符拉迪沃斯托克起至1878年，符拉迪沃斯托克城市建设如火如荼地进行，对各类建筑材料需求量都很大，其中就包括各类船只所用的绳索，为了更好地保存绳索以防止其受潮进而腐烂，需要存放绳索的仓库，当时远东地区的中国人参与了存放绳索等器具仓库的建设。1877年，符拉迪沃斯托克港务管理部门就存放绳索等仓库建设一事进行招标，中国人常福庭以6147卢布的价格投标，他的竞争对手是中国人毛毕林（Мон Би-лин），后者以5600卢布价格投标。但后来毛毕林退出竞争，原因是他不想交保证金。根据俄国法律需要按照竞标价格10%的比例交保证金，但毛毕林拒绝交保证金。在毛毕林退出后，中国人尤安来参与到竞标中来。最后，仓库建设任务交给了常福庭，因为港务部门认为尤安来不够诚信，在之前承接的港口建设工程中没有完全按照合同要求做，故最后将工程交给了常福庭。建设绳索仓库工程开始没有多久，常福庭就后悔了，因为他意识到该工程利润小甚至有亏本的危险，修筑仓库的前期工程即打完地基和建完墙后，工程费用的支出已经超出预算，他的预算是6420卢布11戈比，但实际花费是7109卢布48.5戈比。后在工程管理方的协调下，仓库建筑工程的后期工程即装修工作转给其他承包人负责，1879年仓库建筑项目竣工。在仓库建筑项目中仅装修一项就花费11911卢布。尽管投资大，但工程获得了好评。仓库建筑中地基和承重墙都用大块石头堆砌，很坚固，同时墙里留有迅速使墙体干燥的通风孔，这种施工方法在滨海州尚属首次①，功劳要归功于常福庭。

符拉迪沃斯托克大规模的城市基础设施建设到1878年基本停止，出现这样局面的原因是海军部门提议将军港从符拉迪沃斯托克迁至圣奥莉加湾（с. Ольга），理由是军港、商港同处一城不利于海军发展。尽管在高层尚未形成一致意见，但仍对城市建设产生了很大影响，许多市政工程项目停止。直到1881年迁港一事尘埃落定，符拉迪沃斯托克仍作为太平洋舰队的主要港口，至此大规模的城市基础设施建设再次展开。1885年，巨文岛事件②发生后"军港南移"问题再次被提出，但这次对城市建设影响不大，因为巨文岛风波后俄国海军大臣助理、海军上将舍斯塔科夫（Шестаков）莅临符拉迪沃斯托克，代表海军部门宣布不存在军港迁移问题，相反要加强军港建设、扩大太平洋舰队的规模。③ 这样，1881年特别是1885年后符拉迪沃斯托克大规模的城市建设再次开启。

---

① Петров А. И. История китайцев в России: 1856 - 1917. СПб: ООО «Береста», 2003. С. 493.

② 巨文岛事件是19世纪80年代英俄争霸的结果，是英俄在中亚和西亚的矛盾在东北亚地区的延续。为了对抗俄国在阿富汗的扩张，1885年4月，英国海军占领位于朝鲜半岛南部的巨文岛，以此对俄国太平洋舰队主要军港——符拉迪沃斯托克实施有效打击。巨文岛事件引发了英、俄、中、朝等国围绕朝鲜问题进行一系列纵横捭阖，并一度对符拉迪沃斯托克军港建设产生影响。

③ П. Ф. 翁特尔别格：《滨海省：1856—1898年》，商务印书馆1980年版，第258页。

第六章　帝俄时代中国人在远东市政建设中的活动

符拉迪沃斯托克发展的另一个重大契机是西伯利亚大铁路的修筑，符拉迪沃斯托克成为铁路终点为城市进一步发展注入活力。此期间城市的一些重要标志性建筑相继建成，有些建筑现在仍在使用，那时中国人或以工人身份，或以承包者的身份参与了这些建筑的建设。至于一般中国建筑工人在城市建设中的详细活动未留下太多记载，目前所见的资料只有少量关于中国工程承包人的记述。为了迎接皇储尼古拉1891年访问符拉迪沃斯托克，符拉迪沃斯托克市政部门决定修建一座"凯旋门"，中国人舒彻联获得了"凯旋门"的承建权。在舒彻联有效组织下，在很短时间内"凯旋门"得以建成，舒彻联因此获得了奖状。[①] 符拉迪沃斯托克邮局电报大楼是由中国人桑新云负责修建的。在俄国档案中存有桑新云修建邮局电报大楼的文件。[②]

> 建设符拉迪沃斯托克邮局电报办公楼的中国籍承包商桑新云
> 致符拉迪沃斯托克市管理局的呈文
> 谨请市管理局允许我把用于建设邮局电报办公楼的建筑材料临时堆放在金角湾岸边，靠近海军码头。去年，经市管理局准许，我曾在此地堆放同样的建筑材料。
>
> 1899年3月19日
> 中国籍人士　桑新云

符拉迪沃斯托克另一个重要的建筑滨海州管理局新大楼建筑承包者也是中国人，他的名字叫刘寇默，1909年他承揽了该建筑的修建。

从19世纪70年代初期，符拉迪沃斯托克拥有双重身份——商港和军港，城市建设围绕着两个职能进行。符拉迪沃斯托克开启大规模军事要塞建设，大致始于1877年前后，即1877—1878年俄土战争期间。这

[①] 聂丽·米兹、德米特里·安洽:《中国人在海参崴——符拉迪沃斯托克的历史篇章（1870—1938年）》，胡昊等译，社会科学文献出版社2016年版，第11页。
[②] 聂丽·米兹、德米特里·安洽:《中国人在海参崴——符拉迪沃斯托克的历史篇章（1870—1938年）》，胡昊等译，社会科学文献出版社2016年版，第12页。

次俄土战争中，俄国军队节节胜利，逼近伊斯坦布尔，英国不想俄国在近东影响力增强，遂派军舰通过黑海海峡，以此阻止俄国对土耳其进一步军事行动，英俄矛盾激化。为了防御可能来自英国的军事进攻，俄国开始备战，在符拉迪沃斯托克修筑一系列沿海堡垒，这是符拉迪沃斯托克大规模修建军事工程的开始。两年后的中俄伊犁危机期间，俄国再次加强符拉迪沃斯托克要塞的修筑。在西伯利亚大铁路的修筑中，符拉迪沃斯托克在俄国对外战略中地位上升，符拉迪沃斯托克港口建设、防御工事建设再次掀起高潮。

帝俄时代，中国人参与符拉迪沃斯托克要塞的建设中来。初期的要塞建设中，出于保密目的不雇佣中国人在内的外国人参与其中，但1877—1878年近东危机期间针对英国的备战中，鉴于时间紧、任务重，完全依靠本国人无法在短期内完成，不得不雇佣一些中国工人，于是中国人出现在符拉迪沃斯托克要塞建设中，要塞工事修筑、军营建设中都有中国人的身影。"要塞工程最苦的土方主要由中国人完成"，"中国工人不仅从事工事建设，而且参与了军营大楼的建设"。[1] 日俄战争爆发后，中国人被禁止进入符拉迪沃斯托克要塞，之前身处要塞的中国人则要求留在原地，禁止离开。1905年革命爆发后，为了修复日俄战争和1905年革命期间遭到破坏的要塞里的各种设施，中国工人再次被允许进入要塞。"1907年，雇佣了33866名中国工人建设军营小城。"[2]

19世纪末，符拉迪沃斯托克市"俄中学校"校舍的建筑中，中国人王家基是承包人。"俄中学校"是当时在符拉迪沃斯托克的中国人提议成立的学校，中国人为学校成立提供部分资金。作为中国人援款的回报，符拉迪沃斯托克市政部门同意学校成立后接纳部分符拉迪沃斯托克的中国人子弟进入学校接受教育。在符拉迪沃斯托克的中国人王家基是"俄中学校"的承建方。符拉迪沃斯托克市政文件中有王家基汇报工程

---

[1] 聂丽·米兹、德米特里·安治：《中国人在海参崴——符拉迪沃斯托克的历史篇章（1870—1938年）》，第14页。

[2] 聂丽·米兹、德米特里·安治：《中国人在海参崴——符拉迪沃斯托克的历史篇章（1870—1938年）》，第20页。

第六章 帝俄时代中国人在远东市政建设中的活动

进展的信。①

华人王家基致符拉迪沃斯托克市参议会：
申请

我完成了俄中学校的墙体镶板、油漆等施工工作，现荣幸地请求尊敬的符拉迪沃斯托克市参议会允许我拆除建筑物周围属于我的围栏和木制板棚，因为这对我将来的工作必不可少的。

1898 年 7 月 24 日
王家基

第二节　中国人与哈巴罗夫斯克市政建设

俄国与哈巴罗夫斯克的关系始于 19 世纪中叶。1858 年，穆拉维约夫武装占领黑龙江左岸后，在此设立军事哨所，为东西伯利亚军区第十三边防营驻地。同年，为了纪念 17 世纪中叶入侵黑龙江流域的哥萨克头目哈巴罗夫，哈巴罗夫曾在此宿营，哨所命名为"哈巴罗夫卡"。哈巴罗夫斯克位于布拉戈维申斯克和符拉迪沃斯托克之间，其发展要迟于前两地。布拉戈维申斯克周边蕴藏了丰富的黄金，黄金的开采给城市带来繁荣。另外，布拉戈维申斯克与瑷珲城及黑河屯仅一江之隔，密切的贸易往来也有助于布拉戈维申斯克城市的建设。符拉迪沃斯托克从 19 世纪 70 年代起就兼具军港和商港的双重身份。以上列举的布拉戈维申斯克和符拉迪沃斯托克的优势是哈巴罗夫斯克所不具备的。

哈巴罗夫斯克的早期发展和军队关系密切，后来随着驻军的增多，哨所升级为城市，但其"军营"标签未发生改变。"市内大部分私人建筑物都是木结构的"，军队的建筑，如营房、司令官邸等是砖石结构的。② 中国人在此背景下参与哈巴罗夫斯克城市建设。19 世纪 70 年代，

---

① 聂丽·米兹、德米特里·安治：《中国人在海参崴——符拉迪沃斯托克的历史篇章（1870—1938 年）》，第 283 页。

② П. Ф. 翁特尔别格：《滨海省：1856—1898 年》，商务印书馆 1980 年版，第 50 页。

之前兴建的驻军营房已经破旧不堪，需要建新营房，雇佣大量技术人员和工人势在必行。然而从欧俄地区招聘工人成本高，因而决定从中国引进技术人员和工人。这样，约有150名来自直隶和山东的中国工匠来到了哈巴罗夫卡，参与到军营的修建工作中。① 这些技术人员和工人有木工、瓦工、铁匠、油漆工等，他们的到来开启了远东地区军事工程项目雇佣中国人的先河，这些中国人在哈巴罗夫卡军营建筑中表现优异，获得了好评。

有资料记载，1865年，哈巴罗夫卡有3户20口中国常住居民，他们的主要经济活动是经商。② 除了常住居民还有季节工，每年8月会有中国人从三姓坐船来哈巴罗夫卡，但具体数量没有记载。1880年，哈巴罗夫卡升级为城市，尽管成为城市，但发展仍然缓慢，与此相对应的是哈巴罗夫卡的中国人数量有限。哈巴罗夫卡大发展的一个重要契机是1884年俄国远东地区行政区划的变动。1884年，成立了阿穆尔河沿岸地区总督辖区，哈巴罗夫卡成为新行政区的行政中心，这一变化促进了哈巴罗夫卡快速发展。"阿穆尔沿岸地区的一切民政和军事的中枢机构都集中在这里"③，作为阿穆尔河沿岸总督辖区的伴生物，各类单独的行政机构纷纷出现，税务局、总督办公厅、城市建设局等机构都在哈巴罗夫卡挂牌成立。除了政府机构外，一些公共设施如博物馆、公共图书馆、皇家地理学会阿穆尔分会等也在哈巴罗夫卡及后来的哈巴罗夫斯克④出现。有记载1889年哈巴罗夫市常住中国人为519人、季节工702人，一共是1221人。⑤

帝俄时代，哈巴罗夫斯克发展的第二契机是西伯利亚大铁路的修

---

① 亚·格·拉林：《中国移民在俄罗斯：历史与现状》，刘禹、刘同平译，天津人民出版社2018年版，第16页。
② Петров А. И. История китайцев в России：1856 – 1917. СПб：ООО «Береста»，2003. С. 129.
③ П. Ф. 翁特尔别格：《滨海省：1856—1898年》，商务印书馆1980年版，第51页。
④ 1893年改"哈巴罗夫卡"为"哈巴罗夫斯克"。
⑤ Петров А. И. История китайцев в России：1856 – 1917. СПб：ООО «Береста»，2003. С. 129 – 130.

第六章 帝俄时代中国人在远东市政建设中的活动

筑。铁路修筑带动了城市建设，城市建设为中国人来到哈巴罗夫斯克市工作提供了机会。19世纪90年代末，哈巴罗夫斯克市的中国人数量明显增多。1896年，哈巴罗夫斯克市中国人数量为2221人，其中成年男性为2203人、成年女性为8人、男童4人、女童6人；1897年，该市中国人总数为2028人，其中成年男性2013人、成年女性8人、男童3人、女童4人；1898年中国人总数2122人，其中成年男性2110人、成年女性3人、男童7人、女童2人。① 需要说明的是，1896年、1897年、1898年中国人的具体数字是官方统计的，即在哈巴罗夫斯克移民机构登记的中国人数量，未在移民机构登记的人并不包括在内。

19世纪末20世纪初，中国人参与到哈巴罗夫斯克大规模的城市建设，那时中国人多从事建筑材料的加工和运输活动。中国人刘寅钦（Люй Ин-чин）是那时中国人参与哈巴罗夫斯克市政工程建设的代表。刘寅钦的身份是工程承包人，为哈巴罗夫斯克多项建设工程提供建筑材料。在俄罗斯国家军事历史档案馆（РГВИА）保存了一份刘寅钦致哈巴罗夫斯克市政负责人的信，内容如下②：

> 阁下，我非常荣幸地希望能以1普特27戈比的价格承担从彼得罗巴甫洛夫斯克湖（Петропавловское озеро）向哈巴罗夫斯克供应石灰的任务。同时，我也请求给予我向哈巴罗夫斯克石灰棚的搭建工程供应铁和原木的任务。以上两类材料的供应，可以选择在哈巴罗夫斯克加工，也可选择在别处加工好再运至哈巴罗夫斯克。
>
> 承包人：刘寅钦
> 1907年1月29日　哈巴罗夫斯克

哈巴罗夫斯克建设部门答应了刘寅钦的请求，但有附加条件，附加条件共有八条，其中关键的有四条：一、在提供工具的前提下，由刘寅

---

① Петров А. И. История китайцев в России：1856 – 1917. С. 131.
② Петров А. И. История китайцев в России：1856 – 1917. С. 497.

钦负责将工程山丘（Инженерная сопка）上总面积约 600 立方俄丈的石块击碎。击碎后的小石块的尺寸有要求，如炉台般大小；二、碎石用铁路运至乌苏里岸边，运至目的地后要将碎石堆起来，碎石堆的高度不得超过 0.5 俄丈，且堆放地点距离河水的距离以春天河水不能冲刷到石堆为准。在工程部门验收后，再用船运至工地；四、1907 年 5 月 1 日前，将 100 立方俄丈的碎石运到工地，余下的碎石要以每月 150 立方俄丈的量来提供；六、大块石头的分解只能用爆破和用锤子、铁钎的方式，不可以火烧。[①] 由此看出，条件是极为苛刻的，但刘寅钦接受了，并完成了任务。

---

① Петров А. И. История китайцев в России：1856 – 1917. СПб：ООО《Береста》，2003. С. 497 –498.

第七章　帝俄时代中国人在远东地区酒业领域的活动

　　受地理位置和气候等因素的影响，俄罗斯人普遍爱饮酒，饮酒习俗乃至嗜酒豪饮在俄罗斯根深蒂固。古罗斯时期罗斯人就爱喝酒，尤其是爱喝烈性酒，以"罗斯受洗"而闻名于世的弗拉基米尔大公曾说：喝酒是罗斯人的乐趣，没有酒他们就无法活下去。有种观点说因为伊斯兰教禁酒，所以弗拉基米尔大公没有将伊斯兰教定为国教，该说法的可靠性有待于考证，但从中能反映出古罗斯人对酒的喜爱。俄罗斯人爱饮酒习俗不会因其居住地改变而消失，随着19世纪下半叶欧俄居民大量移居远东地区，俄罗斯人的嗜酒习俗也带到了远东地区。远东地区的土著居民受生活方式和恶劣自然环境的影响，也有豪饮的习惯。在此背景下，帝俄时代的俄国远东地区的酒类加工和销售有着广阔的市场，中国人在一定程度上介入了当地酒类加工和销售领域。帝俄时代中国人参与俄国远东地区的酒业领域主要表现在两方面：一方面是中国人在远东地区加工和销售中国烧酒的活动，另一方面是中国人参与到远东地区中俄酒类贸易中。

第一节　中国人在俄国远东地区加工和销售烧酒

　　帝俄时代，在远东地区的一些中国人从事烧酒加工和销售，这是中国人远东经济活动组成部分之一。作为世界主要蒸馏酒之一的中国烧酒[1]是以高粱、小麦、玉米等粮食为原料，经发酵、蒸馏等程序加工而成的酒精饮料。烧酒加工离不开蒸馏器，锅式蒸馏器一直是传统的蒸馏器具，所以有时也称中国烧酒为"烧锅"。

乌苏里地区的中国烧酒作坊是19世纪70年代末80年代初开始大规模出现的。之前在绥芬河（р. Суйфун）、苏昌区（р. Сучан）和伊曼河（р. Иман）等地存在一定数量的烧酒作坊，稍后作坊开始在貂头河（р. Ното）、兴凯区（р. Ханка）、阿努钦区（р. Анучин）及外苏昌（Засучанье）出现。

表7-1　　　　1879年乌苏里地区烧酒作坊的分布和数量　　　　（单位：家）

地点	烧酒作坊数量
绥芬区和符拉迪沃斯托克市	—
苏昌区	67
阿瓦库莫夫斯克区	17
兴凯区	44
比金河一带	1
伊曼河一带	2
瓦库河一带	2
总计	133

资料来源：伊凡·纳达罗夫：《〈北乌苏里边区现状概要〉及其他》，上海人民出版社1975年版，第78—79页。

进入80年代，乌苏里地区烧酒作坊有所增加，1883—1887年在乌苏里地区共有143座烧酒加工作坊，同1879年相比，增加了10家，具体分布如下：

---

[1] 当时俄国人多用"汉申"（ханшин）来称呼中国烧酒，有时称"苏利"（сули）。

第七章 帝俄时代中国人在远东地区酒业领域的活动

表 7-2　　1887 年乌苏里地区中国烧酒作坊的分布和数量　　（单位：家）

地点	中国烧酒作坊数量
比金河（р. Бикин）	1
伊曼河（р. Иман）	2
瓦库河（р. Ваку）	2
貂头河和乌拉河（р.Ното и Улахэ）	10
绥芬河区（Суйфунский округ）	—
苏昌区（Сучанский округ）	67
阿瓦库莫夫斯克区（Аввакумовский округ）	17
兴凯区（Ханкайский округ）	44
总计	143

资料来源：Арсеньев В. К. Китайцы в Уссурийком крае. Очерк историческо-этнографический. Москва：КРАФТ，2004. С. 165.

表 7-3　　1900—1906 年中国烧酒作坊数量及分布情况　　（单位：家）

烧酒作坊所在地	作坊数量
绥芬河（р. Суйфун）	16
勒富河（р. Лефу）	11
西兴凯区（Район Западно-Ханкайский）	8
什科托夫斯克区的蚂蚁河、次木河、宽沟子一带（Шкотовский район：Майхэ，Цимухэ，Кангоухза）	9
大集明斯克区（Таудиминский район）	7
苏昌区（Сучанский район）	9
松树河（р. Судзухэ）	5
大五河（р. Таухэ）	4
普胡苏昌区（Пхусунский район）	4
瓦钦河（р. Ванчин）	3
阿瓦库莫夫斯克区（Аввакумовский район）	7
大柞树河（р. Тадушу）	6
秋棘河（р. Тютихэ）	2
奥霍贝河（р. Аохобэ）	2
约德子河（р. Иодзыхэ）	1
三河皮沟河（р. Санхобэ）	2
克马河（р. Кэма）	1

续表

烧酒作坊所在地	作坊数量
伏锦河（р. Фудин）	4
貂头河（р. Ното）	6
乌拉河区（Улахинский район）	9
刀兵河（р. Даубихэ）	16
瓦库河（р. Ваку）	8
伊曼河的三石河子、霍结戈乌、瓦库别、蛤蜊通、米亚奥林一带（р. Иман：Саношихеза，Хозенгоу，Вагунбэ，Картун，Мяолин）	18
比金河的塔班多、鄂伦、西戈乌、查蒙德子一带（р. Бикин：Табандо，Олон，Сигоу，Цамодынза）	11
霍尔河（р. Хор）	2
乌苏里河谷（Долина Уссури）	33
总计	204

资料来源：Арсеньев В. К. Китайцы в Уссурийком крае. Очерк историческо-этнографический. Москва：КРАФТ，2004. С. 166.

以上表格可以看出，乌苏里地区的中国烧酒作坊主要集中于南乌苏里地区，北乌苏里烧酒作坊数量有限，之所以如此是同粮食产量有关。烧酒主要由小麦、高粱等粮食为原料酿制而成，在当时交通不便的情况下，烧酒作坊只能就地取材，烧酒作坊要建在产粮区。北乌苏里地区气候寒冷，粮食产量有限，而南乌苏里地区气候温和，适合农耕，南乌苏里是乌苏里地区乃至滨海州的主要产粮地，因为这个原因南乌苏地区也成为远东地区中国烧酒的主要产地之一。当时中国烧酒作坊数量、加工量与当地耕地面积、粮食产量成正比，耕地面积多粮食播种面积就多，相应地烧酒作坊数量多。当时乌苏里地区的主要产粮区是苏昌区、兴凯区和阿瓦库莫夫斯克区，这三地的烧酒作坊数量多，而北乌苏里地区不是产粮区，中国人数量少于南乌苏里地区，故烧酒作坊数量有限。

除了乌苏里地区外，阿穆尔州的江东六十四屯也存在一定数量的烧酒作坊。该地烧酒作坊大量存在有两个原因：一是该地是粮食产区，可以为烧酒加工提供原材料；二是该地是中国人聚居区，掌握烧酒加工技艺者多。时任阿穆尔河沿岸地区总督的 С. М. 杜霍夫科伊

第七章　帝俄时代中国人在远东地区酒业领域的活动

（Духовской）曾建议，在江东六十四屯周边组建一支哥萨克警卫队，以此来阻止中国烧酒贸易的进行，因为这里是全州汉申的"扩散的中心"。① 江东六十四屯的众多村屯中烧酒加工量较大的村屯是补丁屯，补丁屯里有数量不菲的烧酒作坊。"补丁屯卖酒铺商致有三十余家……该各酒商十分发达，所以每户存酒动逾十数万，则俄人侧目视之，素所忌恨，屡次照请禁止，历任副都统皆以酒商系在旗屯内，他人不得干涉，驳覆之。"②

中国烧酒价格低廉，在和伏特加的竞争中具有价格优势。帝俄时代，中国烧酒在远东地区的销售对象广泛，中国人、俄罗斯人及土著居民都很喜欢中国烧酒。中国烧酒在乌苏里地区的畅销情况，曾考察过那里的纳达罗夫写道："阿穆尔河和乌苏里江一带以及南乌苏里边区，我们的全体居民都喝中国烧酒……根据我的所见所闻，可以说除了军队以及符拉迪沃斯托克和村镇的部分居民外，乌苏里地区其余所有居民都喝中国烧酒，而不喝酒精或伏特加……在北乌苏里边区，人们只喝中国烧酒，在乌苏里江一带仅有维纽科夫镇可以买到俄国伏特加或者酒精。"③

关于俄国人饮用中国烧酒的情况，长期在东北地区任职的爱国官员宋小濂在《北徼纪游》中有记载：

> "俄人性既嗜酒，而于中国之白酒（彼族呼为寒气那）嗜之尤甚，每至一处辄先问酒之有无，有酒则乞宿甚易，无则留不留尚未可知；以酒与之，则喜笑承迎，开怀畅饮，不醉不休。""彼族既多嗜酒中国白酒，得则酣饮，虽沉醉不顾也。往往因酗酒滋事，否则酣睡野地，甚有横卧于冰雪者。询诸土人言，彼族初来时，因饮

---

① См.: Сорокина Т. Н. Хозяйственная деятельность китайских подданных на Дальнем Востоке России и политика администрации Приамурского края （конец XIX-начало XX вв.）, Омск: Издательство ОмГУ, 1999. С. 210.
② 孙蓉图修，徐希廉纂:《瑷珲县志》卷八《武事志》，成文出版社1920年版，第12页。
③ 伊凡·纳达罗夫:《〈北乌苏里边区现状概要〉及其他》，上海人民出版社1975年版，第71页。

中国酒过多，醉死者数人，故俄官于酒禁最为森严。凡有中国酒入境搜获，立即倾弃江中。"①

曹廷杰在《西伯利东偏纪要》中也有描述："俄人喜欢酒，钟无大小，必一饮而尽。醉则或歌或哭，或起或伏，丑态万千，不可殚述。尤喜华人烧酒，多醉至死，或失业废事，今禁之甚严。"②

当时中国人在远东地区加工和销售烧酒的规模都很大。以中国烧酒主要产地南乌苏里地区为例，窥探一下俄国远东地区中国烧酒加工业的繁荣。纳达罗夫记载，1879 年，南乌苏里地区烧酒年产量为 16.21 万斤。③ 曾赴南乌苏里地区中国人居住地考察过南乌苏里税务官员舒凯维奇（Шукевич）的统计资料显示，1883 年，南乌苏里地区有中国烧酒作坊 47 家，共拥有 101 座发酵池，平均每家作坊有 6 座发酵池，每个发酵池可发酵 60 普特的麦芽糖。舒凯维奇进一步计算出，1 座烧酒作坊年加工量为 900 维德罗④40 度中国烧酒，47 家作坊的年产量为 42300 维德罗。⑤ 另有资料显示：1887 年，南乌苏里地区烧酒产量是 7.58 万升。1906—1907 年，中国烧酒产量为 10.71 万升。⑥

中国烧酒广受欢迎的一个主要因素是便宜，比伏特加便宜许多。考察过乌苏里地区的纳达罗夫称酒坊出售中国烧酒价格几乎一样，每

---

① 宋小濂：《北徼纪游》，黄纪莲校，黑龙江人民出版社 1984 年版，第 28、44—45 页。

② 曹廷杰：《西伯利东偏纪要》，丛佩远、赵鸣岐：《曹廷杰集》（上册），中华书局 1985 年版，第 87 页。

③ 伊凡·纳达罗夫：《〈北乌苏里边区现状概要〉及其他》，上海人民出版社 1975 年版，第 78 页。

④ 维德罗（ведро）是俄国液量单位，其他较为常用的液量单位还有桶（бочка）、瓶（бутылка）、升（литр）等。它们之间的换算是：1 桶 = 40 维德罗 = 491.98 升，1 维德罗 = 12.30 升，1 瓶（装伏特加的瓶）= 0.61 升，1 瓶（装葡萄酒的瓶）= 0.77 升 = 1/16 维德罗。Шостьин Н. А. Очерки истории русской метрологии XI – XX века, Москва: Изд-во стандартов. 1975, С. 259 - 260.

⑤ См.：Петров А. И. История китайцев в России：1856 – 1917. СПб: ООО «Береста», 2003. C. 377 - 378.

⑥ Романова Г. Н. Предпринимательство, земледелие и промыслы китайских мигрантов на Дальнем Востоке России（конец XIX-начало XX вв.），Проблемы Дальнего Востока, 2013. No 6.

第七章　帝俄时代中国人在远东地区酒业领域的活动

普特六到七卢布，中乌苏里地区的价格略高于其他地区，8—11 卢布/普特。① 另外，纳达罗夫还指出，当中俄边境中国一侧加工的烧酒运抵乌苏里地区时当地的烧酒价格会降低。纳达罗夫是在 1882 年和 1883 年考察乌苏里地区的，故他在著作中列举的烧酒价格是当时的价格。1896 年，滨海州官员的报告中列举了中俄边境两侧烧酒的价格对比为：阿穆尔河右岸的萨哈连（Сахалян）②的价格是 3.5—4.5 卢布/普特，布拉戈维申斯克的价格为 4.5—6 卢布/普特。③ 另有记载，在中俄边境中国一侧烧酒的价格为：在瑷珲批发价为 2.5—3 卢布/普特（1.5 维德罗以上），黑河 3.5—4.5 卢布/普特，漠河 5—7 卢布/普特。运至布拉戈维申斯克的价格略有提高，为 3.5—6 卢布/普特。在阿穆尔沿岸左岸俄国村镇零售 40 度左右的中国烧酒每瓶为 20—30 戈比。④ 该烧酒是被稀释后的，度数接近伏特加，一般烧酒度数为 60 度。

关于那时远东地区加工中国烧酒的利润，А.И. 彼得罗夫有过计算。加工 1 普特烧酒需要 4 普特粮食，19 世纪最后 25 年粮食的平均价格是 80 戈比/普特，加工 1 普特烧酒的原料成本是 3 卢布 20 戈比。此外，加工烧酒后原料残渣也可以喂牲口。据以上的原料价格，А.И. 彼得罗夫先生计算出，1 桶 84 度的中国烧酒能给加工者带来 3 卢布 20 戈比的收入，若是 40 度的烧酒则会带来 1 卢布 52 戈比的收入。⑤

同时期阿穆尔河左岸伏特加的价格。纳达罗夫记载，19 世纪 80 年代俄国商人在乌苏里地区的伊利英斯克镇销售伏特加的价格是 9 卢布/桶⑥，

---

① 伊凡·纳达罗夫：《〈北乌苏里边区现状概要〉及其他》，第 81 页。
② "萨哈连"即"黑河屯"。
③ Арсеньев В. К. Китайцы в Уссурийком крае. Очерк историческо-этнографический. Москва： КРАФТ，2004. С. 171.
④ Позднеев Д. М. Описание Маньчжурии. Т. 1，С-Петербург：типография Ю. Н. Эрлих. 1897. С. 562.
⑤ См.：Петров А. И. История китайцев в России：1856 – 1917. СПб：ООО «Береста»，2003． С. 373.
⑥ 伊凡·纳达罗夫：《〈北乌苏里边区现状概要〉及其他》，上海人民出版社 1975 年版，第 82 页。此处翻译有误，应翻译成"维德罗"，在俄文中"桶"是单词"бочка"，而非"ведро"，二者的容量不同，1 桶 = 40 维德罗。

若将维德罗换算成普特，价格变为 13.49 卢布/普特，与 4—7 卢布/普特的中国烧酒价格比贵许多。因为烧酒和伏特加的价格相差悬殊，在二者的竞争中伏特加没有优势，在烧酒作坊较为集中的南乌苏里地区伏特加经销商纷纷退出该地。

在烧酒和伏特加的竞争中烧酒便宜，之所以便宜有几个因素促成的：

其一，中国烧酒多数不交消费税，烧酒很少在商店或售酒点销售，烧酒作坊既是生产场所，也是销售场所，有时消费者前来购买，有时也会送货上门，如此的加工和销售模式征税工作无从谈起。从国家酒类消费税征收角度看，中国烧酒较为随意的加工和销售对俄国国家财政收入是一种损失。翁特尔别格统计，不向中国烧酒征收消费税，仅滨海州一地造成的税收损失每年达 20 万—30 万卢布。①

伏特加的生产、销售都需要交税，这无论是 1863—1894 年征收酒类消费税时期，还是 1894 年起实施酒类垄断政策时期都是如此。据俄国官方统计，一桶 40 度伏特加的生产费用为 1 卢布 90 戈比，而国家规定的销售价格却高达 7 卢布 60 戈比。② 到实施酒类垄断政策后，伏特加价格进一步提高。1894 年、1904 年、1910 年和 1912 年每桶酒的价格分别为 6.4 卢布、7.6 卢布、9.7 卢布和 12.01 卢布。③ 具体到远东地区，据阿尔谢尼耶夫记载，20 世纪初伏特加在乌苏里地区酒类销售点消费税的额度是 10 卢布/维德罗，在饭店的消费税为 12 卢布/维德罗。④ 除去原料成本增加因素外，酒税的不断增长也是原因之一，酒税在远东地区的中国烧酒加工和销售上几乎不存在。

其二，中国烧酒加工装置简易，购买加工设备成本低。烧酒加工两

---

① П. Ф. 翁特尔别格：《滨海省：1856—1898 年》，商务印书馆 1980 年版，第 194 页。
② 张广翔、袁丽丽：《19 世纪下半期俄国税收改革的若干问题——斯杰潘诺夫博士吉林大学讲学纪要》，《世界历史》2008 年第 2 期。
③ 张广翔：《1894—1914 年俄国酒销售垄断的初衷及效果》，《世界历史》2012 年第 1 期。
④ Арсеньев В. К. Китайцы в Уссурийком крае. Очерк историческо-этнографический. Москва: КРАФТ, 2004. С. 171.

第七章　帝俄时代中国人在远东地区酒业领域的活动

道主要工序是发酵和蒸馏,二者都较容易完成,但设备较为原始。在烧酒加工作坊中挖一个发酵池,池内铺有木板,池上罩1个特制木盖,这是烧酒的发酵装置。烧酒蒸馏设备由1个做饭用的灶、2口锅、1个木桶、1个木碗组成。① 这些设备都容易置办。

其三,烧酒加工中的工费便宜。烧酒加工主要是作坊规模,参与烧酒加工者多是主人的亲朋等,无需支付很多工钱。

阿穆尔河左岸的金矿是那时远东地区中国烧酒的主要流向之一。黄金开采劳动量大、工作环境恶劣,因而采金工人多会饮一些酒。当时矿务管理部门对金矿销售酒有严格限制,这种限制仅局限于金矿内设店铺销售的酒。因那时官方禁止中国烧酒销售,中国烧酒加工和销售只能秘密进行,金矿内设店铺很少出售中国烧酒。采金工人从金矿里的店铺买酒有时间限制,规定只有在节假日等情况才销售,酒的售价也很高,那时在一些偏远地区的金矿销售伏特加1维德罗的价格甚至达200卢布。② 相对廉价且较容易买到的中国烧酒成为广大采金工人的首选。19世纪末,贾格德山(хребеть Джагды)矿区中国烧酒的价格为130卢布/维德罗,③ 远远超出其他地区的价格,但要比金矿出售的伏特加价格便宜。

中国烧酒在俄国远东地区,尤其是在乌苏里地区对伏特加的生产和销售形成毁灭性打击,为了保护伏特加生产和销售,俄国官方不断对中国烧酒的加工和销售进行限制。早在19世纪60年代初,圣彼得堡相关机构就对中国烧酒的成分进行化验,得出中国烧酒含有大量对人体有害杂质的结论。根据这个结论,1862年沙皇亚历山大二世颁布禁止俄国境内运输中国烧酒的诏令,一经发现中国烧酒加工和运输则警察局有权

---

① 伊凡·纳达罗夫:《〈北乌苏里边区现状概要〉及其他》,上海人民出版社1975年版,第73页。

② Сорокина Т. Н. Хозяйственная деятельность китайских подданных на Дальнем Востоке России и политика администрации Приамурского края (конец XIX-начало XX вв.), Омск: Издательство ОмГУ, 1999. С. 216.

③ Комов А. Жёлтая раса и рабочий вопрос в амурской золотопромышленности (продолжение), Сибирские вопросы. 1909, № 33.

利销毁。尽管禁止中国烧酒加工和销售,但在远东的中国人聚居区烧酒加工和销售存在。

饮用烧酒对身体是否有害,俄国人有不同的看法。翁特别尔格看来中国烧酒含有未经清除杂醇油等杂质,饮用对身体有害,同时烧酒具有的麻醉性能比伏特加大。① 在阿尔谢尼耶夫看来,烧酒对中国人无害,但对俄国人有害。这一差异的出现和两国人喝白酒的习惯不同。中国人喝烧酒前要加热,这会使烧酒中杂醇油挥发,而俄国人喝白酒无此习惯,所以俄国人饮用烧酒有害。② 纳达罗夫不认为喝中国烧酒对身体有害,他在报告中列举了许多例子来支持他的观点。"中国烧酒会使人暴怒,发酒疯,这也是无稽之谈。"喝酒是否发疯在于喝酒人的性格,"喝了伏特加会发酒疯的人,喝了中国烧酒也会发酒疯"③。

在笔者看来,俄国官方采取限制中国烧酒加工、销售的措施和对中国烧酒的认识有关,即认为喝烧酒不利于身体健康,但这不是主要的,远东地区中国烧酒加工、销售对当地伏特加业构成威胁,进而导致税收减少,这是对中国烧酒加工、销售采取限制和打击政策的主要因素。此外,与19世纪90年代俄国实施的酒垄断政策有关系。俄国政府为了增加财政收入将酒的生产、销售的各个环节进行垄断,如规定私营酒厂为加工酒制品所需的酒精只能取自国家,价格由财政大臣决定;官营酒铺和私营酒铺销售国家指定的产品;酒销售时与酒蒸馏时一样,度数不低于40度等。④ 那时中国人在远东地区加工和销售中国烧酒的行为与俄国的酒垄断政策冲突,所以受到俄国官方的打击。

俄国当局对中国烧酒的加工和销售进行了一系列限制和惩罚措施。有资料记载,一个叫常洛伍(Чан Лоу)的中国人,居住在诺夫哥罗德

---

① П. Ф. 翁特尔别格:《滨海省:1856—1898年》,商务印书馆1980年版,第192页。
② Арсеньев В. К. Китайцы в Уссурийском крае. Очерк историческо-этнографический. Москва: КРАФТ, 2004. С. 169.
③ 伊凡·纳达罗夫:《〈北乌苏里边区现状概要〉及其他》,上海人民出版社1975年版,第71—72页。
④ 张广翔:《1894—1914年俄国酒销售垄断的初衷及效果》,《世界历史》2012年第1期。

第七章 帝俄时代中国人在远东地区酒业领域的活动

哨所附近，1876 年向俄国驻军出售了 2 瓶烧酒，没有多久，俄国军人又向常洛伍购买了 1 瓶烧酒。后来，常洛伍向俄国军人出售烧酒一事为俄国地方当局知晓后，常洛伍因此被捕，并被关了禁闭。南乌苏里移民官员 Н. Г. 马丘宁（Матюнин）在给上级报告中称，仅 1875 年南乌苏里移民机构从中国烧酒作坊没收并倒掉 350 坛、约 1000 维德罗的烧酒。①

1893 年，对布丁屯中国烧酒作坊采取销毁措施。"俄官竟率马兵数十人，直捣补丁屯，挨户搜查收存之酒，遽动激烈手段。各商凡在冷房存酒，皆系万斤，木箱难于移动，俄官兵等即用铁凿从下穿窟而放，积满房屋，漫由门户长流而出，弥沿房院，屯中聚酒成渠，各商伙众痛哭流涕，痛不欲生。俄尚鼓掌大笑，忍心害理，莫此为甚。事后调查，各商损失致有三百余万之多。"②

1903 年，曾任阿穆尔河沿岸地区总督的 Д. И. 苏博季奇（Суботич）将军向俄国财政部建言对中国人在俄国境内的烧酒作坊采取严厉措施，重罚从业人员，具体建议为：其一，在俄国境内从事加工保存、运输、销售中国烧酒及其他高度酒精饮料者予以 300—500 卢布的罚款和 6—12 个月的监禁，同时对违反上述规定者中未加入俄国国籍者将被驱逐出境，今后不得再入境。其二，一旦发现中国烧酒等高度酒精饮料立即予以销毁。③

在限制和禁止中国烧酒加工、销售问题上，翁特尔别格的看法值得关注。在翁氏看来，对中国烧酒加工和销售的禁行令效果不理想的原因有三点：其一，中国烧酒的优势，即价格便宜和纯度高；其二，在中国烧酒的消费群体中中国人占了很高比例，之所以这样是中国人习惯饮用烧酒，这种习惯不易改变；其三，处罚太轻，犯有贩卖和输入中国烧酒

---

① См.: Петров А. И. История китайцев в России: 1856 – 1917. СПб: ООО «Береста», 2003. C. 375 – 376.

② 孙蓉图修，徐希廉纂：《瑷珲县志》卷八《武事志》，1920 年，第 12 页。

③ Романова Г. Н. Торговая деятельность китайцев на Дальнем Востоке России (конец XIX-начало XXв), Россия и АТР, 2009. № 3.

罪行的人所受到的惩罚要比违反俄国饮酒条例所受到的惩罚轻许多。应该采取何种应对措施,翁氏认为应该区别对待。一方面,禁止向俄国人出售烧酒,因为这种饮料对俄国人健康有害,但对中国人则不然,因为中国人已经习惯饮用它。此外,中国人饮酒多是适量,极少会喝得酩酊大醉。另一方面,在远东地区准许将中国烧酒卖给"饮用烧酒习以为常的中国人和异族人",允许他们饮用。同时,为了限制中国烧酒加工和销售,由此变相提高伏特加的竞争力,翁氏主张对中国烧酒征收消费税,这样中国烧酒"即使不能完全消灭,也会得到相当程度的减少"。征收消费税的结果会使中国烧酒的价格上涨,在同伏特加的竞争中价格优势会丧失,今后远东地区的中国人可能会以伏特加来取代中国烧酒。[1]

为遏制乌苏里地区中国烧酒加工业,纳达罗夫提出大面积种植葡萄和酿制葡萄酒,"在乌苏里地区的居民中推广种植葡萄和酿制葡萄酒的知识",并将加工葡萄酒后剩余的残渣进一步利用,将葡萄渣蒸馏成白兰地。[2] 在当地加工葡萄酒和白兰地来缓解中国烧酒对俄国酒业的冲击。但纳达罗夫忽略了一个问题,就是包括南乌苏里在内的乌苏里地区没有种植葡萄的传统,当然也没有酿制葡萄酒的经验,因而纳达罗夫的用酿制葡萄酒和白兰地来遏制中国烧酒的主张行不通。

俄国当局鉴于之前对中国烧酒加工、销售的限制、打击政策不甚理想,1907年再次采取更为严厉的措施,从源头即烧酒加工的原材料上解决该问题。将储存的用于加工烧酒的谷物,如高粱、小麦、稻谷等没收;将用于生产加工烧酒原料的耕地收回,转租给"真正"的农民。该政策在打击中国烧酒加工的同时对远东地区的种植业活动打击亦不小,那时烧酒加工仅仅是副业,是远东地区部分中国人在农闲之余从事的活动。

---

[1] П. Ф. 翁特尔别格:《滨海省:1856—1898 年》,商务印书馆 1980 年版,第 193—194 页。

[2] 伊凡·纳达罗夫:《〈北乌苏里边区现状概要〉及其他》,上海人民出版社 1975 年版,第 83 页。

第七章 帝俄时代中国人在远东地区酒业领域的活动

第二节 中国人与俄国远东地区的中俄酒类贸易

在中俄边境中国一侧加工的酒输入俄国远东地区从 19 世纪下半叶就存在，是中俄边境贸易众多商品中的一类。19 世纪下半叶至 1917 年，从中国东北走私到俄国远东地区的商品中酒类始终占有一定地位。19 世纪下半叶，仅在阿穆尔州一地，中国商人每年可以从销售烧酒中获得 10 万—15 万卢布的收入；1913 年被俄国官方扣留的走私货物的总价值为 18.97 万卢布，其中酒类为 12.4 万卢布。[①] 19 世纪末 20 世纪初，俄国政府对远东地区中国烧酒加工、销售实施严厉打击，从这时开始中俄边境中国一侧生产的酒输入俄国的量大增。当时中俄贸易中俄国政府禁止酒类输入，在海关及其他官方公布的中俄贸易数据中都没有酒类，所以当时中国生产的酒输入俄国数量只能从时人零星的记载中窥探出大概规模。

在俄国官方一系列严厉限制甚至打击下，俄国远东地区中国烧酒业受到沉重打击，产量锐减，但烧酒的销量未见减少，出现这样的结果是因为乌苏里地区的众多烧酒作坊转移到中俄边境的中国一侧，在中国境内加工烧酒，然后运至俄国境内，因为当时中俄边境贸易中有 100 俄里免税贸易的规定，烧酒贸易的利润高。

19 世纪末，中国烧酒输入俄国远东地区主要有三条路线：第一条是从瑷珲和萨哈连屯（дер. Сахалянь）经阿穆尔河向阿穆尔州输入；第二条是经松花江向滨海州输入，北乌苏里地区的烧酒多是经该路线输入；第三条是经买卖城和海拉尔向外贝加尔地区输入。三条路线中第一条即由瑷珲和萨哈连屯向阿穆尔州输入是主要的途径。据时任南乌苏里移民官员 Н. Г. 马丘宁统计 19 世纪末经阿穆尔河向俄国输入中国烧酒

[①] Романова Г. Н. Экономические отношения России и Китая на Дальнем Востоке. XIX-начало XX в. Москва：Наука，1987. C. 77、116.

的量如下：

表 7-4　19 世纪末在中国加工的烧酒经阿穆尔河
　　　　　输入俄国的量　　　　　　　　　（单位：普特）

烧酒输入地	年输入量
布拉戈维申斯克（Благовещеск）	1.5 万
结雅（Зея）和博姆（Бом）金矿及附近居民点	3.5 万
拉杰（Радде）哥萨克村镇	0.3 万
米哈伊洛—谢苗诺夫（Михайло-Семёнов）哥萨克镇	0.1 万
伊戈纳希诺（Игнашино）哥萨克镇	0.1 万
叶卡捷琳—尼科尔斯科耶（Екатерино-Никольское）哥萨克镇	0.1 万
总计	5.6 万

资料来源：Позднеев Д. М. Описание Маньчжурии. Т. 1，С-Петербург：типография Ю. Н. Эрлих，1897. С. 561-562.

需要说明的是，表 7-4 所列酒贸易中中国人不是唯一的参与者，俄国人和其他欧洲国家的人不同程度的参与其中。20 世纪初，中俄酒类贸易领域活跃着一个叫王富钦的中国商人，他垄断了中国酒类输往远东地区的阿尔贡河通道，他不仅在中国一侧建立 9 座存放酒的货栈，还在俄国一侧建立存酒仓库。在俄国仓库存放的酒每月的交易量是 2000 维德罗，而同时期当地官方酒铺每月销量仅为 10 维德罗。[①] 为了打击王富钦等人垄断的酒输入俄国通道，曾有俄国边境官员建议封锁阿尔贡河段中俄水道。

在中国酒类输往俄国远东中有俄国公司和欧洲公司参与其中。总部在莫斯科专营酒类的马林斯克公司在中俄边境中国一侧设立分公司用于酒类贸易，将在中国境内加工的烧酒运往俄国一侧。20 世纪初，一些

[①] Синиченко В. В. Контрабанда спирта и наркотиков на русско-китайской границе (вторая половина XIX – начало XX века)，Силовые структуры и общество：исторический опыт взаимодействия в условиях Сибири：Материалы научно-теоретического семинара，Иркутск：Оттиск，2003，С. 45.

第七章　帝俄时代中国人在远东地区酒业领域的活动

俄国工商人士来到中俄边境的中国一侧从事经济活动，其中不乏从事酒类加工和销售的。1911 年，俄国商人在黑河创立了伊利霍洛夫酒铺和古列维奇烟酒公司，生产的酒类走私到俄国销售。此外，帝俄时代在俄国远东地区有一定知名度的德国"库斯特—阿尔贝斯"商行也参与了中俄酒类贸易。"库斯特—阿尔贝斯"商行在绥芬河周边建立贸易点，组织人力经偏僻小路将烧酒经安德烈耶夫斯克哨所、奥伦堡哨所运至格罗杰科沃，在格罗杰科沃销售。尽管酒贸易活动是俄国公司和欧洲公司组织的，但中国人是这一活动的重要参与者，如烧酒加工、运输均有中国人的参与。在中国烧酒输入俄国过程中，中俄边境的哥萨克起了较为关键的作用，阿塔曼接受了走私者的贿赂后，会对酒类走私持默许态度。关于哥萨克参与中俄酒类走私的活动 20 世纪初的俄国媒体有报道。1909 年 1 月 31 日的《莫斯科公报》（Московские ведомости）刊登了题为《武装保卫走私》文章，对乌苏里哥萨克纵容和保护中国境内生产的酒走私到远东的行为进行披露：格罗杰科沃（Гродеково）哨所的哥萨克内部形成了护送走私的制度，组建了 15 名哥萨克组成的队伍帮助运送和保护酒走私。[①]

在俄国当局看来，中国烧酒输入俄国境内是非法的，是违反中俄间的条约和协定的。对于该观点，笔者不能苟同。关于 19 世纪下半叶中俄边境贸易共有三个条约或章程，即 1858 年中俄《瑷珲条约》、1862 年中俄《陆路通商章程》、1881 年中俄《改订条约》，三份文件中都未有禁止烧酒输入俄国的内容。不仅如此，中俄《改订条约》第一款还有"百里不纳税"的规定，"两国边界百里之内准中、俄两国人民任便贸易，均不纳税。其如何稽察贸易之处，任凭两国各按本国边界限制办理"[②]。关于这点，纳达罗夫是承认的，"的确，1881 年在彼得堡所订

[①] РГВИА. Ф. 1582. Оп. 2. Д. 688. Л. 49. См.：Синиченко В. В. Контрабанда спирта и наркотиков на русско-китайской границе（вторая половина XIX – начало XX века），Силовые структуры и общество：исторический опыт взаимодействия в условиях Сибири：Материалы научно-теоретического семинара，Иркутск：Оттиск，2003，С. 44.

[②] 王铁崖：《中外旧约章汇编》第一册，生活·读书·新知三联书店 1957 年版，第 386 页。

章程的第十四条允许酒类从中国陆运到俄国"①。

但包括烧酒在内的商品走私问题确实是存在的，如俄国远东出产的黄金、毛皮等秘密输入中国，中国生产的烧酒走私俄国远东地区，俄国远东当局试图严厉打击走私活动，但效果不佳。因为中俄东段边界线漫长，无论是走私稽查队伍的人数，还是海关稽查站的数量都不足。同时，也存在俄国边境官员接受中国商人贿赂而为烧酒走私网开一面的行为。俄国在加大打击烧酒走私活动的同时，也与中国地方政府联系，希望中国官方配合，从烧酒输入方面采取遏制措施。因烧酒走私中瑷珲、萨哈连屯—布拉戈维申斯克是一个重要路线，阿穆尔州驻军司令曾多次就此事致函黑龙江将军。1916 年，在俄方倡议下，两国缔结"俄岸禁烟，华岸禁酒，以为交换利益"②的协议，然协议实施效果不理想，中俄边境中国一方加工的酒仍大量输入俄境。

---

① 伊凡·纳达罗夫：《〈北乌苏里边区现状概要〉及其他》，上海人民出版社 1975 年版，第 67 页。
② 孙蓉图修，徐希廉纂：《瑷珲县志》卷五，《外交志》，成文出版社 1920 年版，第 15 页。

结　　语

从 1860 年中俄《北京条约》签订至 1917 年半个多世纪的时间里，中国人为俄国远东地区开发、社会经济的发展作出巨大贡献，他们是远东经济发展的重要参与者，也是该时期中俄关系的见证者。帝俄时代，中国人在俄国远东地区的活动具有如下几个特点。

1. 中国人在远东地区的数量多、分布广，几乎所有行业和领域都有中国人的身影。关于中国人数量，尽管有不同的记载，而且有时差异很大。出现这一情况缘于中国人入境的途径各异，有在指定地点办理护照和签证入境的，有偷偷入境的，即使是合法入境的中国人也存在逾期不归者，所以中国人的准确数量不易统计。尽管帝俄时代俄国远东地区中国人没有一个权威的数据，但有一事实是不可否认的，就是当时远东地区中国人数量是外国人当中最多的。当时远东地区的外国人主要有中国人、朝鲜人、日本人，其中中国人的数量多于朝鲜人和日本人，以下几组数据可以说明该点。

南乌苏里地区是远东地区中国人、朝鲜人集中之地。1879 年，南乌苏里地区中国人和朝鲜人数量分别为：中国人 6802 人[①]，6802 人仅为俄国人所谓的"蛮子"即汉族人的数量，不包括其他民族的中国人。若按照民族成分来分，那时远东地区的中国人中汉族人的比例高，但非全部，还有其他民族的中国人。同一年，南乌苏里地区朝鲜人的数量为 6152 人，

---

① 伊凡·纳达罗夫：《〈北乌苏里边区现状概要〉及其他》，上海人民出版社 1975 年版，第 103 页。该数字是前一年即 1878 年统计的，因而严格说是 1878 年的数量。

其中男性3374人，女性2778人，其中1284人接受了洗礼。① 1885年，乌苏里地区中国人和朝鲜人数量对比。1885年，乌苏里地区常住"蛮子"10353人，非常住"蛮子"4000人，合计14353人；同年乌苏里地区常住朝鲜人7029人，非常住朝鲜人1000人，合计8029人。②

帝俄时代，远东地区日本人数量远不及中国人和朝鲜人。19世纪下半叶至20世纪初，日本人在远东地区最主要的居住地是符拉迪沃斯托克：1875年符拉迪沃斯托克有日本人50人，1878年有80人，1880年有100人，1884年有412人（男性：126人，女性：286人）。③

帝俄时代，不同资料显示远东地区中国人、朝鲜人的数量不尽相同，另有关于20世纪初远东地区中国人、朝鲜人、日本人的统计数字，具体见下面表格。

表1　　1909—1911年阿穆尔沿岸总督辖区朝鲜移民④和中国移民数量　　（单位：人）

外国移民	1909年	1910年	1911年
朝鲜人	38955	41185	45240
中国人	88168	83393	80045

资料来源：РГИА. Ф. 1284. Оп. 185. Д. 23. Л. 218. 转引自南慧英《俄国朝鲜移民政策研究（1860—1917）》，社会科学文献出版社2019年版，第119页。

---

① Сборник главнейших официальных документов по управлению Восточной Сибирью, Т. IV. Вып. 2, Иркутск: типография Штаба Восточно-сибирского военного округа. 1884. С. 343.

② 伊凡·纳达罗夫：《〈北乌苏里边区现状概要〉及其他》，上海人民出版社1975年版，第126页。

③ Васкевич П. Г. Очерк быта японцев в Приамурском крае. Владивосток: Паровая типо-литография газеты "Дальний Восток", 1906. С. 3 – 4.

④ 该处所言的"朝鲜移民"等同于笔者所称的"朝鲜人"。引文的作者在综合相关文件基础上对"朝鲜移民"界定为"出于各种目的迁移至俄国境内定居的朝鲜人及其后裔，包括入籍者和非入籍者两种类型"。南慧英：《俄国朝鲜移民政策研究（1860—1917）》，社会科学文献出版社2019年版，第2页。当时来到俄国的朝鲜人多数是以定居为目的，故所言的"朝鲜移民"几乎可以等同于笔者所言的"朝鲜人"。但"中国移民"和"中国人"不可以等同，因为绝大多数中国人去俄国目的有别于朝鲜人，非定居为目的，所以表格中所言的"中国移民"代之以"中国人"更合适些。

结　语

以上数据表明，无论是哪种资料的记载，20世纪初阿穆尔沿岸总督辖区及远东地区中国人数量多于朝鲜人，更多于日本人。

那时中国人分布之广、活动之丰富是同时期远东地区其他国家的人无法比拟的。从中国人分布的区域看，主要集中在滨海州和阿穆尔州，滨海州的中国人数量远多于阿穆尔州，所以滨海州中、朝、日三国人的数量能反映出整个远东地区三国人的对比情况。

1900年，滨海州中国人、朝鲜人、日本人数量分别为：31448人、30059人、2282人。[①] 1906—1910年该州三国人数量情况如下：

1906年滨海州中国人、朝鲜人、日本人数量分别为：47390人、34390人、2953人；1907年滨海州中国人、朝鲜人、日本人数量分别为：64891人、45914人、3080人；1908年滨海州中国人、朝鲜人、日本人数量分别为：68355人、45497人、3317人；1909年滨海州中国人、朝鲜人、日本人数量分别为：65409人、51554人、4047人；1910年滨海州中国人、朝鲜人、日本人数量分别为：60586人、50965人、2712人。[②]

进入20世纪后，滨海州中国人和朝鲜人差距变小，特别是1906年后朝鲜人数量增幅大，高于滨海州中国人数量的增幅。该情况的出现和朝鲜国内局势有关，进入20世纪尤其是日俄战争后，日本加紧吞并朝鲜步伐，朝鲜殖民地危机加深，中下层群众受剥削严重，选择移居邻国者增多，移民的目的地中就包括俄国远东地区。

滨海州外，远东别地外国人中数量最多的也是中国人。据《俄国皇家东方学会阿穆尔沿岸分会报告》显示，1910年，滨海省、阿穆尔省、萨哈林省、外贝加尔省朝鲜移民人数分别是54076人、6000人、137人、84人，共计60297人。[③] 根据格拉韦的资料，1910年远东地区中

[①] Петров А. И. История китайцев в России：1856 – 1917. СПб：ООО «Береста»，2003. C. 111.

[②] Унтербергер П. Ф. Приамурский край. 1906 – 1910 гг. СПб. : тип. В. Ф. Киршбаума. "приложение 1"，1912. C. 2 – 3.

[③] 参见南慧英《俄国朝鲜移民政策研究（1860—1917）》，社会科学文献出版社2019年版，第102页。

国人数量为111466人。① 两者数量仍相差悬殊。

以上所列是远东地区或者阿穆尔河沿岸总督辖区范围内中国人、朝鲜人、日本人数量的对比，中国人数量多于朝鲜人和日本人的数量。除大范围比较外，可以从小范围内进行比较，远东地区几个主要城市中国人、朝鲜人、日本人数量比较。

1883年，符拉迪沃斯托克市有中国人3019人，朝鲜人354人，日本人412人。② 19世纪90年代至1914年符拉迪沃斯托克、哈巴罗夫斯克、尼科尔斯克—乌苏里斯克、尼古拉耶夫斯克四城市的中国人、朝鲜人、日本人数量对比在俄文资料中有较为详细的记载，此处仅列举几年的，至于每年详细的统计数据见"附录"。

1891年、1901年、1911年三年间符拉迪沃斯托克数量：1891年中国人、朝鲜人、日本人数量分别为3607人、842人、278人；1901年中国人、朝鲜人、日本人数量分别为6200人、2400人、2300人；1911年中国人、朝鲜人、日本人数量分别为26328人、8445人、1660人。③

1891年、1901年、1911年三年间哈巴罗夫斯克的数量：1891年中国人、朝鲜人、日本人分别为435人、70人、54人；1901年中国人、朝鲜人、日本人分别为1510人、240人、300人；1911年中国人、朝鲜人、日本人分别为9069人、765人、575人。④

1898年、1902年、1909年三年间尼科尔斯克-乌苏里斯克中、朝、日三国人数量：1898年中国人、朝鲜人、日本人分别为1793人、585人、143人；1902年中国人、朝鲜人、日本人分别为3971人、1590人、457人；1909年中国人、朝鲜人、日本人分别为7827人、

---

① Граве В. В. Китайцы, корейцы и японцы в Приамурье. C. 349 – 351.
② Петров А. И. История китайцев в России: 1856 – 1917. СПб: ООО «Береста», 2003. C. 120.
③ Нестерова Е. И. Русская администрация и китайские мигранты на Юге Дальнего Востока России (вторая половина XIX-начало XX вв), Владивосток: Издательство Дальневосточного университета, 2004. C. 361.
④ Нестерова Е. И. Русская администрация и китайские мигранты на Юге Дальнего Востока России (вторая половина XIX-начало XX вв). C. 362.

结 语

2353 人、489 人。①

1891 年、1902 年、1911 年三年间尼古拉耶夫斯克中、朝、日三国人数量：1891 年中国人、朝鲜人、日本人分别为 104 人、1 人、25 人；1902 年中国人、朝鲜人、日本人分别为 486 人、73 人、153 人；1911 年中国人、朝鲜人、日本人分别为 1074 人、343 人、403 人。②

另有资料显示，1896—1898 年尼古拉耶夫斯克市中国人、朝鲜人数量，和以上数字略有出入，但显示外国人当中中国人仍占数量优势。

表 2　1896—1898 年尼古拉耶夫斯克中国人、朝鲜人数量　（单位：人）

年份	中国人	朝鲜人
1896	1205	107
1897	1031	169（妇女 6 人）
1898	950（妇女 8 人，儿童 9 人）	120（妇女 6 人，儿童 3 人）

资料来源：№ 53. Из донесения Николаевского полицмейстера военному губернатору Приморской области о численности корейцев. См.：РГИА ДВ. Корейцы на российском Дальнем Востоке（вт. пол. XIX-нач XX вв）：документы и материалы, Владивосток：Изд-во Дальневост. ун-та, 2001. С. 111.

布拉戈维申斯克当时是远东地区的主要城市，但在记载以上符拉迪沃斯托克等几个城市外国人数量的《滨海州概览》（Обзор Приморской области）中没有关于布拉戈维申斯克的，在其他俄文资料中记载了该市零星的中、朝、日三国人数字。1911 年 4 月，布拉戈维申斯克市有中国人 1524 人、朝鲜人 383 人、日本人 279 人。③

除了主要城市外，布列亚矿区和结雅两地中国人、朝鲜人、日本人

---

① Нестерова Е. И. Русская администрация и китайские мигранты на Юге Дальнего Востока России（вторая половина XIX-начало XX вв）. С. 363.
② Нестерова Е. И. Русская администрация и китайские мигранты на Юге Дальнего Востока России（вторая половина XIX-начало XX вв）. С. 364.
③ № 106. Сведения о числе корейских и японских подданных, проживающих в г. Благовещенске. См.：РГИА ДВ. Корейцы на российском Дальнем Востоке（вт. пол. XIX-нач XXвв）：документы и материалы. С. 111.

数量。1911年7月布列亚矿区中国人、朝鲜人、日本人数量分别为：9567人、1558人、1人。① 1911年9月，结雅中国人、朝鲜人、日本人数量分别为：163人、43人、58人。② 中国人在布列亚矿区数量多，且同当地的朝鲜人、日本人数量相比，占有绝对数量优势，这在别处较少见到。这一结果出现是因为布列亚是矿区，有为数众多的金矿，吸引了大量中国人到那里去采金。

从中国人参与活动领域看，在工商业、种植业、采金业、渔猎采集等领域从业者多。同为远东地区东亚人的朝鲜人、日本人无论是数量还是活动范围及从业领域看都无法与中国人相提并论。那时朝鲜人主要存在于农业、采金业、近海运输业。日本人活动范围主要在远东沿海一带，从就业领域看在海洋捕捞业占优势。此外，在符拉迪沃斯托克等远东大城市的商业、服务业有一定数量的日本人。

从远东地区中国人的籍贯上看，山东人的比例高。这一情况的出现与近代山东省的生存环境有关。近代山东省人口多、耕地面积少，且自然灾害频发，由于黄河改道的缘故，山东省是北方省份中水灾最为严重的省份。此外，旱灾、虫灾也时有发生。在人多地少、自然灾害频繁的背景下迫于生计外出寻找出路的山东人大有人在。"山东之苦力，服役于其乡土者甚少，其多数皆赴满蒙，或远赴南非洲、南洋群岛及北美洲，其分布势力之大，殊可惊异……彼等苦力，殊足发挥山东人之特性，其勤勉及忍耐力之强，有非吾人所能想象者。""从山东省每年出佣满蒙俄领之苦力，大约35万人。"③

1910年《盛京时报》报道："鲁省苦工每年届春融之期，结队入东省并俄境西伯利亚各地，数额颇巨，殆有络绎不绝之势，兹据确定统

---

① No 109. Сведения о числе проживающих в Буреинском горно-полицейском округе китайских, корейских и японских подданных. См.: РГИА ДВ. Корейцы на российском Дальнем Востоке（вт. пол. XIX-нач XXвв）：документы и материалы. С. 246.

② No 111. Сведения о числе китайцев, корейцев и японцев, проживающих в г. Зея—пристань. См.: РГИА ДВ. Корейцы на российском Дальнем Востоке（вт. пол. XIX-нач XXвв）：документы и материалы. С. 250.

③ 高劳：《山东之苦力》，《东方杂志》，第15卷，第7号。

结　语

计，每年由烟台抵营埠者约二万人，由烟台抵安东者计有六万五千余人，抵海参崴埠者五万余人，抵大连者四万余人。"①

帝俄时代，来到俄国远东地区的山东籍中国人主要通过两种路线入境：一是从海路，那时芝罘是赴远东的主要出发地之一。芝罘到符拉迪沃斯托克有航船通行，较为便捷的交通为山东人大量来远东地区提供了可能。清政府驻符拉迪沃斯托克商务代表李家鳌与俄国远东地方官员的往来公文中称"大部分到阿穆尔沿岸地区工作的中国人来自芝罘"②。无独有偶，格拉韦在考察报告中也承认："在我们边区的中国人主要来自山东……芝罘是运送山东苦力到阿穆尔边区的主要港口。"③

表3　　　　　1906—1910年俄国驻芝罘领事馆为
赴俄中国人发放签证数量　　　　（单位：份）

年份	发放签证数量
1906	54883
1907	37857
1908	22642
1909	15865
1910（至9月1日）	23831
合计	155078

资料来源：Граве В. В. Китайцы, корейцы и японцы в Приамурье, Труды командированной по Высочайшему повелению Амурской экспедиции. Санкт-Петербург: тип. В. Ф. Киршбаума, 1912. Выпуск XI. C. 12.

以上表格显示，近5年间共发放了155078份赴俄签证，其中数量

---

① 《盛京时报》1910年3月14日。
② РГИА ДВ. Ф. 1. Оп. 2. Д. 1268. Л. 8 – 15 об. См.: Петров А. И. История китайцев в России: 1856 – 1917. СПб: ООО «Береста», 2003. C. 784.
③ Граве В. В. Китайцы, корейцы и японцы в Приамурье, Труды командированной по Высочайшему повелению Амурской экспедиции. Санкт-Петербург: тип. В. Ф. Киршбаума, 1912. Выпуск XI. C. 8.

最多的年份是1906年，办理了54883份签证；最少的是1909年，办理了15865份签证。所列签证数量是发给通过正当渠道赴俄的中国人，除了正当途径外还存在非法入境者。关于这点，当时清政府官员也是承认的，为阻止中国人经山东沿海港口非法入境俄国，清政府曾照会俄国："今青岛、威海等处赴崴华人，既无中国官员护照，所发船单几与运货无异……相应照会贵大臣查照，转饬海参崴官员，嗣后如遇华人赴海参崴等处佣工，若无中国官员所发护照，不得进口，是为至要。"①

未经过合法渠道来到俄国远东地区的中国人未在上述统计范围内，至于这部分人的数量没有确切的数字，仅能从某些记载中窥探出大概。1906—1910年，由芝罘通过海路赴符拉迪沃斯托克的中国人数量为197879人。② 比1906—1910年俄国驻芝罘领事馆发放签证数量多出4万多，其中部分是由芝罘非法入俄境的中国人。当然，无论是芝罘领事馆签证发放对象，还是由芝罘登船赴符拉迪沃斯托克的中国人，其籍贯不一定都是山东，其中山东人会占有相当比例，因而以上几组数据一定程度上反映出当时俄国远东地区山东籍中国人数量来。因为由芝罘赴符拉迪沃斯托克的中国人数量多，当时出现了多家负责运输业务的航运公司，既有中国的航运公司，也有俄国和其他欧洲国家的。

第二条赴俄国远东地区的途径是陆路，主要从中国东北地区入境，至东北地区大范围的"开禁"后，大量贫苦山东人流入东北，其中一部分人选择继续北上入俄境，即先"闯关东"，由东北进入俄国远东地区。《胶澳志》记载："鲁人之移植于东三省，其职业以农为主，而府贩于海参崴、哈尔滨各大城市，或执一业以谋生者，亦颇不鲜。远者或赴西伯利亚、伊尔库斯克、莫斯科。其初春去冬还，固定之移植尚

---

① 陈翰笙：《华工出国史料汇编》第一辑（四），中华书局1985年版，第1800页。
② Соловьёв Ф. В. Китайское отходничество на Дальнем Востоке России в эпоху капитализма（1861 – 1917 гг），Москва：Наука，1989. C. 39.

结　语

少。"①中东铁路通车后，部分中国人选择经铁路来远东地区。据俄国在华领事机构统计出 1906—1910 年中国人从哈尔滨、宽城子②出发经中东铁路赴远东情况。1906 年，在哈尔滨向赴俄中国人售出三等车票 10008 张和四等车票 3359 张；1907 年，三等车票 1404 张和四等 587 张；1908 年——三等 663 张、四等 439 张；1909 年——三等 586 张、四等 1816 张；1910 年——三等 437 张、四等 1707 张。1906 年宽城子售出赴俄三等车票 21 张和四等车票 5 张；1907 年，分别为 94 张和 128 张；1908 年，分别为 159 张和 79 张；1909 年，分别为 7 张和 149 张；1910 年，分别为 140 张和 272 张。③

2. 中国人多从事技术含量不高的职位，薪酬也较低。帝俄时代，俄国远东地区的中国人多是非技术人员，即所谓的"粗工"，他们多是在国内衣食无着的社会底层人员，为了生计前来远东地区讨生活，文化程度普遍不高，在远东地区主要从事没有太多技术含量要求、以出卖劳动力为生的工作。中国人非技术性体力劳动领域有优势：第一个优势是中国人工人对工作和居住环境要求不高，如原始森林中金矿俄国人很少在此工作，但中国人乐于前往。以采金业为例，俄国采金工人要求住所有供暖、供水、照明等设施，而中国采金工人住在自己动手搭建的非常简易的小房子里，房子内部设施很简单，板床、桌子和做饭用的炉子几乎是全部陈设。第二个优势是中国人不酗酒，且守纪律，当时俄国工人中醉酒不上工者大有人在，而中国工人节俭，动辄喝醉者甚少。第三个优势是中国人工资要低于俄国工人许多，这是俄国雇主欢迎中国工人的主要原因之一。不同的工种俄、中工人工资差距不尽相同，1911 年滨海州和阿穆尔州建筑业俄、中工人工资对比情况如下。

---

① 赵琦修，袁荣等撰：《胶澳志》卷三《民社志·移植》，成文出版社 1969 年版，第 490 页。
② 宽城子今长春。
③ Арсеньев В. К. Китайцы в Уссурийком крае. Очерк историческо-этнографический. Москва: КРАФТ, 2004. С. 171.

表4　1911年滨海州、阿穆尔州俄、中工人工资比较　　　（单位：卢布）

工种	俄国工人		中国工人	
	日工	月工	日工	月工
滨海州				
杂工（чёрнорабочий）	1.64	39.45	1.08	25.92
挖土工	1.84	44.06	1.28	30.72
粗木工（плотник）	2.52	60.48	1.70	40.80
瓦工	2.82	67.68	1.82	43.68
细木工	2.92	70.27	1.98	47.52
棚工（кровельщик）	2.82	67.68	1.65	39.60
阿穆尔州				
杂工	2.16	51.84	1.08	25.92
挖土工	2.35	51.84	1.28	30.72
粗木工	2.70	64.80	1.70	40.80
瓦工	3.05	73.15	1.82	43.68
细木工	3.30	79.20	1.98	47.52
棚工	3.80	91.30	1.65	39.60

资料来源：Соловьёв Ф. В. Китайское отходничество на Дальнем Востоке России в эпоху капитализма（1861–1917 гг），Москва：Наука，1989. C. 47.

　　远东地区中国人的薪酬远低于俄罗斯人的，但中国人的日常开销小，收入会有不少结余。因地域不同，受商品货源地的远近等因素的影响，远东不同地区商品价格会有差异，这会导致不同地区中国人的生活成本不一，有时差别很大。一般情况下，远东的俄罗斯工人的月生活支出一般不会低于20卢布，中国人月生活支出仅为10卢布左右。因为中国工人廉价和对俄国劳动力构成威胁，20世纪初，制定限制中国人措施时，该点总被提及。翁特尔别格就指出：日俄战争前，无论是官方还是私人，几乎所有领域都在使用黄种劳动力。战争后我们必须清楚地认识到，为了巩固我们在东部边疆的地位，我们必须坚决地、尽可能迅速

结　语

地和完全地让俄国人在边疆定居下来，并在此基础上采取一切措施使我们在经济上从黄种人手里解放出来。"①

3. 从停留时间上看，多数中国人在远东地区生活时间不长。 多是季节性的，一般是春天来远东地区，选择一个适合的工作，进入冬天后会选择回国，这些人属于春去冬回的"候鸟"。还有一部分人会在秋收结束后继续留在远东地区从事冬天可以从事的工作，后者也不会在远东生活太久，一般生活2—3年，赚一些钱后就回国，按照"春去东回"算，那时远东地区中国人在维持最低生活标准的前提下，一年一般可以存150—300卢布，这收入是在中国国内收入的2—3倍。②相对于季节工，华商在远东地区生活时间要长些，尤其是一些成功人士。一般是来远东之初做苦力或伙计，之后做小本生意，拥有一定财力后经营商号，随着实力的增强逐渐将业务拓展至中俄边境的中国一侧，进而一些人选择回国发展。华商离开俄国回国发展与20世纪初俄国排华政策和局势动荡有很大关系。总之，那时远东地区的中国人在俄长期居住乃至定居者数量有限，这一现象的结果是那时期远东地区中国人男女比例严重失调。在多数关于中国人数量的统计资料中，多数会列出男性和女性的数量。1879年，南乌苏里地区共有"蛮子" 6802人，其中男性6600人，女性228人。③ 在1883年3月13日符拉迪沃斯托克人口统计中未列出中国人、朝鲜人、日本人的男女数量。在1897年第一次人口普查中滨海州中国人男女人口数量为：男性28831人，女性453人。④ 1900年，滨海州的中国人男女数量为：男性30997人，女性451人。⑤

---

① Унтербергер П. Ф. Приамурский край. 1906 – 1910гг, СПб: тип. В. Ф. Киршбаума, 1912. С. 91.
② Ларин А. Г. Китайские мигранты в России: история и современность, Москва: Восточная книга, 2009. С. 22.
③ 伊凡·纳达罗夫：《〈北乌苏里边区现状概要〉及其他》，上海人民出版社1975年版，第103页。
④ П. Ф. 翁特尔别格：《滨海省：1856—1898年》，商务印书馆1980年版，第281页。
⑤ См.: Петров А. И. История китайцев в России: 1856 – 1917. СПб: ООО «Береста», 2003. С. 111.

据格拉韦统计，1910年8月，滨海州中国人几个较为集中的城市的男女数量情况。符拉迪沃斯托克市：男28591人、女1209人；哈巴罗夫斯克市：男7345人、女127人；尼科尔斯克—乌苏里斯克市：男5500人、女2247人；尼古拉耶夫斯克市：男1896人、女24人；伊曼县：男1576人、女31人。①

同样，据格拉韦统计，1910年8月，阿穆尔州几处中国人聚集区的男女数量情况。布拉戈维申斯克：男4292人、女43人；阿穆尔县：男1870人，女性数量没有记载；结雅码头区：男性450人，女性数量未记载；阿穆尔哥萨克区：男853人，女1人。②

中国人的这种男女失调的比例远高于远东地区朝鲜人的，也高于远东地区日本人的。曹廷杰在《西伯利东偏纪要》中言："查日本人在俄界海参崴、双城子、伯利、庙尔四处者女多于男，合计不满三百名，其余各处无之。"③曹廷杰是1885年到访的黑龙江左岸，所以该处记载的是19世纪80年代日本人的数量。

1891—1901年，远东主要城市日本男女数量情况上面表格中已经列出，比例不悬殊。1909年，远东几个主要城市日本男女数量如下：

滨海州的统计部门的资料显示是：符拉迪沃斯托克2245人（男性1437人，女性808人）；哈巴罗夫斯克有男性372人、女性462人；尼科尔斯克—乌苏里斯克有男性252人、女性237人；尼科尔斯克—乌苏里斯克县有男性34人、女性70人；伊曼有3人。④

19世纪90年代至日俄战争是俄国远东地区日本人快速增长时期，这时期远东地区日本人数量及男女比例如表5。

---

① Граве В. В. Китайцы, корейцы и японцы в Приамурье, Труды командированной по Высочайшему повелению Амурской экспедиции. Санкт-Петербург: тип. В. Ф. Киршбаума, 1912. Выпуск XI. "приложение № 3". С. 351.

② Граве В. В. Китайцы, корейцы и японцы в Приамурье, "приложение № 2". С. 350.

③ 《西伯利东偏纪要》，丛佩远、赵鸣岐：《曹廷杰集》（上册），中华书局1985年版，第112页。

④ Граве В. В. Китайцы, корейцы и японцы в Приамурье, С. 203.

结　语

表5　1891—1901年远东主要城市日本人数量　（单位：人）

	1891		1892		1893		1894		1895		1896		1897		1898		1899		1900		1901	
	男	女	男	女	男	女	男	女	男	女	男	女	男	女	男	女	男	女	男	女	男	女
符拉迪沃斯托克	241	274	399	269	568	388	474	382	686	598	803	619	890	717	732	938	1013	1172	1116	1110	1413	1485
尼科尔斯克—乌苏里斯克	13	68	16	70	43	99	22	68	73	116	76	119	112	136	123	156	127	219	114	215	195	235
哈巴罗夫斯克	10	37	16	40	10	62	24	70	47	113	100	132	83	120	92	137	92	136	83	153	87	135
尼古拉耶夫斯克	3	11	3	22	9	16	16	31	17	30	67	49	70	92	76	79	97	95	106	127	96	101
布拉戈维申斯克	5	23	8	25	14	28	26	92	37	95	76	141	80	60	81	16	79	148	63	124	80	131
总计	272	413	442	426	641	593	562	643	860	952	1122	1060	1235	1125	1104	1326	1408	1770	1482	1729	1871	2087

资料来源：Васкевич П. Г. Очерк быта японцев в Приамурском крае. Владивосток: Паровая типо-литография газеты "Дальний Восток", 1906. "Таблица I".

符拉迪沃斯托克日本总领事馆的资料显示1909年日本人在远东地区主要城市的数据有别于滨海州统计的数据。哈巴罗夫斯克440人（137户，男性：186，女性：254）；符拉迪沃斯托克1579人（312户，男性：843，女性：736）；布拉戈维申斯克312人（58户，男性：157；女性：155）；尼科尔斯克—乌苏里斯克299人（65户，男性：137，女性：162）。①

可以看出，无论是俄方资料，还是日方资料，男女比例都较为均衡。那时远东地区的东亚三国人中，日本女性比例最高。远东地区日本人女性比例高的一个原因是女性从业者多。帝俄时代远东的日本女性所

---

① Граве В. В. Китайцы, корейцы и японцы в Приамурье, "Приложение № 38", С. 433-437.

从事的职业中，从事色情的人数量不菲。此外，从事家政服务者如在俄国家庭中当保姆和开洗衣店、成衣店者也大有人在，而这几个行业中国人和朝鲜人的从业者少。帝俄时代，俄国远东地区男女比例严重失调的出现既与中国人来俄国远东的地区目的有关，也与中国传统文化中的安土重迁因素有关，对加入他国国籍谨慎甚至是排斥态度。

与那时中国人在远东地区生活时间不长和入籍率低相关的是，中国人活动最主要的领域是经济领域，较少参与其他领域的活动，如文化活动、政治活动等。帝俄时代，远东地区中国人较为集中的大城市如符拉迪沃斯托克、哈巴罗夫斯克出现过中国人创办的以上演中国传统戏剧的戏园子，来戏园子欣赏节目的主要是在当地工作的中国人。这类文化活动场所数量有限，且分布地域狭窄，仅局限于中国人较为集中的、为数很少的几个远东大城市，不具有普遍性。至于中国人在远东地区从事或参与政治活动的情况要在深挖史料基础上进行。从目前发现的史料看及在此基础上进行的研究看，帝俄时代中国人在俄国远东地区的经济活动是中国人活动最重要的组成部分，甚至可以说是中国人活动的全部。这一情况的出现与中国人来俄国远东地区的目的、生活时间长短及入籍率等都有关系。

4. 远东地区中国人融入俄国社会或对俄国文化认同情况不理想。 帝俄时代远东地区的中国人相对封闭，生活圈子多局限于华人圈，同俄国人接触少、交往有限。从语言的掌握角度看，精通俄语者少，皈依东正教和加入俄国国籍者更少。

对东道国文化的适应和融入主流社会不理想是中国人在全世界各地早期迁移中共有的现象，不仅在俄国出现，在北美和东南亚同样出现过。早期中国人迁移海外多是为生计赚钱，不是以定居为目的，赚了钱后返回家乡。早期海外华人的族际互动和族际融合不理想。后来随着中国人迁移海外运动的蓬勃发展，在北美和东南亚等地的中国人逐渐改变了早期融入主流社会不理想的状况。有学者将移民[①]在新文化环境下的

[①] 此处所言的"移民"是指以定居为目的而实施迁移的人口，非俄罗斯语境下的"移民"。

结　语

适应分为初级阶段和高级阶段，初级阶段指移民为了在东道国长期生活下去，必须自觉、不自觉地承认东道国文化，并且积极地或被动地采取行动，放弃原有的价值系统的部分或全部，部分或全部地接受东道国文化。初级阶段的文化适应使移民固有文化与东道国文化长期并存。初级阶段移民对东道国文化适应过程是容忍—承认—接受。移民文化适应的高级阶段从时间上看，指移民在东道国长期生活，有的甚至生活几代或更多，特点是移民及其后裔融入东道国主流社会。[①] 帝俄时代，远东的中国人仅存在于初级阶段，容忍和一定程度的承认俄罗斯文化，部分人可能会接受俄罗斯文化，至于高级阶段的融合还无从谈起。

对于远东地区中国人固守本民族文化传统和融入俄国社会的情况，时人有过评价。В. К. 阿尔谢尼耶夫评价道：指望中国人俄罗斯化是不可能的，甚至说是幼稚的。众所周知，所有的"黄种人"被欧洲人同化问题上都不顺利，在这方面他们拥有某种抗拒力。我没有见过一个被俄罗斯化的中国人，我见过信奉基督教的中国人，但不是俄罗斯化的……不管在生活方式、习俗、着装，还是在习惯方面，中国基督徒都没有变化。任凭花多大力量，中国人永远还是中国人。[②] 阿穆尔河沿岸地区总督 Н. Л. 贡达基持有和阿尔谢尼耶夫同样观点。中国人坚持固有的文化传统，不放弃与祖国精神联系……丝毫没有同化于周围居民的想法，中国人简直就是敌对分子。[③]

那时远东地区的中国人加入俄国国籍者少，出现这样结果既有中国人自身的因素，也有俄国的因素。从中国人的角度看，若不想在俄长期居住，则一般不会选择入籍。从俄国角度看，俄国官方对入籍者要求一系列条件，如条件之一是皈依东正教。在获得俄国国籍的过程中，若娶了俄国人为妻则会被优先考虑。华商叶华林 1895 年申请入籍被拒绝，

[①] 曹云华：《变异与保持——东南亚华人的文化适应》，中国华侨出版社 2001 年版，第 144—145、221 页。

[②] Арсеньев В. К. Китайцы в Уссурийком крае. Очерк историческо-этнографический. Москва: КРАФТ, 2004. С. 242 – 243.

[③] Ларин В. Л. Китай и Дальний Восток России в первой половине 90 - х: проблемы регионального взаимодействия. Владивосток: Дальнаука, 1998. С. 154.

理由是在中国有家室，叶华林娶了一名俄国女性后顺利入俄国国籍。同样，还有名叫孙福的中国人，皈依东正教后申请入籍没有被接受，后来娶了一名俄国女子后入籍。

在加入俄国国籍问题上，中国人与同时期进入远东地区的朝鲜人有差别。帝俄时代，远东地区的朝鲜人长期居住者和定居者比例都较高，其中一些人为了更好地在俄国生活而选择加入俄国国籍，俄国政府也乐于接收这样的朝鲜人。

1897年，滨海州的24306朝鲜人中有11211人加入了俄国国籍，入籍率为46.12%。1902年，滨海州有16140人加入俄国国籍，那时滨海省朝鲜人数量为32380人，入籍率为49.85%。[①] 1905年后，入籍率下降，但仍保持在30%左右。

表6　　　　　20世纪初滨海州朝鲜人入籍情况　　　　（单位：人）

年份	入俄籍	未入俄籍	总数量
1906	16965	17434	34399
1909	14799	36755	51554
1910	17080	36996	54076
1911	17476	39813	57289
1912	16263	43452	59715
1913	19277	38163	57440
1914	20109	44200	64309

资料来源：Аносов С. Д. Корейцы в Уссурийском крае. Хабаровск-Владивосток：Книжное дело，1928. C. 27.

除了入俄籍率外，朝鲜人皈依东正教比例也能反映出朝鲜人迁移俄国与中国人的目的差别来。

---

① 潘晓伟：《1884—1905年俄国对境内朝鲜人的政策》，《俄罗斯学刊》2013年第5期。

结　语

表7　　　　1883—1888年远东地区中国人、
朝鲜人皈依东正教情况　　　　（单位：人）

年份	中国人		朝鲜人	
	男性	女性	男性	女性
1883	—	—	109	93
1884	3	—	37	25
1885	3	—	288	271
1886	—	—	26	27
1888	3	—	128	89
总计	9		638	505

资料来源：Петров А. И. История китайцев в России: 1856 – 1917. СПб: ООО «Береста», 2003. С. 716.

从以上表格数据对比可以看出中国人、朝鲜人皈依东正教的情况，中国人皈依东正教者凤毛麟角，而皈依的朝鲜人远多于中国人。中国人、朝鲜人加入俄国国籍和皈依东正教的比例对比反映出二者来俄目的的差别，后者中来俄国定居者大有人在，为了很好地长期生活会选择入籍和皈依俄国主流宗教信仰，而前者中绝大多数无此目的，故入俄籍和皈依东正教者甚少。当时皈依东正教的中国人当中有为了入籍而受洗的，因为皈依东正教是加入俄国国籍的条件之一。1893年，纪凤台加入俄国国籍，此前纪凤台曾申请入俄国籍，但当局以异教徒为由拒绝。

帝俄时代，俄国远东地区中国人融入俄国主流社会的状况不理想的一个表现是，当地出现各类中国人互助组织，如商会、华人协会等。这些组织由成员自己选出首领，自我管理、互济互助，不受当地行政机构管辖，成员间一旦出现纠纷，由社团首领出面协商，不诉诸当地行政机构。

5. 俄国官方对中国人到来的态度及政策。从纵向看，俄国官方对中国人政策前后有变化，最初俄国鉴于远东地区本国移民情况不理想，欢迎中国人的到来，后来随着中国人的大量涌入，加之来到远东地区的

俄国远东地区中国人活动史（1860—1917）

本国居民数量的增多，俄国官方对中国人的态度发生了变化，转而限制，进而排斥乃至驱逐政策。在 19 世纪末 20 世纪初，俄国官方对中国人态度的转变中，远东地区的"黄祸论"思潮起了一定作用。那时期远东地区中国人与俄国"黄祸论"思潮的关系很有趣，以中国人为主的"黄种人"大量涌入远东地区，他们价格低廉，导致当地对俄国劳动力需求降低，同时俄国行政当局无力控制中国人在边区的活动，导致"黄祸论"论调在远东地区有市场。"黄祸论"甚嚣尘上背景下俄国官方出台一系列限制以中国人为首的"黄种人"的举措。第一次世界大战期间，一些与战争不相关的领域出现劳动力严重不足，这也包括远东地区，在这样背景下，之前限制中国人的政策有所松动。

一战期间，对于是否放宽使用中国人的限制，俄国统治集团内部有不同意见，有人主张继续对华人入境采取严格限制。持有该意见人的理由之一是入境华人会充当德国人间谍。"因德国在上海设立秘密侦探事务所，专买通中国人，令探报敌国之内情，故深虑俄国工场等所雇用之中国人中，或混入乔装为劳动家之侦探，探得俄国内情而报告于德国。"但战时劳动力匮乏的情况下，该种意见未被采纳，"谓为增加各种工场生产力起见，又因战争时代人力之缺乏，迫于事势所不得已，自应以适当之处置，准黄色劳动者之入境"。①

从横向看，俄国对同样是东亚人的中国人和朝鲜人的政策有一定差别，总体上看对中国人入境及在远东范围内活动的限制要较朝鲜人严格。这一差别的出现与中国人、朝鲜人来俄国的目的不同有很大关系，在来到远东地区的朝鲜人中以定居为目的大有人在。从该目的出发，朝鲜人会举家迁移，在远东的朝鲜人男女比例远不如中国人悬殊。帝俄时代，多数中国人不是以定居为目的前往的。赴俄国目的的差异在俄国政府看来朝鲜人较中国人安分，也较容易同化。

纵观 1860—1917 年俄国对远东地区外国人的政策，尽管不同阶段政策会有所差异，但万变不离其宗，其最终目的都是为了达到更好地开

---

① 许家庆：《记俄国华工情形》，《东方杂志》第 13 卷，第 6 号。

结　语

发远东地区和维护该地区俄国人的利益，具体说就是对远东地区的外国人进行同化。在同化远东地区数量最多的两类外国人群体——中国人、朝鲜人过程中遇到的阻力不同，相对于中国人，朝鲜人较容易被同化。从这点出发，俄国官方对待境内的中国人和朝鲜人采取了不尽相同的政策。

参考文献

（一）中文文献

王彦威、王亮编：《清季外交史料》，沈云龙主编：《近代中国史料丛刊》第三编第二辑，文海出版有限公司1985年版。

"中央研究院"近代史研究所：《中俄关系史料·东北边防》，"中央研究院"近代史研究所1920年版。

孙蓉图修，徐希廉纂：《瑷珲县志》，成文出版社1920年铅印本。

陈翰笙主编：《华工出国史料汇编·中国官文书选辑》（第一辑·四），中华书局1985年版。

缪学贤编：《黑龙江》，东三省筹边公署1913年铅印本。

"中央研究院"近代史研究所编：《中国近代史资料汇编·矿务档》（七），"中央研究院"近代史研究所1960年版。

周南京主编：《世界华侨华人词典》，北京大学出版社1993年版。

伊凡·纳达罗夫：《〈北乌苏里边区现状概要〉及其他》，上海人民出版社1975年版。

《中俄边界条约集》（内部资料），商务印书馆1973年版。

王铁崖编：《中外旧约章汇编》（第一册），生活·读书·新知三联书店1957年版。

聂士成：《东游纪程》，中华书局2007年版。

丛佩远、赵鸣岐：《曹廷杰集》（上、下册），中华书局1985年版。

宋小濂：《北徼纪游》，黄纪莲校，黑龙江人民出版社1984年版。

姜维公、刘立强主编：《中国边疆研究文库·初编·东北边疆卷》

（七），黑龙江教育出版社2014年版。

李澍田主编：《吉林地志鸡林旧闻录吉林乡土志》（长白丛书·初集），吉林文史出版社1986年版。

李树棠：《东缴纪行（四）》，张守常点注，《黑河学刊》1989年第3期。

聂宝璋、朱荫贵编：《中国近代航运史资料》第二辑·上册，中国社会科学出版社2002年版。

吕浦等编译：《"黄祸论"历史资料选辑》，中国社会科学出版社1979年版。

丁进军：《宣统年间华侨经商及佣工史料》，《历史档案》1986年第3期。

黑河市地方志编纂委员会编：《黑河地区志》，生活·读书·新知三联书店1996年版。

孟宪章主编：《中苏贸易史资料》，中国经济贸易出版社1991年版。

庄维民编：《近代鲁商史料集》，山东人民出版社2010年版。

宁艳红：《旅俄华侨史料汇编》，黑龙江教育出版社2016年版。

魏声和：《说耶字碑国界》，《东北丛刊》第17期，1932年。

郝建恒主编：《中俄关系史译名词典（俄汉对照）》，黑龙江教育出版社2000年版。

中国社会科学院近代史研究所：《沙俄侵华史》（第二卷），人民出版社1978年版。

中国社会科学院近代史研究所：《沙俄侵华史》（第四卷·上册），人民出版社1990年版。

佟冬主编：《沙俄与东北》，吉林文史出版社1985年版。

赵中孚：《清季中俄东三省界务交涉》，《"中央研究院"近代史研究所专刊》（25），"中央研究院"近代史研究所1970年版。

П. Ф. 翁特尔别格：《滨海省：1856—1898年》，黑龙江大学俄语系研究室译，商务印书馆1980年版。

张凤鸣：《中国东北与俄国（苏联）经济关系史》，中国社会科学出版社 2003 年版。

商务印书馆：《东方杂志》，第 4 卷，第 11 期。

商务印书馆：《东方杂志》，第 13 卷，第 6 号。

商务印书馆：《东方杂志》，第 15 卷，第 8 号。

А. П. 瓦西里耶夫：《外贝加尔的哥萨克》（史纲），第三卷，北京师范学院外语系俄语专业师生译，商务印书馆 1978 年版。

黑龙江省江东六十四屯问题调查组：《沙俄霸占江东六十四屯的前前后后——七十三位老人访问记》，《学习与探索》创刊号。

安德鲁·马洛泽莫夫：《俄国的远东政策：1881—1904 年》，商务印书馆翻译组译，商务印书馆 1977 年版。

米·约·斯拉德科夫斯基：《俄国各民族与中国贸易经济关系史》，宿丰林译，社会科学文献出版社 2008 年版。

加·尼·诺曼诺娃：《远东俄中经济关系（19 世纪—20 世纪初）》，宿丰林、厉声译，黑龙江科学技术出版社 1991 年版。

В. В. 格拉韦：《阿穆尔沿岸地区的中国人》，李春艳等译，黑龙江教育出版社 2014 年版。

弗·克·阿尔谢尼耶夫：《在乌苏里莽林中——乌苏里山区历险记》，王士燮等译，人民文学出版社 2005 年版。

聂丽·米兹、德米特里·安洽：《中国人在海参崴——符拉迪沃斯托克的历史篇章（1870—1938 年）》，胡昊等译，社会科学文献出版社 2016 年版。

尼·费·杜勃罗文：《普尔热瓦尔斯基传》，吉林大学外语系俄语专业翻译组译，商务印书馆 1978 年版。

李永昌：《旅俄华工与十月革命》，河北教育出版社 1988 年版。

李永昌：《十月革命前夕的旅俄华工》，《世界历史》1987 年第 5 期。

李永昌：《中国近代赴俄华工述论》，《近代史研究》1987 年第 2 期。

李永昌：《十月革命前后远东和西伯利亚的旅俄华人》，《黑河学刊（地方历史版）》1986 年第 3 期。

宁艳红：《旅俄华侨史》，人民出版社 2015 年版。

参考文献

张秀明：《华侨华人相关概念的界定与辨析》，《华侨华人历史研究》2016年第2期。

李明欢：《欧洲华侨华人史》，中国华侨出版社2002年版。

张广翔：《1894—1914年俄国酒销售垄断的初衷及效果》，《世界历史》2012年第1期。

张广翔、梁红刚：《19世纪下半期俄国工商业税改刍议》，《俄罗斯东欧中亚研究》2015年第1期。

李传勋：《俄罗斯远东地区的所谓中国"移民"问题》，《俄罗斯中亚东欧研究》2009年第6期。

马蔚云：《俄国的远东政策与西伯利亚大铁路的修筑》，《俄罗斯学刊》2012年第1期。

刘家磊：《东北地区东段中俄边界沿革及其界碑研究》，黑龙江教育出版社2014年版。

刘家磊：《二十世纪初沙俄在海参崴迫害华侨的暴行》，《社会科学战线》1980年第3期。

松里公孝：《1884年阿穆尔河沿岸总督区的创建与俄罗斯亚洲地区的权力重构》，《俄罗斯研究》2013年第2期。

亚·格·拉林：《中国移民在俄罗斯：历史与现状》，刘禹、刘同平译，天津人民出版社2018年版。

亚·弗·卢金：《俄国熊看中国龙：17—20世纪中国在俄罗斯的形象》，刘卓星等译，重庆出版社2007年版。

陈开科：《巴拉第的汉学研究》，学苑出版社2007年版。

尤·奥希波夫、郭燕顺：《俄籍华商纪凤台》，《长白论丛》1996年第2期。

刘涛、卜君哲：《俄罗斯远东开发与华人华侨（1860—1941年）》，《延边大学学报》2010年第2期。

А.Г.拉林：《俄罗斯华侨历史概述》，阎国栋译，《华侨华人历史研究》2005年第2期。

亚历山大·G.拉宁、李宏为：《中国移民在俄国——中国移民对俄国远东发展的贡献》,《历史档案》1994年第2期。

黑龙江社会科学院历史研究所编:《关于江东六十四屯问题》,黑龙江人民出版社1981年版。

薛衔天:《江东六十四屯惨案研究》,《近代史研究》1981年第1期。

薛衔天:《关于江东六十四屯数、屯名和居民人数问题的几点资料》,黑河地区哲学社会科学学会联合会、《黑河学刊》编辑部编:《瑷珲历史论文集》,黑河地区哲学社会科学联合会1984年版。

薛衔天:《"黄祸论"或"中国威胁论"的历史与实质》,《百年潮》2007年第1期。

李志学:《"割地成侨"——俄罗斯华侨华人史的特殊一页》,《学习与探索》2005年第5期。

李志学:《试析1860—1914年间的赴俄华侨》,《暨南学报》2006年第1期。

李志学:《第一次世界大战与十月革命时期的赴俄华侨》,《俄罗斯中亚东欧研究》2006年第5期。

李志学:《北洋政府对一战俄国华工的保护与遣返政策》,《北华大学学报》2012年第4期。

殷剑平:《远东早期开发中的外国劳工(上、下)》,《西伯利亚研究》1997年第4、6期。

殷剑平:《帝国主义时期西伯利亚与远东的外国资本(上、下)》,《西伯利亚研究》1998年第2、3期。

宿丰林:《俄罗斯学者关于中俄东段边界形成史研究概述(上、下)》,《西伯利亚研究》2005年第3、4期。

宿丰林:《关于中俄东段边界形成史问题的再探讨——兼评俄罗斯学者的"新观点"》,《俄罗斯学刊》2011年第3期。

张宗海:《远东地区世纪之交的中俄关系》(内部出版),黑龙江省社会科学院2000年版。

张宗海:《谬种流传的"黄祸"论——中国人难以在俄罗斯立足的历史根源》,关贵海、栾景河主编:《中俄关系的历史与现实》,第二辑,社会科学文献出版社 2009 年版。

张宗海、张临北：《19 世纪末至 20 世纪初华商在俄国远东地区的形成和发展》，《俄罗斯学刊》2015 年第 2 期。

张宗海、杨昕沬：《俄国割占黑龙江、乌苏里江地区后当地华人商业的形成和发展》，《西伯利亚研究》2008 年第 4 期。

张宗海、吕洋：《俄国割占黑龙江、乌苏里江地区后对华人暂时的宽容策略探析》，《西伯利亚研究》2007 年第 5 期。

刘远图：《关于历史上中俄边界"耶"字界牌的考察》，《社会科学战线》1994 年第 5 期。

张本政：《十九世纪八十年代沙俄在乌苏里地区的排华暴行》，《学习与探索》1980 年第 5 期。

管书合、杨翠红：《防疫还是排华？——1911 年俄国远东地区大规模驱逐华侨事件研究》，《华侨华人历史研究》2011 年第 3 期。

李随安：《评〈中国人在俄罗斯〉兼论其他》，《华侨大学学报》2010 年第 4 期。

张建华：《旅俄华工与十月革命前后中国形象的转变》，《学习与探索》2009 年第 1 期。

于晓丽：《俄罗斯远东"中国移民问题"论析》，《华侨华人历史研究》2006 年第 4 期。

宁艳红：《浅析早期远东地区旅俄华侨社团组织的发展》，《西伯利亚研究》2015 年第 2 期。

宁艳红：《浅析早期旅俄华商的经贸活动及其作用》，《西伯利亚研究》2014 年第 5 期。

李皓：《保护"弃民"：日俄战争时期清政府海参崴护侨活动研究》，《华侨华人历史研究》2014 年第 2 期。

邹继伟：《清末民初俄罗斯政府对江东六十四屯管理的尝试》，《社会科学家》2017 年第 2 期。

张丽、张晓刚：《论 19 世纪下半叶俄罗斯帝国对远东地区的开发》，《社会科学》2017 年第 4 期。

王少平：《20世纪初俄国远东地区经济的发展》，《龙江社会科学》1996年第2期。

尼·安·申佳洛夫：《布拉戈维申斯克历史》，高永生译，中国国际文化出版社2014年版。

Н. А. 波波夫：《中国无产者在沙皇俄国》，杜剑宣等译，中外关系史学会编：《中外关系史译丛》，第二辑，上海译文出版社1985年版。

艾戈·塞维利弗：《第一次世界大战期间的中国人移民——哈尔滨的俄罗斯企业招募契约劳工的诸问题》，司韦译，《南洋资料译丛》2010年第1期。

李旻：《俄罗斯滨海边疆区人口构成的演变和启示》，《俄罗斯东欧中亚研究》2016年第4期。

奥尔加（Olga）. V. 阿列克谢娃（Alexeeva）：《第一次世界大战中俄国华工：战争另类的受害者》，魏格林、朱嘉明主编：《一战与中国——一战百年会议论文集》，东方出版社2015年版。

В. Л. 拉林：《二十世纪初期和末期俄罗斯远东政策中"黄祸"综合征》，马维先译，《东欧中亚研究》1996年第1期。

刘爽：《19世纪俄国西伯利亚采金业与外国资本》，《学习与探索》1999年第2期。

周建英：《沙俄最后一任阿穆尔总督Н. Л. 关达基》，《西伯利亚研究》2017年第1期。

王晶：《旅俄华工与俄属远东地区的经济开发》，《西伯利亚研究》1996年第4期。

徐万民：《东帮华商在俄国远东》，《黑河学刊》1993年第2期。

В. Г. 达岑申：《俄罗斯汉学史（1917—1945）：俄国革命至第二次世界大战期间的中国研究》，张鸿彦译，北京大学出版社2019年版。

В. Г. 达旗生：《中国人在俄罗斯的护照签证制度（19世纪下半叶至20世纪上半叶）述略》，《黑河学院学报》2018年第4期。

赵俊亚：《旅俄华人研究》，吉林大学博士学位论文，2007年。

南慧英：《俄国朝鲜移民政策研究（1860—1917）》，社会科学文献出版社 2019 年版。

南慧英：《19 世纪末 20 世纪初俄国远东经济发展中的亚洲移民——以中国人和朝鲜人为例》，《北方论丛》2009 年第 4 期。

B. 扎采平（常胜）：《华人对俄罗斯远东城市发展的贡献》，《西伯利亚研究》2007 年第 4 期。

仓桥正直：《营口的公议会》，徐鼎新译，《上海经济研究》1983 年第 12 期。

曹云华：《变异与保持——东南亚华人的文化适应》，中国华侨出版社 2001 年版。

孟昭慧：《19 世纪末至 20 世纪初期俄国远东地区华人探讨》，《西伯利亚研究》2005 年第 3 期。

周定国：《俄罗斯远东七个地名探源》，《地理教学》2004 年第 11 期。

上田恭辅：《露西亚时代的大连》，张晓刚译，大连市近代史研究所、旅顺日俄监狱旧址博物馆编：《大连近代史研究》，第 12 卷，辽宁人民出版社 2015 年版。

熊双凤：《近代山东黄县商人在东北地区的经商活动》，东北师范大学，硕士学位论文，2010 年。

潘晓伟：《试论十月革命前俄国政府对远东华工的政——以采金华工为例》，《世界民族》2020 年第 3 期。

潘晓伟：《十月革命前俄国远东华人的种植活动》，《世界农业》2016 年第 6 期。

潘晓伟：《十月革命前俄罗斯远东地区华人商业活动》，《西伯利亚研究》2017 年第 5 期。

潘晓伟：《十月革命前俄国远东地区中国人的渔猎采集活动》，《西伯利亚研究》2018 年第 5 期。

潘晓伟：《十月革命前俄国远东地区中国人近海运输活动探析》，《黑河学院学报》2019 年第 1 期。

潘晓伟：《1884—1905 年俄国对境内朝鲜人的政策》，《俄罗斯学刊》2013 年第 5 期。

潘晓伟、黄定天：《1863—1884年俄国境内朝鲜移民问题》，《人口学刊》2011年第2期。

（二）俄文文献

Сборник главнейших официальных документов по управлению Восточной Сибирью, Том IV. Инородческое население Приамурского края. Вып. 1, Иркутск: типография Штаба Восточно-сибирского военного округа, 1884.

Сборник главнейших официальных документов по управлению Восточной Сибирью, Том V. Леса Приамурского края. Вып. 1 – 2, Иркутск: типография Штаба Восточно-сибирского военного округа, 1883.

Сборник главнейших официальных документов по управлению Восточной Сибирью, Том VII. Горная и соляная промышленность, Иркутск: типография Штаба Восточно-сибирского военного округа, 1885.

Сборник главнейших официальных документов по управлению Восточной Сибирью, Том VIII. Документы по главнейшим мероприятиям, совершённым в Приамурском крае. Вып. 1 – 2, Иркутск: типография Штаба Восточно-сибирского военного округа, 1884.

Висленёв В. Н. Корейцы и инородцы Южно-Уссурийского края Приморской области. Сборник главнейших официальных документов по управлению Восточной Сибирью. Т. IV. Инородческое население Приамурского края. Вып. 2. Иркутск, 1884.

Крестовский В. В. О положении и нуждах Южно-Уссурийкого края, Санкт-Петербург: тип. д-ра М. А. Хана, ценз. 1881.

Назаров А. Ю. Маньчжуры, дауры и китайцы Амурской области, Известия Восточного Сибирского Отделения Императорского Русского Географического Общества, Т, 14. №, 1 – 2, 1883.

参考文献

Надаров И. П. Инородческое население Уссурийской страны, Газета 《Владивосток》, 1886. №12.

Надаров И. П. Хунхузы в Южно-Уссурийском крае, Военный сборник, 1896. № 9.

Буссе Ф. Ф. Переселение крестьян морем в Южно-Уссурийский край в 1883 – 1893 годах, Санкт-Петербург: Тип. т-ва «Обществ польза», 1896.

Семёнов Я. Л. Промысел морской капусты в Японском море, Владивосток: Тип. Штаба глав. командира портов Восточ. Океана, 1885.

Даттан А. В. Исторический очерк приамурской торговли. Москва: Типография Т. И. Гаген, 1897.

Шрейдер Д. И. Наш Дальний Восток. Спб. : Тип. А. Ф. Девриена, 1897.

Ларин А. Г. Китайцы в России. Москва: Институт Дальнего Востока РАН. 2000.

Ларин А. Г. Китайцы в России вчера и сегодня: исторический очерк, Москва: Муравей, 2003.

Ларин А. Г. Китай и зарубежные китайцы. Москва: Институт Дальнего Востока РАН, 2008.

Ларин А. Г. Китайские мигранты в России: история и современность, Москва: Восточная книга, 2009.

Ларин А. Г. Китайские мигранты в РФ: современные российские исследования, Проблемы Дальнего Востока. 2013. № 5.

Ларин А. Г. Китайские мигранты в России: проблемы адаптации и толерантности, Этнографическое обозрение. 2011. № 2.

Ларин А. Г. Китайские коммерсанты в России, Азия и Африка сегодня. 2009. № 4.

Ларин В. Л. Китай и Дальний Восток России в первой половине 90-х: проблемы регионального взаимодействия. Владивосток: Дальнаука, 1998.

Ларин В. Л. Российско-китайские отношения в региональных измерениях (80-е годы XX-начало XXI в.). Москва: «Восток-Запад», 2005.

Алексеев А. И. Освоение русскими людьми Дальнего Востока и Русской Америки до конца XIX века, Москва: Наука, 1982.

Пржевальский Н. М. Путешествие в Уссурийском крае. 1867 – 1869 гг. Москва: ОГИЗ, 1947.

Бурачёк Е. С. Воспоминания заамурского моряка. Жизнь во Владивостоке 1861г, Морской сборник, № 8、9、10、11, 1865.

Полнер Т. И. Амурье: факты, цифры, наблюдения: Собраны на Дальнем Востоке сотрудниками общеземской организации. Москва: Гор. тип., 1909.

Унтербергер П. Ф. Приамурский край. 1906 – 1910гг, СПб: тип. В. Ф. Киршбаума, 1912.

Палладий. Уссурийские маньцзы, Известия Императорского русского географического общества. 1871. Т. 8. —СПб: типография в. безобразова и комп. 1873.

Панов А. А. Жёлтый вопрос в Приамурье, Вопросы колонизации. 1910. № 7.

Панов А. А. Жёлтый вопрос и меры борьбы с «жёлтым засильем» в Приамурье, Вопросы колонизации. 1912. № 11.

Позднеев Д. М. Описание Маньчжурии. Т. 1, С-Петербург: типография Ю. Н. Эрлих. 1897.

Граве В. В. Китайцы, корейцы и японцы в Приамурье, Труды командированной по Высочайшему повелению Амурской экспедиции. Санкт-Петербург: тип. В. Ф. Киршбаума, 1912. Выпуск XI.

Арсеньев В. К. Китайцы в Уссурийком крае. Очерк историческо-этнографический. Москва: КРАФТ, 2004.

Комов А. Жёлтая раса и рабочий вопрос в Амурской золотопромышленности, Сибирские вопросы. 1909. № 32.

参考文献

Комов А. Жёлтая раса и рабочий вопрос в Амурской золотопромышленности（продолжение）, Сибирские вопросы. 1909. № 33.

Комов А. О китайцах и корейцах в Приамурском крае, Сибирские вопросы. 1909. № 27.

Грум-Гржимайло Г. Е. Описание Амурской области, Санкт-Петербург: типо-лит. и переплетная С. М. Николаева, 1894.

Хроленок С. Ф. Китайские и корейские отходники на золотых приисках русского Дальнего Востока（конец XIX-начало XX вв）, Восток, Афро-азиатские общества: история и современность, 1995. № 6.

Клеопов И. Л. Развитие золотопромышлености на Дальнем Востоке в дореволюционный период и первые годы советской власти, Сибирский географический сборник 2, Москва: Издательство Академии наук СССР, 1963.

Попов Н. А. Китайские добровольцы в боях за советскую власть（1918 – 1922）, Москва: Издательство восточной литературы, 1961.

Соловьёв Ф. В. Китайские отходники и их географические названия в Приморье（вторая половина XIX-начало XX в）, Владивосток: ИИАЭ ДВО АН СССР, 1973.

Соловьёв Ф. В. Китайское отходничество на Дальнем Востоке России в эпоху капитализма（1861 – 1917 гг.）, Москва: Наука, 1989.

Матвеев Н. П. Краткий исторический очерк г. Владивостока. 1860 – 1910гг, Владивосток: Изд. г. Владивостока, 1910.

Матвеев З. Н. История Дальневосточного края. Владивосток: Новейшая литература, 1929.

Максимов С. В. На Востоке. Поездка на Амур: дорожные заметки и воспоминания С. Максимова, С. —Петербург: издание книгопродавца С. В. Звонарева, 1871.

Сладковский М. И. История торгово-экономических отношений народов России с Китаем（до 1917 г.）, Москва: Наука, 1974.

Максимов А. Я. Наши задачи на Тихом океане: Полит. этюды. С-Петербург: типо-литография К. Л. Пентковскаго, 1901.

Штейн М. Г. Очерки истории русского Дальнего Востока XVII-начала XX века, Хабаровск: Книжное издательство, 1958.

Билим Н. А. Сто дорог на Восток: Из истории переселения трудящихся на Дальний Восток, Хабаровск: Книжное издательство, 1978.

Алексеев А. И. Освоение русскими людьми Дальнего Востока и Русской Америки до конца XIX в. Москва: Наука, 1982.

Петров А. И. История китайцев в России: 1856 – 1917. СПб: ООО «Береста», 2003.

Петров А. И. Изучение китайцев в России. 1858 – 1884, Россия и АТР. 2005. № 3.

Петров А. И. «Русский китаец» Николай Иванович Тифонтай (Цзи Фэнтай), Россия и АТР. 2005. № 2.

РГИА ДВ. Дальний Восток России: Из истории системы управления. Документы и материалы. К 115-летию образования Приамурского генерал-губернаторства. Владивосток: Прим. краевая организация Добровольного общества любителей книги России, 1999.

Дацышен В. Г. Китайцы в Сибири в XVII-XX вв: проблемы миграции и адаптации, Красноярск: СФУ, 2008.

Дацышен В. Г. Очерки истории российско-китайской границы во второй половине XIX-начале XX вв. Кызыл: Республиканская типография, 2000.

Дацышен В. Г. Китайцы-земледельцы в Приморье: эпизод длиной в сто лет, Известия Восточного Института ДВГУ, 2005. № 9.

Дацышен В. Г. Китайская трудовая миграция в России. Малоизвестные страницы истории, Проблемы Дальнего Востока, 2008. № 5.

Дацышен В. Г. Китайцы в забайкалье в первой четверти XX века, Конференция: Россия и Монголия на рубеже веков: дипломатия, экономика, наука, Иркутск: Байкальский государственный университет экономики и права, 2014.

Дацышен В. Г. Уссурийские купцы. Судьба китайцев в дореволюционной России, Родина, 1995. № 7.

Дацышен В. Г. Формирование китайской общины в Российской империи (вторая половина XIX в.), Диаспоры, 2001. № 2 – 3.

Дацышен В. Г. Численность маньчжурского, даурского и китайского населения в Зазейском крае (1870 – 1896 гг.), Цивилизация и государство на Востоке: Мат-лы конф-и кафедры всеобщ. истории РУДН. Вып. 3, Москва, 2004.

Дятлов В. И. Миграция китайцев и дискуссия о «жёлтой опасности» в дореволюционной России, Вестник Евразии, 2000. № 1.

Дятлова Е. В. Образ китайского мигранта в дореволюционной России, Толерантность в межкультурном диалоге. Москва: Институт этнологии и антропологии РАН, 2005.

Дятлова Е. В. Деловая культура китайских торговцев в дореволюционной России глазами русских современников, Известия Иркутского государственного университета. Серия «Политология. Религиоведение», 2008. № 1.

Белоглазов Г. П. Русские экспедиции и торговые суда на Сунгари (сер. XIX-нач. XX вв.), Владивосток: Изд. Дальневосточного университета, 1996.

Демьяненко А. Н, Дятлова Л. А. Общий замысел Амурской экспедиции 1910 года и краткий обзор ее Трудов, Ойкумена. 2010. № 38.

Позняк Т. З. Иностранные подданные в городах Дальнего Востока России (вторая половина XIX-начало XX в), Владивосток: Дальнаука, 2004.

Позняк Т. З. Российская иммиграционная политика в отношении выходцев из Китая на Дальнем Востоке во второй половине XIX начале XX в, Известия Восточного института, 2013. № 2.

Позняк Т. З. Азиатские иммигранты на Дальнем Востоке России: особенности экономической адаптации (вторая половина XIX - начало XX в.), Шестые Гродековские чтения: Актуальные проблемы исследования российской цивилизации на Дальнем Востоке: межрегион. науч. -практ. конф. Хабаровск: Хабаровский краевой музей им. Н. И. Гродекова, 2009.

Алепко А. В. Зарубежный капитал и предпринимательство на Дальнем Востоке России (конец XVIII в-1917г), Хабаровск: Издательство ХГПУ, 2001.

Алепко А. В. Государственная политика и международные экономические отношения на Дальнем Востоке России (конец XVIII в-1917 г.) Хабаровск: Изд-во ТОГУ, 2006.

Алепко Н. А. Торгово-промышленная деятельность иностранцев на Дальнем Востоке России в 1891 – 1904 годах, Дальний Восток России: основные аспекты исторического развития во второй половине XIX-начале XX века: (вторые Крушанов. чтения, 2001 г.). Владивосток: Дальнаука, 2003.

Алепко А. В. Экономическая деятельность китайцев в дальневосточном регионе России в XIX-начале XX вв, Проблемы Дальнего Востока, 2002. № 4.

Алепко А. В. Китайцы в Амурской тайге—отходничество в золотопромышленности Приамурья в конце XIX-XXв, Россия и АТР, 1996. № 1.

Алепко Н. А. Иностранный капитал и лесная отрасль Приамурья во второй половине XIX-начале XX веков, Записки Гродековского музея. Хабаровск: Хабаровский краевой музей имени Н. И. Гродекова, 2002, № 4.

Алепко Н. А. Проникновение иностранного капитала в тихоокеанские промыслы России во второй половине XIX - начале XX вв,

参考文献

Международные отношения в Тихоокеанском регионе в XIX-XX веках. Хабаровск: Хабаровский государственный педагогический университет, 1997.

Сорокина Т. Н. Хозяйственная деятельность китайских подданных на Дальнем Востоке России и политика администрации Приамурского края (конец XIX-начало XX вв.), Омск: Омский государственный университет, 1999.

Сорокина Т. Н. Хозяйственная деятельность китайского населения в Южно-Уссурийском крае в конце XIX в. (по записке П. П. Аносова), Вестник Томского государственного университета, 2010. № 1.

Сорокина Т. Н. Из истории борьбы с опиекурением на русском Дальнем Востоке в 1910 – 1915 гг, Исторический ежегодник. Омск: Омский гос. ун-т, 1996.

Сорокина Т. Н. Китайская иммиграция на Дальний Восток России в конце XIX-начале XX вв, Исторический ежегодник. Омск: Омский гос. ун-т, 1999.

Сорокина Т. Н. К вопросу о выработке иммиграционного законода тельства для дальневосточных областей России в конце XIX-начале XX в, Вестн. Том. гос. ун-та. № 281. 2004.

Сорокина Т. Н. Труды Хабаровских съездов о китайских подданных в Приамурском крае на рубеже XIX-XX вв, V Омские исторические чтения: материалы регион. науч. конф. Омск: Омский государственный университет им. Ф. М. Достоевского, 2018.

Сорокина Т. Н. Китайское Владивостокское общество взаимного вспомоществования в 1906 – 1914гг, Россия и Китай на Дальневосточных рубежах. Благовещенск: АмГУ, 2002.

Нестерова Е. И. Русская администрация и китайские мигранты на Юге Дальнего Востока России (вторая половина XIX-начало XX вв), Владивосток: Издательство Дальневосточного университета, 2004.

Нестерова Е. И. Китайский торговый дом «Шуанхэшэн» (Владивосток-Харбин, конец XIX-первая половина XX в.), Вестник ДВО РАН, 2011. № 1.

Нестерова Е. И. Управление китайским населением в Приамурском генерал-губернаторстве (1884 – 1897 гг.), Вестник ДВО РАН, 2000. № 2.

Нестерова Е. И. Система управления иммигрантами на Дальнем Востоке (1860 – 1884 гг.), Россия и АТР, 2000. № 2.

Нестерова Е. И. Китайцы и на российском Дальнем Востоке: люди и судьбы, Диаспоры, 2003. № 2.

Нестерова Е. И. Русская администрация и зазейские маньчжуры: административно-управленческие и территориальные проблемы (вторая половина XIXв.), Россия и Китай в прошлом и настоящем. Сб. статей. Благовещенск: Изд-во БГПУ, 2001.

Нестерова Е. И. Китайское консульство во Владивостоке, Вестник ДВО РАН. 2002. № 1.

Нестерова Е. И. Атлантида городского масштаба: китайские кварталы в дальневосточных городах (конец XIX-начало XX в.), Этнографическое обозрение, 2008. № 4.

Нестерова Е. И. Иностранные коммерческие агенты в Николаевске на Амуре (1856 – 1874 гг.), Вестник ДВО РАН. 2013. № 1.

Нестерова Е. И. Христианизация китайцев в Приамурском генерал-губернаторстве в конце 19-начале 20 вв: постановка проблемы, Россия и Восток: культурные связи в прошлом и настоящем. Материалы Международной научной конференции 16 – 17 апреля 2014. Екатеринбург: Гуманитарный университет, 2014.

Нестерова Е. И. Общества китайцев Уссурийского края (вторая половина XIX-начало XX вв.), История Китая. Материалы китаеведческой конференции ИСАА при МГУ. Москва: Изд-во

Гуманитарий Акад. Гуманитар. Исслед., 2005.

Нестерова Е. И. Из истории первой переписи китайских мигрантов в Приморской области (конец 60-х гг. 19 в.), Россия и Китай на дальневосточных рубежах. Материалы конфер. Благовещенск: Изд-во АмГУ. 2002.

Нестерова Е. И. Китайский старшина Лигуй: вопросы истории и историографии, Дальний Восток России в системе международных отношений в Азиатско-Тихоокеанском регионе: история, экономика, культура. (Третьи Крушановские чтения). Владивосток: Дальнаука, 2006.

Романова Г. Н. Экономические отношения России и Китая на Дальнем Востоке. XIX - начало XX в. Москва: Наука, 1987.

Романова Г. Н. Предпринимательство, земледелие и промыслы китайских мигрантов на Дальнем Востоке России (конецXIX-начало XX вв.), Проблемы Дальнего Востока, 2013. № 6.

Романова Г. Н. Торговая деятельность китайцев на Дальнем Востоке России (конец XIX-начало XX в), Россия и АТР, 2009. № 3.

Сметнева Н. В. Проблема пьянства на приисках Восточной Сибири во второй половине XIXв, Исторические исследования в Сибири: проблемы и перспективы. Сб. материалов Региональной молодёжной научной конференции, Новосибирск: Параллель, 2007.

Тимофеев О. А. Российско-китайские отношения в Приамурье (середина XIX-начало XX вв), Благовещенск: Издательство Благовещ. гос. пед. ун-та. 2003.

Константинов Г. Д, Ляшковский В. Н. Китайская диаспора в Хабаровске. 1858 – 1938. Хабаровск: Дальневосточный издательский центр «Приамурские ведомости», 2018.

Анча Д. А, Мизь Н. Г. Китайская диаспора во Владивостоке—страницы истории, Владивосток: Дальнаука, 2015.

Мясников В. С. Русско-китайские договорно-правовые акты (1689 – 1916), Москва: Памятники исторической мысли, 2004.

Яковлева Т. И. История Владивостока (1860 – 1959гг.): краткая библиография. Владивосток: ДВФ СО АН, 1959.

Киселёв Д. В. Ю Хай, Ли Гуй и Лин Гуй—деятели манзовского самоуправления в Уссурийском крае во II-ой пол. XIX в, Общество и государство в Китае, 2012. № 42 – 2.

Зиновьев В. П. Китайские и корейские рабочие на горных промыслах Сибири и Дальнего Востока в конце XIX-начале XX, Вопросы экономической истории России XVIII-XX вв, Томск: Национальный исследовательский Томский государственный университет, 1996.

Зиновьев В. П. Очерки социальной истории индустриальной Сибири XIX-начало XX в. Томск: Изд-во Том. ун-та, 2009.

Крушанов А. И. История Дальнего Востока СССР в эпоху феодализма и капитализма (XVIIв- февраль1917г). Москва: Наука, 1991.

Маркова Н. А. Золотопромышленное предпринимательство в Приамурье (вторая половинаXIX-начало XX в.), Россия и АТР, 2007. № 2.

Алексеев А. И. Морозов Б. Н. Экономическое развитие Дальнего Востока во второй половине XIX века, Вопросы истории, 1981. № 5.

Алексеев А. И, Морозов Б. Н. Освоение русского Дальнего Востока (конец XIX в-1917 г.), Москва: Наука, 1989.

Богословский Л. Крепость-город Владивосток и китайцы, Вестник Азии. 1913.

Матюнин Н. Г. Записка о китайцах и маньчжурах, проживающих на Левом берегу Амура, Сборник географических, типографическихи Статистических материалов по Азии. Вып. 58. СПб., 1894.

Сухачева Г. А. Хунхузы в России: отечественная историография последней трети XIX в. о проблеме хунхузничества на Дальнем Востоке, Россия и АТР, 1996. № 4.

参考文献

Сухачева Г. А. Китайские тайные общества во Владивостоке в конце XIX-начале XX в, Китай, китайская цивилизация и мир. История, современность, перспективы: Тез. докл. IV междунар. науч. конф. Москва: ИДВ, 1993.

Сухачева Г. А. Обитатели «Миллионки» и другие: деятельность тайных китайских обществ во Владивостоке в конце XIX-нач. XX вв, Россия и АТР, 1993. № 1.

Макуха Н. А. Проблема контрабанды спирта на российско-китайской границе в начале XX в, Россия и Китай на дальневосточных рубежах. Материалы конфер. Благовещенск: Изд-во АмГУ. 2003.

Синиченко В. В. Правонарушения иностранцев на востоке Российской империи во второй половине XIX-начале XX веков. Иркутск: Вост. -Сиб. ин-т МВД России, 2003.

Синиченко В. В. Уголовная преступность азиатских мигрантов на российском Дальнем Востоке и в Восточной Сибири (1856 – 1917 гг.), Восток, Афро-азиатские общества: история и современность, 2003. № 5.

Синиченко В. В. Китайское, корейское и японское население как «пятая колонна» на восточных окраинах России в конце XIX-начале XX вв, Восток, Афро-азиатские общества: история и современность, 2007. № 6.

Синиченко В. В. Контрабанда спирта и наркотиков на русско-китайской границе (вторая половина XIX-начало XX века), Силовые структуры и общество: исторический опыт взаимодействия в условиях Сибири: Материалы научно-теоретического семинара, Иркутск: Оттиск, 2003.

Коробченко А. И, Синиченко В. В. Паспотно-визовые правила и правовое положение иностранцев на Дальнем Востоке России в концеXIX- начале XX в, Восток, Афро-азиатские общества:

история и современность, 2009. № 6.

Ершов Д. В. Хунхузы: необъявленная война—этнический бандитизм на Дальнем Востоке, Москва: Центрполиграф, 2010.

Оссендовский А. М. Меры к облегчению доступа китайских рабочих на прииски Приамурского края, Золото и платина, 1916. № 1－2.

Мандрик А. Т. История рыбной промышленности российского Дальнего Востока (50-е гг. XVIIвV20-е гг. XXв.). Владивосток: Дальнаука, 1994.

Галлямова Л. И. Дальневосточные рабочие России во второй половине XIX-начале XX веков. Владивосток: Дальнаука, 2000.

Галлямова Л. И. Рабочее движение на Дальнем Востоке во второй половине XIX- начале XX века, Владивосток: Дальнаука, 2004.

Шендялов Н. А. История Благовещенска. 1856－1917: очерки, документы, материалы, Благовещенск: Амурская ярмарка, 2006.

Залесская О. В. Китайские мигранты на Дальнем Востоке России (1917－1938 гг.). Владивосток: Дальнаука, 2009.

Друзяка А. В. Исторический опыт государственного регулирования внешней миграции на юге Дальнего Востока России (1858－2008гг.). Благовещенск: Изд-во БГПУ, 2010.

Хохлов А. Н. Политика России в отношении китайских иммигрантов в период Первой мировой войны, Российская история, 2015. № 3.

Каменских М. С. О причинах волнений китайских рабочих на Урале в период Перовой мировой войны, Вестник пермского университета, 2009. № 1.

Надаров И. П. Северо-Уссурийский край, Записки Императорского Русского географического общества. Т. 17. СПб., 1887.

Тихменев Н. М. Манзовская война, Военный сборник, 1908, № 2－7.

Немирович Данченко В. Русский китаёз, Железнодорожная жизнь на Дальнем Востоке. Харбин: Н. А. Усов, 1910. № 5－6.

参考文献

Петелин И. И. Китайское общество Гунь-и-хуэй в Уссурийском крае. Владивосток: типо-лит. Вост. ин-та, 1909.

Кабузан В. М. Как заселялся Дальний Восток (вторая половина XVII в. - начало XX в.). Хабаровск: Хабаровское книжное издательство, 1976.

Кабузан В. М. Дальневосточный край в XVII-начале XX вв. (1640 – 1917). Москва: Наука, 1985.

Дубинина Н. И. Приамурский генерал-губернатор Л. Н. Гондатти. Хабаровск: РИОТИП, 1997.

Дубинина Н. И. Приамурский генерал-губернатор Н. И. Гродеков. Историко-биографический очерк. Хабаровск: Приамурские ведомости: Приамурское географическое о-во, 2001.

Усова А. В. К вопросу о численности жителей зазейских деревень и их этнический состав во второй половине XIX века, Проблемы Дальнего Востока, 2004. № 6.

Васкевич П. Г. Очерк быта японцев в Приамурском крае. Владивосток: Паровая типо-литография газеты "Дальний Восток", 1906.

Ткачёв С. В, Ткачёва Н. Н. Истоки конкуренции между русскими и китайскими поселенцами в начальный период колонизации Южно-Уссурийского края (сер. XIX-нач. XX вв.), Этнографическое обозрение, 2016. № 1.

Ткачёв С. В. Китайцы Южно-Уссурийского края по переписи В. Н. Висленёва (1879 год), Этнографическое обозрение, 2017. № 5.

Ткачёв С. В. «Корейцы и инородцы Южно-Уссурийского края» в переписи В. Н. Висленёва, Российская история, 2018. № 2.

Моргун З. Ф. Владивосток и японцы, Россия и АТР, 1993. № 2.

Моргун З. Ф. Японская диаспора во Владивостоке: страницы истории, Actf Slavica Iaponica, 14. 1996.

РГИА ДВ. Корейцы на российском Дальнем Востоке (вт. пол. XIX-нач XX вв): документы и материалы, Владивосток: Изд-во Дальневост. ун-та, 2001.

Тамура Айка. Из истории торгово-промышленной деятельности японцев на Дальнем Востоке России (1870 – 1922гг), Россия и АТР, 2007. № 1.

Аносов С. Д. Корейцы в Уссурийском крае. Хабаровск-Владивосток: Книжное дело, 1928.

Пак Б. Д. Бугай Н. Ф. 140 лет в России: очерк истории российских корейцев, Москва: Институт востоковедения РАН, 2004.

附　　录

附录一　俄国人和外国人向阿穆尔省和滨海省移民条例

为了吸引志愿者到阿穆尔省和滨海省定居,1861年4月27日俄国政府制定并颁布了俄国人和外国人向阿穆尔省和滨海省移民条例。该条例的主要内容如下:

1. 凡志愿定居阿穆尔省和滨海省的俄国人及外国人,均可拨给公有空闲土地,由其自选,或暂时归其领有,或永远为其私产;但永远归私人所有的土地,每俄亩须交纳三卢布。

2. 拨给土地时,须区分不同情况:愿以整个村社为单位定居和占有土地者,或愿单户定居和占有土地者。

3. 凡愿以整个村社为单位定居者,可根据以下各款拨给土地:

(1) 每个村社不得少于十五户,而且每户分得的整片土地不得超过一百俄亩。

(2) 拨给村社永久使用的土地,二十年内可不向国家交纳租税;但二十年之后,必须交纳特别土地租税,其数额以后另行规定。如果村社根据第1项规定,即按每俄亩三卢布的价格把土地购为私产,则可免交租税。但此价格只适用于头二十年,之后,政府可斟酌改变价格。除根椐第3项第1款规定拨给的土地外,村社尚可分得更多的土地,但必须按上述每俄亩三卢布的价格购为私产。

（3）村社免税使用的土地，在五年之内必须开垦，否则政府有权把未开垦的或不使用的土地收回。

4. 单户定居者，也可按上述总的原则拨给土地，但每户不得超过一百俄亩。

5. 凡自备川资迁居阿穆尔省和滨海省的纳税人，可免征兵役义务十次，并终身免交人头税，二十年之后只须向政府交纳土地税，此土地税与使用土地缴纳的租赋无涉，其数额，以后另行规定，但务期有利于国库。二十年之后，政府只对分拨给私人或村社使用的土地征收租赋。

6. 凡符合下列原则者，允许在阿穆尔省和滨海省各城市落户。此规则试行十年。

（1）保持其原籍身份及符合其身份的私人财产者。此类人员落户，只须交验地方当局（原籍的）的合法身份证明和合法的迁居手续证明。交验注册者若持有上述证明，无须再征求原住村社的同意。

（2）凡迁入本地区各城市者，自注册之日起，应在三年之内确实定居下来。凡不履行此项规定者，剥夺其享受下列优惠待遇的权利：向市民协会只交纳市政当局规定的用于发展城市的特种税后，即可分得除公家建筑用地外的空闲土地，用以建造房屋和店铺、作坊；在年内豁免一切赋税、国家徭役，房舍可不借予军队住宿，并在十年内免除兵役；有权在阿穆尔省和滨海省自由经营商业和在法律容许范围内经营任何工业与手工业。

（3）市民协会由城市中凡拥有不动产的俄国人和外籍侨民组成。

资料来源：П. Ф. 翁特尔别格：《滨海省：1856—1898 年》，黑龙江大学俄语系研究室译，商务印书馆 1980 年版，第 64—66 页。

附录二 阿穆尔省华侨总会章程

一、名称：本会定名曰阿穆尔省华侨总会。

二、地点：设置在俄国阿穆尔省城。

三、宗旨：本会以保护侨民生命维持财产为宗旨。

附　录

四、组织法：本会以旅俄阿穆尔省全境华侨组织，如有道途较远，地方体察事情繁简再行酌量推设分会。

五、名额：本会设会长1名、副会长4名、评议员8名、干事10名、书记4名、会计2名、调查12名、翻译1名、通译1名，会员无定额。

六、选举法：本会按照普通选举法，凡旅阿穆尔省华侨男子皆有选举权，但被选举时非以财产相当不得选举，为会中职员、雇员不在其列。

七、投票法：本会以无记名投票式，以得票多者为正、副会长，次者为评议干事。

八、责任：本会会长总成全会一切事宜，副会长勷助之会长，有故不能到会时，副会长得代行其职权，评议员担任评议事件，干事分任，责成书记管理文牍案件，会计掌管出入款项簿记，调查员担任调查商业景况暨户口并华人有无不正当行为，翻译官管理翻译外交往来文件，通译管理传达俄署事件。

九、任期：本会正副会长、评议、干事统以2年任期，书记、会计、调查、翻译、通译不在此限。

十、权限：本会人员均承会长办理会事。

十一、会期：本会分常年、例会、临时3种，常年会期每至年终1次，例会每至月终1次，临时会无定期。

十二、召集法：本会会期统以会长召集之。

十三、秩序：本会无论年会、例会、临时会均以会长为主席。

十四、议事规则：本会开会先由主席宣告事由，鉴以全体会员总数三分之二以上通过为表决。

十五、会印样式：本会往来文件如有空白实难以昭信守，拟刊木质会印一颗，文曰阿穆尔省华侨总会之章，遇事钤用，以示慎重，此条已遵部批修改。

十六、交涉：本会遇有侨民与俄人交涉事件，总以和平对待，挽回主权不失邦交为主。

十七、裁判：本会遇有侨民对与侨民纠葛事项以和平解释免致讼累，但涉及民刑重大事故，得送回中国就近官署办理。

资料来源：《阿穆尔省华侨总会章程》，瑷珲档案，民国八年。黑龙江省黑河市爱辉区档案馆档案，商会政治类。引自宁艳红：《旅俄华侨史料汇编》，黑龙江教育出版社2016年版，第205—206页。

附录三　符拉迪沃斯托克中国人互助会章程[①]

第一章　协会成立之宗旨

1. 符拉迪沃斯托克中国人互助协会成立之宗旨是加强会员间物质和精神之密切联系。

2. 讨论协会会员之需求。

3. 红胡子破坏了正常的贸易往来，协会成立的目的之一是以协会会员共同出资的方式向当局提供一笔资金，由当局委派警卫来保卫城市居民免遭红胡子之侵扰。

4. 为了消除会员彼此间分歧、互利协作，并制定行会章程势在必行。

5. 通过以下几种方式对贫穷会员进行救助：

а）向贫穷会员提供衣物、食物和临时栖身之所，若对方丧失劳动能力则向其提供金钱补贴。

б）帮助贫穷会员就业，为贫穷会员提供必要原料和工具以助其创业，同时帮助他们销售商品。

в）向贫穷会员提供医疗救助，救助若在患者家里进行，则需要专业人士指导，若病情严重则帮助送医院救治，若病人死亡则帮助安葬。

г）贫穷会员返乡时，向其提供一定数额的路费。

[①] 中国人互助会，俄文为"Китайское общество взаимного вспомоществования"。在符拉迪沃斯托克的中国人互助会是帝俄时代远东地区成立的第一个被俄国官方批准的中国人社团组织，之后在哈巴罗夫斯克、尼科尔斯克—乌苏里斯克也相继成立类似机构。

附 录

д）协会拥有一定资金和遵守俄国相关法令的前提下，当局应准许协会创办面向贫穷会员的医院、公共食堂、客栈、廉价住宅等。

6. 为了向会员提供相关信息以助其发展事业，协会有广泛搜集各类商业信息之必要。

7. 为提升会员文化素养，协会创办学校、图书馆等机构，会员可在此读书报和期刊。协会定期邀请各个领域专家来讲座，以此开拓会员的视野。以上举措须遵守俄国相关法令。

8. 给予会员在闲暇时间从事俄国法令允许的诸如棋牌等娱乐活动的自由，但活动仅限于行政部门规定的场所。

第二章　协会活动范围

9. 协会活动地域是符拉迪沃斯托克市。

10. 协会共有两个印章，一个印有俄文"符拉迪沃斯托克中国人互助会"，另一个印有中文"海参崴华商会"。

第三章　协会的创办者

11. 协会的创办者是协会章程文本的签字者，他们也是将章程呈给滨海州驻军司令者。

第四章　协会会员入会、退会准则

12. 会员无数量限制，在符拉迪沃斯托克的所有中国臣民均可以入会。

13. 会员分初创会员、名誉会员、一般会员三类。向协会提供一定数量捐款或为协会作出突出贡献者可成为名誉会员。经会员大会选举而获得会员资格者是一般会员。一般会员若无下列行为之一者则一直拥有会员资格：其一，主动退会者；其二，有不法行为者；其三，不交会费者。

14. 名誉会员的选举：首先要有不少于三名的会员向协会提名，并要提名时要详细阐述理由。提名后在会员大会上投票表决，多数会员同意后方能成为名誉会员。

15. 下列几类人不能成为协会会员：

а）未成年人。

б）不遵守协会规章者。

в）恶意破产者（злостные банкроты）和欠债不还者。

г）被协会除名者。

д）法律上被限制行为者、服刑者、有犯罪嫌疑正在接受调查者。

е）名声不佳者。

ж）从事低贱工作者（занимающиеся низкими профессиями）。

з）红胡子、同红胡子有关联者、接受红胡子赃物者。

16. 加入协会者，首先由三名会员的提名，要在协会大会上投票表决。

备注：1）表决前候选人要在申请表上填写如下信息：名，姓，籍贯（省、区或县），年龄，职业。入会推荐人和申请人都要在申请表上签字，申请人要承诺遵守协会规章制度和按时交纳会费、关心协会事务。2）推荐人承担为申请人担保的责任。3）光绪三十一年十二月十六日（1905年12月28日）起在申请书上签字即自动成为会员。

17. 为了更好了解申请人的情况，申请书要在大会投票前的14天内提交。

18. 大会在对申请人是否入会投票表决时，申请人不能在场。只有超过一半以上会员同意才能成为会员，成为会员后能得到协会章程一份。

19. 落选的候选人在本届委员会存在期间不得再次申请入会。协会章程规定一届委员会存在时间不得少于一年。

20. 除了名誉会员外，所有会员都平等地享有下列权利：

а）委员会成员和名誉会员的选举权。

б）会员候选人和名誉会员的推荐权。

в）会员纳新和开除老会员时的表决权。

г）制定和修改协会章程的权利。

д）确立会费征收标准的权利。

e）经费支出的许可权。

ж）为刊发在报纸和公告上的贸易信息搜集资料。

з）不熟悉俄国或中国相关法令的会员有去协会咨询的权利。

и）在使用中或俄文撰写相关材料若遇有困难，有去委员会寻求翻译等帮助的权利。若有必要，委员会会派驻会法律顾问前来帮助。法律顾问的口头解答是无偿的，若涉及书面撰写方面的帮助要签合同，并要付费。

21. 会员有按自己意愿退会的权利，但需要事先提交退会申请，退出后最后一月的会费不返还。

22. 三个月未交会费者，根据协会章程将被除名。

23. 若委员会中有三名委员检举某会员有不当行为，经调查属实，提交会议表决，表决中2/3以上会员同意，则被除名，会费不予返还。

第五章　协会资金

24. 协会经费来源：1）会费；2）捐赠；3）罚金；4）协会投资盈利收入；5）协会不动产的收入；6）其他收入。

25. 会费分为七档：第一档——50卢布；第二档——30卢布；第三档——20卢布；第四档——10卢布；第五档——5卢布；第六档——2卢布；第七档——1卢布。

26. 会员入会之时要确立等级，据此来确定会费的数额，会费从入会的第二月开始交。

27. 会费按月交纳。

28. 每个月月末协会的文书（делопроизводитель）准备好一式三份的单据供下月初交纳会费之用。收到会费后，收款员在收据上签字，然后依次交给协会会长或副会长、财务人员签字。之后将三方签字的单据返还委员会，装订成册并存档。

29. 在接收捐赠、罚金及其他来源资金时要做好登记工作，资金单据上要有协会会长或副会长、文书、财务人员的签字。

第六章　委员会

第一条　委员会组成

30. 为了管理协会的日常工作，成立一个委员会，委员不得超过 50 人。委员会是协会的执行机构，可以称其为"董事会议局"（Дун-ши-хуй-и-цзюй）。该机构的成员有：主席、副主席各 1 人，助理 5 人，财务人员 3 人，文书 3 人，顾问 5 人，报告起草人 7 人，负有特殊任务的工作人员 5 人。

31. 个别时候可以从会员中选出一些专业人士参加委员会的工作，具体人数不受限。

第二条　委员的产生方式和成员的补充

32. 委员从会员中选举产生，选举在协会年会上进行，委员任职 1 年。

33. 委员会组成后一周内召开委员会会议，选举委员会主席和副主席。委员会主席和副主席要具备两个条件：a) 会俄语，具备中文写作能力；б) 年龄要在 30 岁以上。

34. 委员会主席和副主席由委员投票选出，得票最多者是主席，得票第二者是副主席，选举时若出现票数一样时重新投票。

35. 委员会的主席和副主席协商确定各委员的分工。

36. 委员不得拒绝履行职责。

37. 委员若不能按时参会者要受罚款的处罚，按照协会大会确立的标准，一次 25 卢布。

38. 委员若连续 3 次不参加会议，则将面临着除名的危险，被除名留下的委员空缺则由候选人中的年长者（старший）来补位。

39. 被除名的委员若以书面形式向委员会申请他的委员位置由自己公司的人来担任，被除名者的申请是否被接受，决定权在委员会。若申请被否决，则空缺由候选人中的长者来填补。

40. 委员会主席和副主席若想要假，需要得到委员会全体委员中 2/3 委员的同意方可成行。

附　录

第三条　委员会会议

41. 委员会会议分为一般会议（обыкновенные заседания）和特别会议（экстренные заседания）。

42. 一般会议每周日例会，例会目的是对过去一周工作进行总结和对未来一周事务作出安排。

43. 若有紧急事务需要处理则由委员会主席，主席若不在则由副主席召集召开紧急会议，这种会议即为特别会议。

44. 委员会会议召开需要至少全部委员中2/3比例的委员出席。

45. 委员会会议的议题和议事流程由会议执行主席（председательствующий）确定，然后粘贴到会议室供参会者阅览。

46. 会议有如下几个主要组成部分：

а）首先由执行主席介绍所议之事，并作一定说明，然后讨论，拿出方案，一个议题没有解决前，不得转入另一议题。

б）与会者发言时要离开自己座位到专门的发言席发言，发言完毕后回到自己座位。

в）持有反对意见的委员可以向会议执行主席申请发言，得到允许后走到发言席发言。

г）之前发言的委员在得到会议主持者的允许后，再次发言，对其他人发言进行回应。

47. 参会者表决无外乎三种态度，赞同、反对、持有其他观点。表决涉及重要观点时工作人员要做好记录，与会者要在记录上签字。

48. 参会者在会议上要公开表达自己观点。表决时若有赞同者占多数即可形成决议。若与会者认为实名投票不便时，则可匿名表决。表决时赞同和反对两种意见票数相等时，决定权交会议执行主席，由他裁决。

49. 会议决议要经参会人员签字确认，然后或粘贴在会议室醒目处，或刊登在报纸。前者用于一般事宜，后者适用重要事宜。

50. 若所议之事很急迫，一次会议未能解决，则由会议执行主席在会议结束之时宣布召开特别会议，并告知会议时间。

51. 会议召开时，若有人提出讨论未列入会议议程问题时，需要在讨论完既定内容后，由会议执行主席向与会者提出。若执行主席认为讨论该问题的时机不成熟、留日后解决，由执行主席确定再行讨论的时间。

52. 若问题在委员会上没有得到妥善解决，会议执行主席有权决定召开5人组成的专门会议解决。专门会议讨论后，结果提交委员会。专门会议召开时间由委员会主席确定。

53. 开会时禁止以下行为：

а）禁止喧哗和交头接耳。

б）禁止将个人感情带到问题的讨论中，但允许有不同意见。

в）不许打断他人发言。

г）禁止参会者在讨论问题时表达对问题的看法，赞同或反对。

д）无会议执行主席的许可不可起立和离开。

е）禁止穿着有碍观瞻的衣服出席会议。

ж）禁止吸烟。

з）不可随地吐痰，若要吐，只能吐到痰盂里。

第四条　委员会职责

54. 如上述第3款所言委员会向当地行政部门提供一笔资金来雇佣侦探、警察等保护会员免遭红胡子侵扰，同时委员会也向当地行政部门提供红胡子的信息。

55. 委员会要关心同胞，这一关心不仅体现在金钱帮助上，还体现在财物支持上。

56. 委员会要按照行政当局要求提供协会、委员会相关信息。

57. 委员会不仅要与俄国当局和个人积极联络，也要同中国当局和中国人联络，以此实现拓展业务的目标。

58. 委员会负责制定行会章程。

59. 委员会要循序渐进地完成协会章程第5、7、8款中规定的任务。

60. 按照行政当局的要求，随时上报协会运作、业务发展等方面的情况。

附　录

61. 委员会定期公布协会的财务情况，保护会费交纳、财务收支等方面信息，以此达到公共监督、增加财务透明的目的。

62. 委员会不管对于政府还是对协会而言都是法人，要履行协会注册时承诺的职责。

63. 涉及协会发展问题时，会员间若产生分歧，委员会要承担仲裁者的角色。

64. 委员会负有制定协会工作日程和布置任务的重任。

65. 委员会负有为协会某些职位的选举工作制定具体规则，和根据协会入会准则，如章程的第14、17款等了解新会员情况的职责。

66. 委员会负有将交易所的商品价格表翻译成中文的职责。

67. 委员会负责撰写协会年度工作总结、财务报表和下一年度收支预算的任务。

68. 委员会有将中国人经商习俗汇总、编辑成集、翻译成俄文交与符拉迪沃斯托克商品交易所的任务。

69. 委员会负责编辑有会议执行主席、与会者、会议记录人三方签字的会议记录簿。

70. 委员会承担按照俄国当局的要求汇报会员信用状况及经营的商业机构贸易额等方面信息的义务。

71. 委员会还承担登记协会会议室访客姓名、性别、公司名称等信息和登记会议室参观机构信息的任务。

72. 委员会负责编辑和出版符拉迪沃斯托克中国商行和商行所有者、商行雇佣职员等信息的任务，并在材料出版后分发符拉迪沃斯托克驻军司令、符拉迪沃斯托克市邮局、中国政府驻符拉迪沃斯托克商业机构。

73. 委员会负有将载有委员会章程、协会章程和包括每月财务报表在内的各类信息小册子放到会议室（委员会在符拉迪沃斯托克市有固定办公场所）的任务。

第五条　委员会主席、副主席、委员的权利和义务

74. 委员会全体成员除享有协会章程第20款规定的权利外，还享

有下列权利：а）主席和副主席的选举权；б）邀请和雇佣工作人员；в）差旅费报销的提出权。

75. 5 名助理的职责：а）为主席和副主席提供帮助；б）同主席、副主席私下讨论问题之权。

76. 3 名财务监督员（ревизор по финансовой части）的职责：а）监督财务；б）与文书一同撰写财务报告和编制预算。

77. 除财务工作外，财务监督员还负责文案工作，具体职责如下：а）起草文件；б）监督文案工作；в）提供相关的中、俄文法律材料，并将其中涉及贸易方面的材料选出备用；г）阅读文件，并对文件内容作出相应解释；д）检查文书准备的重要文件；е）同专职文案一同编制协会、委员会年度报告。

78. 5 名顾问的职责：а）接待到访的客人；б）在主席同俄国行政部门工作人员交往时提出合理建议。

79. 5 名特别委员（член по особым поручениям）的职责是履行委员会下达的某些单独委托的任务。

80. 主席除了享有章程第 74 款规定的权利外，还有如下权利：

а）在协会和委员会会议上充当执行主席。

б）确定会议发言者的次序。

в）会议召集权。

г）会议上是否辩论的决定权。

д）确定委员会会议召开日期。

е）对会议完成既定议题后是否闭幕的决定权，及会议是否讨论未列入议程的问题决定权。

ж）投票表决时出现相同数量选票时的裁决权。

з）会员被章程第 53 款规定处罚后不满，则有主席向其解释规章。

и）提前选举委员会成员以代替退会者或对当前工作有抵触情绪委员的建议权。

й）对改变委员会工作人员数量的建议权。

к）对某议题进入协会大会议程的建议权。

❖ 附　录 ❖

81. 副主席负有辅助主席的职责，在主席生病或在外地度假不能履行主席职责时，由副主席代行主席职权。

82. 若有会员或非会员向协会主席或副主席提供相关重要信息，并要求保密，主席或副主席不得向外界透露信息提供者的姓名。

第六条　委员会工作人员的名额

83. 委员会的工作人员有：负责管理日常事务的中国文书1人，法律顾问（履行代理陪审员职责）1人，俄文秘书（受教育程度不得低于中学）1人，译员（драгоман）和出纳员各1人。若没有找到受正规教育之译员，则可聘仅有翻译实践者。以上所列的是固定工作人员，若有临时需要可适当增加工作人员数量。

84. 委员会成员和工作人员不得泄露委员会未定之事。

第七章　协会大会（Общие собрания членов）

85. 协会大会分年会和特别会议。

86. 年会在新一年的第一个月召开，具体日期由会长确定，确定会议日期后一周内通知会员。

87. 大会只有在全体至少会员人数的2/3会员出席方能召开，若达不到这个比例则要另选时间开会，通常在7天后。

88. 年会及特别会议之会议流程如下：

а）首先会长任命两名与会者来维持会议秩序。维护秩序者中1人按铃，让大家坐好，5分钟后再次按铃，会议秩序主席（一般是协会会长）宣布开会。在转换议题时再次按铃。讨论完所有议题后，执行主席宣布会议结束。

б）讨论和解决问题按章程第46、48款内容执行。

в）会场注意事项见协会章程第53款。

89. 年会第一次会议上，选举出3名会员组成一个委员会。组建的3人委员会的目的是审查协会的财务报表、收支单据、预算计划。

90. 年会的第二次会议上，三人委员会要认真审查协会的财务报告、收支单据、预算计划，审查无误后予以确认。

91. 协会大会讨论问题如下：

а）未列入预算计划的支出款项问题。

б）增加或减少会费问题。

в）支出超过100卢布预算项目的确认问题。

г）协会出售和购买资产问题。

д）除协会章程第21、22款关于会员除名的规定外采取其他方式除名会员问题。

е）修订协会章程。

92. 特别会议的召集除章程第52款规定的流程外，章程第80款规定的协会会长的权限之一——决定召开特别会议的权利，但需要有10名会员联名向会长或副会长申请。

93. 若议题在年会和特别会议上未得到解决，协会会长可邀请协会名誉会员参与未完议题的讨论，讨论结果提交特别会议。

第八章　财务报表

94. 按照委员确定的原则如实撰写财务报告和管理收支明细单。

95. 所有资金，除必须要立即支付的且不超过100卢布的以外，都要保存在作为委员会信贷机构的分支机构——出纳处。资金的使用要经主席或副主席签字许可，严格按照委员会制定的制度来管理每月的现金收支和现金收支后的凭证。

96. 协会以年为一个工作周期，年是按照中国历法（农历）来计算。委员会在年后不迟于两周的时间里将财务报告、年度总结和新一年的预算准备好，在年会的第一次会议上提交，有3人组成的监察委员会对这些材料进行审查，监察委员会的成员中不能出现委员会成员。

97. 监察委员会对提交的报告、总结、预算进行为期两周的审查，审查后要写一份审查报告，审查报告要呈交给协会。审查保护检查无误后，粘贴到会议室的醒目处，同时审查报告还要刊登在《远东报》和上海、芝罘的一报纸上。

98. 若上年度预算有结余，且超过1万卢布，那么按照章程的第5、

附　　录

7、8 款规定处理。

第九章　章程的修订

99. 第一步：由不少于 10 名会员向委员会提交理由充分的修改现章程书面申请，受理后被列入协会大会议程。第二步：若大会同意修改，则向符拉迪沃斯托克驻军司令提交修订章程申请。第三步：得到驻军司令批准后，修订章程工作正式启动。第四步：协会成员提交修改意见。

100. 若由于某一特殊原因协会要停止活动，协会资产和隶属于协会的财产要自行处理。对协会财产的处置在呈请驻军司令批示后，以慈善为宗旨，本着对符拉迪沃斯托克市的中国人或符拉迪沃斯托克市的中国公益机构带来好处的目的出发处理协会资产、财产。

101. 现行协会章程经滨海州驻军司令批准，章程公证后得到中国人关玉海（Гуань-юй-хан）的认可。

签字人：（关凯阳）Гуан-кай-цяо 和佟立（Тун-ли）代关玉海（Гуань-юй-хан）；同盛隆（Тун-шин-лун）商号的张吉唐（Чжан-тин-тан）；同和泰（Тун-хо-тай）商行的赵宝三（Джо-бо-сан）；赵山九（Зяо-шан-дью）代伊泰（Итай）；初俊三（Цу-зун-сан）代戴文同（Тай-вен-тун）和范同（Фан-тун）；庆泰义（Чин-тай-и）商行的王连钦（Ван-лян-чин）；商人马绍默（Машомо）、商人佟松（Тунсун）、邵霍升（Сон-хо-шин）。

资料来源：Петров А. И. История китайцев в России：1856 – 1917. СПб：ООО «Береста»，2003. C. 796 – 804.

附录四　俄国发给旅居海滨省华民身票次序章程

（十款 光绪三十年）

羁旅海滨华民分两帮，一于一千八百六十年在北京立约分界以前已在海滨省居住者，一从立约分界以后陆续来者，续来华民从中国越境贸易及他项营业者亦宜编入。为先来华民无多，立约时允给独擅之便宜，如身票不限年期，票内注明有何营业，用寻常空白纸书写，贴印花税票六十戈比之数。先来华民或商人领有头二、三号商票者（按此项票非指华票而言，系货票外另有一种体面商人票），购常票时免缴身税，于国帑身税详下。续来华民定有章程如左：

一、从东三省入海滨省界，须赴交界税官处，交界税官如卡拉（俄称卡拉司诺先立司基）、罕奇（俄名）、三岔口（俄称波而达司基）、卡杂甘佛赤瓦屯（俄名）、各自洛符司喀耶屯（俄名）、格拉甫司喀耶屯（俄名）、伯利（俄称哈拨洛符司克）、海参崴（俄称符赖抵佛司托克）及他处，有事时即准设立。

二、凡华民入海滨省时须呈验中国官护照于税官处，若经税官盖印方为合例有用之凭照。其航海由某处入境者，亦须呈验护照，经某处俄官盖印证明，如岩杵河（俄称诺佛甘液佛司克）、或海参崴、或苏城（俄称符赖地米罗阿立克之姆特洛扶司喀耶）、或窝里干（俄名）、或庙上（俄称尼古拉液扶司克）。

三、中国护照内盖印在陆界则有税官，在水界则有城治警察官，或城治外地方警察官，或他项官员代警察办事者，或岩杵河交涉官，加盖刊有地名之印。此外，尚须注明年月日某人入境，文列某号字样，每盖一印收费三十戈比，另于存根册内注明，由以上各官员按月呈报海滨省衙门备案。

四、凡华人入境持有以上各官员盖印之护照，自盖印之日起一个月为期，准其在境内居住，过期即须购领俄国身票，购领身票处如下。

五、凡华人持有经俄官盖印之护照可领俄国全年身照，在城则赴总巡厅具领，在县则赴县官或巡检处具领。若在乌苏里之卡杂甘佛赤瓦屯或各自洛符司喀耶屯或格拉甫司喀耶屯，则赴屯长处具领。或由可杀克（类华旗籍）、乌卡司总管（类华知县）发俄国身照，照内曾经威抚帮办签字，照费由阿穆尔总督核定，缴国帑四罗布一十戈比，印花税六十戈比，书手三十戈比。此三十戈比为巡抚处编辑管理之费,若嗣后此等费能由国帑拨发,则此三十戈比不归书手费,应归入国帑。发俄国身票当将中国护照一并用线合订,盖火膝[漆]印于俄照结线之端。

六、凡华人在海滨省居住,自领俄照日起满一年之期者,当在城赴总巡厅,在县赴县署或巡检厅,就近更换新票。新票亦给一年期限,票费与第五条同,订式亦同,帷须慎细区别,将俄票画销而以华照合订。

七、若华人遗失身票,须速报巴利兹(查巴利兹系俄总巡厅知县巡检之总称),巴利兹当于存根册内查明,果有其人可再照发新票,票期照所失之票为起满之日,票费按第五条全收。

八、若华民并无华照或有华照而入境时未经盖印,或逾盖印后一月期而未具领身照者,须罚钱五罗布再按第五条缴票费五罗布方可发给身票,另行知照交涉官转咨华官补发护照。

九、若华人在海滨省居住所领身票逾一年期限而未更换新票者,须罚五罗布,按照第九条领票。

十、若华人以本名身票给人居住,受其票者安然居住或来往俄境各处捏报本身之票,给者受者均应按国律加罪册九百七十七条。

查国律加罪册九百七十七条称:某人以本名身票给人居住或来往各处,某人冒用假票、或稍自更改、或冒充他人之票为本身之票,藉以居住或往来各处,则给者受者均可押送大狱两月至四月为度,或押警牢自三星期至三个月为度。

西历一千九百零八年

资料来源:刘瑞霖:《东三省交涉辑要·禁令门》(第11卷)之《俄国发给旅居海滨省华民身票次序章程》,收录于姜维公、刘立强:《中国边疆研究文库·初编·东北边疆卷》(七),黑龙江教育出版社2014年版,第242—244页。

附录五 俄国向阿穆尔州中国人发放票证章程

从"满洲"越过俄国边界进入阿穆尔州及返回"满洲"应从以下

地点入境和出境：1）伊格纳希诺镇（с. Игнашино）；2）列伊诺沃村（п. Рейново）；3）切尔尼耶沃镇（с. Черняево）；4）布拉戈维申斯克市（г. Благовещенск）；5）拉杰镇（с. Радде）；6）叶卡捷琳诺—尼科利斯科耶镇（с. Екатерино-Никольское）；7）米哈伊洛—谢苗诺夫斯基镇（с. Михайло-Семёновская）。

入境中国人要在以下几个指定地点或机构办理签证：位于布拉戈维申斯克的驻军司令办公室、伊格纳希诺镇、列伊诺沃村、切尔尼耶沃镇、叶卡捷琳诺—尼科利斯科耶镇、拉杰镇、米哈伊洛—谢苗诺夫斯基镇。

I. 办理签证和发放居住证流程

1）为了贸易或其他和平项目的来俄国阿穆尔州的每名中国人在经过以上所言的入境地点（伊格纳希诺镇、列伊诺沃村、切尔尼耶沃镇、叶卡捷琳诺—尼科尔斯科耶镇、拉杰镇和米哈伊洛—谢苗诺夫斯基镇）时向工作人员出示中国政府签发的护照。该护照在入境时要办理签证，且要交纳一笔办理签证的费用。在给中国人的护照办理签证时需要盖办理签证机构的印章，签证下方需要有办理签证的工作人员签名。在护照上要有护照持有人的俄文姓名，签证签发的年、月、日和编号。最后，签证办理者要交 30 戈比的费用。交过费后，返回护照。

2）持有中国护照者在按照上述规定办理签证后可以在阿穆尔州无障碍地生活一个月，时间从办理完签证算起。

3）在办理签证一个月后，每一个在阿穆尔州的中国人都要在以下几处行政机构办理一份俄国居住证：а）布拉戈维申斯克驻军司令办公室；б）区警察局办理，主要面向村庄居住的中国人；в）哥萨克镇的阿塔曼处办理，主要面向在哥萨克镇的中国人；г）矿区警察局，主要面向金矿区的中国人。

4）办理俄国居住证时，根据阿穆尔河沿岸地区总督确定的标准，每一个办理居住证的人要交如下费用：向国库交纳 3 卢布 90 戈比的税，交 80 戈比的印花税，交 30 戈比的办公费（канцелярские расходы）。居住证要和护照装订并粘贴在一起，居住证在上面。居住

附　录

证持有者在使用居住证时要遵守由阿穆尔州驻军司令部出台的居住证使用规定。

5）在阿穆尔州持有俄国居住证的中国人在一年内要就近向以上所列的机构或机构负责人出具居住证。这些机构为：布拉戈维申斯克驻军司令办公室、区警察局长、矿区警察局长、哥萨克镇在伊格纳希诺镇、切尔尼耶沃、拉杰、叶卡捷琳诺—尼科利斯科耶、米哈伊洛—谢苗诺夫斯基的阿塔曼，以及在列伊诺沃村（可以换新居住证）的阿塔曼。新居住证使用期限仍然是一年，新居住证仍然要交税，标准同第一次办理居住证，共5卢布。新居住证还要粘贴在护照上。新居住证办理后，旧居住证失效。

6）若居住证丢失，要立即到警察局挂失。经核实属实则补发居住证，补发的居住证日期以挂失登记之日算起，且要按照新居住证交费。

II. 违反票证制度的后果

1）既没有中国护照，也没有俄国居住证，并以居住证丢失来搪塞者，若该人在俄国无不良记录或犯罪行为者则将其遣送出境。对被警察局认定的形迹可疑的流浪者的处置也是遣送出境。

2）没有护照者，或有护照但没有办理签证者，或有护照和签证但没有办理为期一个月的居住证者，对于这三种情况的中国人要处以5卢布的罚款，罚款后按照相关制度补齐证件，然后发放为期一年的居住证。被罚款者的居住证不同于一般居住证，是红色的。

3）在阿穆尔州的中国人若没有按照相关规定，票证到期后没有及时更换新居住证者，将被处以5卢布罚款，然后再按照上述规定办理新居住证。

4）若将自己的居住证交与他人使用，接受者将同胞的居住证略作修改后，或将其作为合法居住的凭证，或借此来往于各地。发现此类情况，一经查实，无论是居住证提供者还是接受者均接受处罚，处罚的标准按照1885年法律的第977条执行。

III. 中国人办理签证和发放居住证的收入及因违规而被处以罚款的使用

1）收入情况：a）在伊格纳希诺镇、切尔尼耶沃镇、叶卡捷琳诺—尼科利斯科耶镇、米哈伊洛—谢苗诺夫斯基镇、拉杰镇、列伊诺沃村及在布拉戈维申斯克市办理签证每次的费用是 30 卢布。

6）在持有签证的前提下，向中国人发放居住证每张向国库交 3 卢布 90 戈比的税、80 戈比的印花税、30 戈比的办公费。收取罚金的标准按照第二部分第 2、3 款规定的执行。以上收入每月分三部分交给三个部门：交布拉戈维申斯克县财政部分的是每张居住证 80 戈比的印花税收入；上交国库的是 3 卢布 90 戈比居住证税和罚金；交州驻军司令办公室的是每张 30 戈比的签证费和 30 戈比的办公费。

2）交州驻军司令办公室资金的使用：

а）用于支付居住证制作、签证装订成册（шнуровые книги）和下发、用于签证签发的印章制作的费用。

6）给中国人办理签证、发放居住证时翻译是不可或缺的，随着中国人入境的增加，签证和居住证的发放量增加，增加翻译势在必行。由驻军办公室支配与票证相关的资金有用于扩大驻军司令办公室和其他机构中文翻译队伍壮大之需。

3）阿穆尔州驻军司令办公室肩负的任务有：а）制作和装订居住证。居住证要求带有正、副业和编号，制作好的居住证交与阿穆尔州监督局（Амурская контрольная палата）盖章，盖章后返回驻军办公室，然后由办公室向州内中国人下发；6）装订和向中国人发放签证。

4）负有向中国人办理签证和发放居住证之责的地方警察局局长、矿区警察局长、哥萨克阿塔曼需要每月都要向阿穆尔州驻军司令办公室汇报发放票证的情况，报告内容包括发放票证的数量和上交给各级财政部门所获得发放票证的收入，而阿穆尔监督局会要对报告内容进行核实。

5）将登记的签证装订成册，并将其中一年期将满的呈送阿穆尔州监督局核验。同时，还要将居住证的数量和发放居住证所获得的收入信息呈送阿穆尔州驻军司令办公室。

附 录

6）办理签证和发放居住证工作繁杂，有多个机构和大量工作人员参与其中，分工如下：a）区警察局长要对所辖区域办理签证和发放居住证的情况要详细统计，一年统计四次。这方面的情况，驻军司令办公室要每月都向副驻军司令汇报一次；6）由阿穆尔州驻军司令派遣的官员与阿穆尔州监督局官员一同参与到中国人签证办理和居住证的发放工作。

7）负责办理签证的工作人员和负责向中国人、朝鲜人发放居住证的工作人员每月都要向阿穆尔州移民委员会汇报中国人办理签证和发放居住证的信息。

8）以上所有规定自 1898 年 8 月 1 日起生效。

资料来源：Сорокина Т. Н. Хозяйственная деятельность китайских подданных на Дальнем Востоке России и политика администрации Приамурского края（конец XIX-начало XX вв.），Омск：Издательство ОмГУ，1999. C. 258 – 262.

附录六　乌苏里地区中国人公议会[①]

自盘古开天辟地以来。三皇五帝就以互助友爱为信条，周朝的左伯桃（Цзо Бо-тао）和羊角哀（Янь Цзюэ-ай）以友谊流传于世。汉朝刘备、关羽、张飞的友谊为后人所称道。众所周知，友爱是五伦之一，所谓的友爱即与人为善。我等今日结拜，不敢同古代先贤相提并论，但仍要以古人为学习对象。管仲（Гуань Чжун）、鲍叔牙（Бао Шуа）同心协力成大业，蔺相如（Линь Сянь-жу）、廉颇（Лянь По）能冰释前嫌将相和，以上所列之人为后世推崇的圣贤。我等虽不能同桃园结义相比，但也不能像孙膑（Сунь Бин）和庞涓（Пань Цзюань）那样反目成仇。我们将遵循以下规章：

[①] "公议会"章程是用中文写的，在乌苏里当局获得该章程后，为了解章程内容，委托东方学院的佩特林译成俄文，由于笔者没能看到章程的中文本，只能将俄文的章程"回译"。

第一条　凡公议会弟兄需知晓本区大爷们（старшины）所定之规章：每年有一个月允许开局设赌，可斗纸牌、玩骨牌（牌九）及其他赌法，但须有人担保；只准本会会员开设赌局，严禁外来人设赌，亦不准私自设赌。违者，没收400斤的个人物品，罚肥猪一头充公，并责20杖。私自放赌达一日以上者，没收其全部财产；被允许的赌博时间是每年十一月十五日起，十二月十六日止；不准林中人及工头私自放赌，亦不准在异族人（鞑子）设赌。违者，按本区法规审判。依规处理，概不例外。

第二条　凡夜入仓房，意在偷盗貂皮者，处以活埋。绝不宽恕。

第三条　凡偷挖别人的人参者，不论所挖之参是野参，抑或园参，偷挖者一律沉河溺死。绝不宽恕。

第四条　凡偷盗鹿茸者，不论行窃于山间房中还是市镇，一律处以活埋。依法处理，概不例外。

第五条　凡偷盗貂皮5张以下者，责40杖，逐出本区。凡偷盗5张上者，处以活埋。绝不宽恕。

第六条　盗窃少量人参者，杖40，逐出本区。盗窃大量人参者，不论所偷系栽植之园参，或者野人参，一律按本区法规处以活埋。绝不宽恕。

第七条　凡盗窃钱财物品价值100卢布以下者，杖40，逐出本区。照此办理，概不例外。

第八条　凡得知或听说盗贼的消息，知情不报者，与盗匪同罪，一并惩处。永不宽恕。

第九条　受雇之猎人获得毛皮，应交付东家，经东家允准方可出售。凡违反此法规者，没收所获之物，并杖40，逐出本区。

第十条　伙计进山，若有所获，须告知东家，严禁暗中出售。凡违反此法规者，没收所获之物，并杖40，逐出本区。

第十一条　异族人（鞑子）与本会会员合伙猎获鹿茸时，不准其据为己有，亦不准擅自出售鹿茸。凡购买此种鹿茸者，按该鹿茸所值之三倍罚款，并没收鹿茸。违反此法规之鞑子，杖40。

附　录

第十二条　往来于本区之旅客，均可免费居住三日；逾三日，需每日交食宿费 40 戈比。过年期间，另加收 15 卢布。亲友间要互相监督以保证此条法规之执行。

第十三条　严禁吵架、斗殴、骂街。违反者处以交 200 斤物品的处罚，并杖 40。此条法规，严格遵守。

第十四条　凡以刀枪、棍、棒伤人，但未致死者，责以 40 棍，并逐出管区。凡窝藏凶手者，与之同罪。凡予人重伤者，须赡养并医治受伤人 18 天，受伤人痊愈后，处以凶手交 400 斤物品的处罚，并杖 20。此条法规，须严格遵守。

第十五条　任何人不得造谣中伤、诽谤、诬蔑。凡违反此规者，杖 40。

第十六条　凡得知同伴患病，要通知相关人员等。若同伴暴死，须运回屯内验尸。凡违反此条法规者，杖 40，逐出管区。此条法规，概无例外。

第十七条　凡离开或进入本区之人，财产或商品均可用船运输，运价以 1000 俄磅（按鞑子秤）为限，运费如下：运至距伊曼河口 85 俄里者——3 两，可以用毛皮或白银支付；运至距伊曼河口 120 俄里者——4 两；运至蛤蜊通村者——5 两；运至右西南岔村——7 两；运至大通村——10 两。上述费用，均可以用毛皮或白银支付。

第十八条　称量散状物品所用之斗，核定为 70 市斤（китайский фунт）。凡违反此法规者处以交 200 斤物品处罚，并责以 20 杖。

第十九条　不论蛮子、鞑子及描皮子（мяо-пи-цзы）①，亦不论雇工，或商贩，凡有留宿者，只许其借用房屋，不得损毁、破坏房屋内任何物品及陈设。凡违反此法规者，责以 40 棍。

第二十条　渔场内不准汉人、鞑子及不速之客私自捕鱼。凡违反者，责以 20 棍。

第二十一条　不准对夏天鞑子货船上和冬天爬犁上乘客拦阻并索讨

---

① 此处是音译，可能是对某群体或从事某职业族群的形象称呼。——引者注。

债务。凡违反此法规者，责杖40。

第二十二条　养狗事关重大，凡要求借狗暂用之人，必须就此开列出借条件。如果未开条件，所借之狗逃失或毙命，狗主人无权要求赔偿。凡违反此法规者，责杖40。

第二十三条　鞑子猎获猞猁皮，必须交付自己的东家，但不准用其抵偿旧债。违者责以40杖。

第二十四条　如东家出钱或仅供伙食雇工，不准在1年内中途解雇，必须延雇至秋季，因为秋季之前无法精确算出工钱。如雇工居住过一年以上的时间，则主人须支付雇工30卢布。通仰遵照（сообщается лишь для руководства）。

第二十五条　东家出工钱雇佣工人或乞丐，不得于年内中途解雇。凡违反此法规者，须按照前条法规受审并追究责任。

第二十六条　凡鞑子与汉人打官司，定须请求本区大爷们裁断。一应诉讼费用及羁押人之膳食费用，由败诉一方承担。

第二十七条　本区范围之内，严禁秘密结拜兄弟或拜认干亲。如房东发现有结拜之事而不上报者，则处以交400斤物品处罚；秘密结拜兄弟或拜认干亲者，各责20杖。

第二十八条　鞑子欠债，用山货偿还时，须按本区价格折算。如若向其索讨枪支抵债，则只可在三月十六日；过此日期，唯有在鞑子别无他物抵偿债务时，方能准许向其索讨枪支。通仰遵照。

第二十九条　凡在垦地、市镇或河口等处雇用工人者，必须有人作保。工人到劳动地点之后，如若发生犯罪行为，概由东家负责。依法惩治，立即执行。

第三十条　外来人（посторонние）、无业游民（праздные люди）和居无定所的鞑子（бродячие да-цзы）素来狡诈贪财，坑骗东家。兹决定：今后若雇用此类人等，双方须依法签立字据。如果雇工与东家同住，则分担一半费用。如占用宽大房舍，则不向其供应伙食。包工头须偿付足银及成色稍次白银各二两。东家勿须供应各种商货、鸦片，亦不须付给其他钱款。一应收入和支出，皆须公推。凡违犯此条法规者，处以交 400 斤物品的处罚，并责 40 棍。

第三十一条　进山工人，若为大雪阻隔或因病无力返回者，东家必须派人寻找，将其接回。违犯此条法规之东家，处以上交 200 斤物品的处罚，责 20 杖。

第三十二条　不准旅行者和商贩于冬季用爬犁载酒进山贩卖。所携自用烧酒不得超过 10 斤。凡带酒超出 10 斤者，视为违法。违法者，处以上交 200 斤物品的处罚，并责 20 杖。

第三十三条　凡途径本区之旅客或商贩，歇脚投宿皆须支付旅店投宿费用：居住地点位于伊曼河口溯河往上 85 俄里者需交 40 戈比宿费，120 俄里者——50 戈比，至蛤蜊通村者——60 戈比，至右西南岔河者——1 卢布，接着至区界者——1 卢布 20 戈比。过路人抵达本区区界，可于区界外 2 俄里处停留。请将此规定知会朋友。

第三十四条　不论市镇或是郊外，亦不论贫富，任何商贩皆不准进山卖货或买卖貂皮，凡违反此法规者，处以交 200 斤物品的处罚，没收肥猪 1 头，并责以 20 杖。依法惩处，概莫例外。

第三十五条　本区商贩，若异族人（鞑子）欠其债务，则可进山索讨。但从今以后不准放债者如从前那样前往异族人（鞑子）处讨债。唯有当鞑子乘爬犁自狩猎处回家时，方允其在河边向其讨债。凡违犯此条法规者，处以交 200 斤物品的处罚，罚肥猪 1 头，并责 20 杖。任何情况下不予宽恕。

第三十六条　如果鞑子欠汉人钱款，不论数额多少，均不准汉人向其开枪或掠夺欠债人衣物。凡违反此法规者，处以交 200 斤物品的处罚，没收肥猪 1 头，并责 20 杖。

光绪三十二年三月初四日（1906 年 3 月 15 日）

资料来源：Петелин И. И. Китайское общество Гунь-и-хуэй в Уссурийском крае. Владивосток：типо-лит. Вост. ин-та, 1909. C. 7 – 15.

附录七 1907—1916年远东主要城市中国商会会长名录

年份	城市	会长	副会长	会员数量（人）
1907	符拉迪沃斯托克	关玉文（礼）[Гуань-юй-вин（лин）]		
1908	符拉迪沃斯托克		赵文学（Цзао-вен-сюэ）	
1910	符拉迪沃斯托克	马守墨（Ма-шо-мо）	张启泰（Чжан-тин-тан）	
1911	符拉迪沃斯托克	马守墨	张启泰和张景国（Чжан-тин-го）	
1912	符拉迪沃斯托克	张景国	张启泰	602
1913	符拉迪沃斯托克	马守墨	王久峰（Ван-тю-фын）	540
1914	符拉迪沃斯托克	马守墨	王久峰	
1915	符拉迪沃斯托克	马守墨	王久峰	
1916	符拉迪沃斯托克	马守墨		
1911	哈巴罗夫斯克	孙高（Сунь Гао или Сун Гогао）		
1913	哈巴罗夫斯克	邢国科（Сын-гоко）	王德文（Ван-ты-вын）夏发桐（Сян-фа-тун）	29
1914	哈巴罗夫斯克	邢作拓（Сын-Зото）	王德文（Вантывын）田文（Тянвун）	
1915	哈巴罗夫斯克	邢作拓	王德文、田文	
1916	哈巴罗夫斯克	邢作拓·尼古拉·尼诺凯季耶维奇（Сын-Зото Николай Иннокентьевич）	邢国科（Сынгоко）王德文	
1909	尼科尔斯克—乌苏里斯克	林玉琢（Линь-юй-цзо）	姚万财（Яо-ван-цай）（1909年9月2日起任职）	
1910	尼科尔斯克—乌苏里斯克		姚万财	

续表

年份	城市	会长	副会长	会员数量（人）
1911	尼科尔斯克—乌苏里斯克		姚万财	
1913	尼科尔斯克—乌苏里斯克	宋铎（Сун-до）	董西森（Тун-хин-шин）	
1914	尼科尔斯克—乌苏里斯克	潘希扎（Пан-хио-за）	董西森 董申伟（Тун-шен-вян）	
1915	尼科尔斯克—乌苏里斯克	潘希扎	董西森 董申伟	
1916	尼科尔斯克—乌苏里斯克	潘希扎	董西森 董申伟	
1913	布拉戈维申斯克	程发祥（Чэн-фа-сян）		
1914	布拉戈维申斯克	张立文（Чжан-ли-вей）		

资料来源：Нестерова Е. И. Русская администрация и китайские мигранты на Юге Дальнего Востока России（вторая половина XIX-начало XXвв），Владивосток：Издательство Дальневосточного университета，2004. C. 237－238.

附录八　1891—1901 年远东主要城市华人协会会长名录

年份	城市	会长姓名	备注
1891	符拉迪沃斯托克	谭勇或者谭勇日·卡特昌？（Тань-ю или Тан-юн-джи Катчан?）	商人
1892	符拉迪沃斯托克	谭勇日·卡特昌（谭勇?）	商人
1893	符拉迪沃斯托克	谭勇日	商人
1894	符拉迪沃斯托克	袁霍占（Юн-хо-зан）	商人

续表

年份	城市	会长姓名	备注
1895	符拉迪沃斯托克	罗扬布坦龙（Ло-яопу-футай-лунь）①	
1897	符拉迪沃斯托克	王元义（Ван-юань-и）	鸿顺利（Хун-сун-ли）公司老板
1891	尼古拉耶夫斯克	曹立（Цон-ли）	
1892—1894	尼古拉耶夫斯克	单万立（Шэ-ван-ли）	
1895	尼古拉耶夫斯克	常有财（Чан-ю-сай）	
1889	哈巴罗夫斯克	袁刚（Юн-га）	商人
1894	哈巴罗夫斯克	齐海（Чин-хай）	商人
1897	哈巴罗夫斯克	叶华林（Ехвалин，Ехоалин）	商人，纪凤台的代理人
1893	尼古拉耶夫斯克	李财（Ли-цай）	商人
1894	尼古拉耶夫斯克	姚臣谦（Яо-цин-чан）	二等商人，广和盛（Куан-хо-шень）商行经理
1895	尼古拉耶夫斯克	张柏林（Чжан-вэнь-лин）	二等商人
1896	尼古拉耶夫斯克	张连元（Чжан-лэнь-юань）	
1897	尼古拉耶夫斯克	杜凯岩（Тун-кай-ие，Тун-хин-е）9月11日起会长变为张同岩（Чжан-тун-ян，Чжао-дун-ян）	二等商人
1900	尼古拉耶夫斯克	于汉志（Юй-кха-чжи）	
1901	尼古拉耶夫斯克	钱明元（Чен-мин-юан）	

资料来源：Нестерова Е. И. Русская администрация и китайские мигранты на Юге Дальнего Востока России（вторая половинаXIX-начало XX вв），Владивосток：Издательство Дальневосточного университета，2004. C. 173.

---

① 原文如此——引者注。

附 录

附录九 阿穆尔河沿岸总督辖区不同年份中国人数量

表1　1886年、1891年、1893年、1900年阿穆尔河沿岸总督辖区中国人数量　（单位：人）

年份	所在州			总数量
	阿穆尔州	滨海州	外贝加尔州	
1886	14500	13000	—	27500
1891	14891	18018	300	33209
1893	20272	8275	321	28868
1900	15106	36000	695	51801

资料来源：Сорокина Т. Н. Хозяйственная деятельность китайских подданных на Дальнем Востоке России и политика администрации Приамурского края（конец XIX-начало XX вв.），Омск：Издательство ОмГУ，1999. С. 37.

表2　1910—1914年阿穆尔河沿岸总督辖区中国人数量　（单位：人）

年份	所在州				合计
	滨海州	阿穆尔州	勘察加州	萨哈林州	
1910	60586	31648	234	573	93041
1911	57447	18541	200	485	76673
1912	53698	24156	210	528	78592
1913	48181	29818	135	688	78822
1914	38779	32787	191	472	72229

资料来源：Сорокина Т. Н. Хозяйственная деятельность китайских подданных на Дальнем Востоке России и политика администрации Приамурского края（конец XIX-начало XX вв.），Омск：Издательство ОмГУ，1999. С. 40.

附录十　远东地区不同年份中、朝、日三国人数量比较

表1　　　　1900年滨海州中、朝、日三国人数量比较　　　　（单位：人）

中国人	31448
朝鲜人	30059
日本人	2282

资料来源：Петров А. И. История китайцев в России：1856 – 1917. СПб：ООО «Береста»，2003. С. 111.

表2　　　1906—1910年滨海州中、朝、日三国人数量、性别比例比较　　　（单位：人）

年份	中国人			朝鲜人							日本人		
	男	女	合计	俄籍			朝鲜籍			总数量	男	女	合计
				男	女	合计	男	女	合计				
1906	45135	2255	47390	9675	7290	16965	11380	6054	17434	34390	1923	1030	2953
1907	63545	1346	64891	9052	6955	16007	20465	9442	29907	45914	2105	975	3080
1908	66761	1594	68355	8925	7265	16190	20486	8821	29307	45497	2083	1234	3317
1909	61429	3980	65409	7894	6905	14799	25210	11545	36755	51554	2311	1736	4047
1910	59065	1521	60586	9403	7677	17080	22132	11753	33885	50965	1303	1409	2712

资料来源：Унтербергер П. Ф. Приамурский край. 1906 – 1910 гг. СПб.：тип. В. Ф. Киршбаума. "приложение 1"，1912. С. 2 – 3.

附　录

表3　1891—1914年远东几个主要城市中、朝、日三国人数量比较　（单位：人）

年份	符拉迪沃斯托克 中国人	符拉迪沃斯托克 朝鲜人	符拉迪沃斯托克 日本人	哈巴罗夫斯克 中国人	哈巴罗夫斯克 朝鲜人	哈巴罗夫斯克 日本人	尼科尔斯克-乌苏里斯克 中国人	尼科尔斯克-乌苏里斯克 朝鲜人	尼科尔斯克-乌苏里斯克 日本人	尼古拉耶夫斯克 中国人	尼古拉耶夫斯克 朝鲜人	尼古拉耶夫斯克 日本人
1891	3607	842	278	435	70	54				104	1	25
1892	3172	457	416	307	72	51				123	3	25
1893	3691	395	364	614	69	67				101	9	37
1894	4938	630	956	1690	65	56				99	3	38
1895	5638	818	1232	2119	162	191				241	46	48
1896	6550	801	1418	2221	172	234				1206	107	77
1897	10181	1361	1261	3641	127	187				1109	131	94
1898	11637	1518	1244	2122	194	312	1793	585	143	958	126	336
1899	13740	1820	1250	2140	180	310	3610	1260	190	—	—	—
1900	11150	1900	1300	2107	249	210	3300	1386	329	843	127	331
1901	6200	2400	2300	1510	240	300	3750	1050	400	230	140	250
1902	13950	2272	2500	1686	218	272	3971	1590	457	486	73	153
1903	15000	2050	2400	—	—	—	—	—	—	—	—	—
1904	—	—	—	—	—	—	—	—	—	—	—	—
1905	—	—	—	—	—	—	—	—	—	—	—	—
1906	23987	3799	2029	7058	775	327	4000	1204	500	0	0	0
1907	30844	2764	1595	8924	874	491	—	—	—	2046	1199	182
1908	30971	3229	1942	9331	521	394	10300	1675	615	1957	697	257
1909	29800	3465	2245	7472	529	834	7827	2353	489	1920	797	370
1910	—	—	—	—	—	—	—	—	—	—	—	—
1911	26328	8445	1660	9069	765	575	5527	4460	726	1074	343	403
1912	26787	8998	1830	9085	876	858	3978	2010	670	1233	548	459
1913	24770	4373	1965	7654	1328	660	5144	1934	485	1179	837	381
1914	19001	6595	2011	6818	1188	735	3769	1520	268	—	—	—

资料来源：以上各年的数据是根据相应年份的"Обзор Приморской области"编辑而成，参见 Нестерова Е. И. Русская администрация и китайские мигранты на Юге Дальнего Востока России（вторая половина XIX-начало XX вв），Владивосток：Издательство Дальневосточного университета, 2004. C. 361 – 364.

表 4　　　1911 年布拉戈维申斯克市、布列亚矿区、
　　　　　结雅码头中、朝、日三国人数量　　　　（单位：人）

所在地	中国人	朝鲜人	日本人
布拉戈维申斯克（4 月统计）	1524 人	383 人	279 人
布里亚矿区（7 月统计）	9567 人	1558 人	1 人
结雅（9 月统计）	163 人（男 161，女 2）	43 人（男 34，女 9）	58 人（男 11，女 47）

资料来源：РГИА ДВ. Корейцы на российском Дальнем Востоке（вт. пол. XIX-нач XXвв）：документы и материалы, Владивосток：Изд-во Дальневост. ун-та, 2001. C. 111、246、250.

附录十一　俄国采办材料处代表达聂尔与义成公司周冕所订在华招工合同

中华民国五年五月三十一日

俄历一千九百十六年五月十七日

长春华商义成公司代表周冕与俄国采办材料处（下均称材料处）代表达聂尔彼此订立合同，以一年为期。各条件开列如左：

第一条　华商义成公司承允在欧俄包砍木柴，即于本合同签押日起，每月招募华工五千名，四个月为限，共募工人贰万名。前赴欧俄司木林司基省境内，专事砍伐木植。合同期内，订明不作他项工役。

附　录

第二条　前项华工应受俄国法律保护,与别国及本国工人一律待遇,材料处不得另设特别章程。

第三条　材料处代表达聂尔延聘俄医验视工人,如验有不胜工作者,即行剔除不收。

第四条　义成公司于本合同签字日起,即在长春、奉天、安东、山海关、哈尔滨等处招工聚集,与达聂尔约期在聚集处预备上车。其每批工人未聚集以先,应由材料处按实到人数津贴伙食店费,每名每天俄洋五角,至多以五天为限。工人到后,如遇达聂尔不及如期备车,因而耽误,则不论为日多寡,仍照此数按日津贴。倘材料处如期备车,而工人不先到齐,所有中东铁路公司停车罚款应由义成公司认付。

第五条　各工人自安东、山海关各处应募上车所需大车费均由材料处拨付。

第六条　华工招集以一千二百名为一批。临出发时,每名预支俄洋十五元。上车时先给五元,到段后再给十元。该款预存道尹公署。届时由义成公司领款分给各工人及其家属。

第七条　工人冬夏衣褂帽履烟酒零物等件,由义成公司购备,按照内地原价分给领用,不得加价。其税款运费由材料处担认。

第八条　华工出境护照费、印花税、照相费以及来往川资、伙食等项概由材料处预备给付。

第九条　每批工人一千二百名,分作十股,每股一百二十名,内有通事一名,把头一名,厨役二名,司账一名,由义成公司出资雇用。各工人、通事等自聚集处上车所需大车费及途中伙食至工作地点止,均由材料处出资供给,不取分文。

第十条　华工工资按日以砍伐木柴多寡为定则。估算工人每日每名约可得俄洋一元五角有零。除衣履伙食等费以外,至少每名每日约存俄洋一元左右或每月可挣得俄洋二十五元。不至缺少,并不至再有丝毫克扣。

第十一条　工头、把头应得用银向例百分抽十。至义成公司责任极重,费用浩繁,应由材料处议给,不在上项工资抽取之内。

第十二条　材料处于合同期限未满以前，欲行辞退工人全部分并非工人之过者，须于二星期前预为知照。如工作未满六个月者，材料处应每名工人赔给俄洋五千元。已满六个月者，每名赔俄洋贰拾五元。另再赔义成公司损失费用，未满六个月者俄洋拾万元。已满六个月者五万元。工人与公司均有索偿之权。

第十三条　工人到俄后，由此工段拨往他工段，一切费用及沿途伙食按照本合同第八条，悉由材料处担任。但以一日为限，如逾一日外，应由材料处除备伙食外，另再每名每日津贴俄洋一元，仍不得离合同原指地点。

第十四条　工人工作时间每日以十二点钟计算。中间饷膳休息两点钟外，各工人应勤敏工作，不得违背程序，工作一年期内，每遇俄节，愿否停工，悉听工人自便。但遇中国节，得匀停二十日。

第十五条　材料处应在工段内建设合于卫生房屋，分给各工人居住。

第十六条　工人食物各件，由材料处购备，照内地时价议定。各项粮货价值开列于下，许减不许增。

白面每布特　（即中国三十斤）俄洋三元二角

牛肉每布特　俄洋十元

米子每布特　俄洋三元二角

京米每布特　俄洋八元

荞麦每布特　俄洋三元二角

食油每布特　俄洋十一元

粒盐每布特　俄洋一元

猪板油每布特　俄洋十六元

牛板油每布特　俄洋十四元

白糖每布特　俄洋八元一角

茶叶每斤　俄洋一元八角

白菜每布特　俄洋一元

土豆子每布特　俄洋一元

附 录

各工人按月每名所需食物约计：白面三布特，白菜或土豆子二十封脱（即俄二十斤），食油六斤，米八斤，盐二封脱，牛肉、块糖、茶叶等项，材料处如有存储，工人均可直接照价购取，决不丝毫加价。

第十七条　材料处除将工人所需合于卫生房屋预备外，并将灯烛、柴火、吃水以及一切器具，并工作斧锯等项先行预办，免致工人到段守候旷工。所有前项器具、斧锯等件，材料处概不收价。但有遗失，应按原值赔偿。

第十八条　工人因病就医或由医生验明调治者，所有医药以及回国一切川资费用均由材料处担承。其预防疾病等项，如中国药品及姜蒜等类，由义成公司购备分给，均不取工人分文。

第十九条　如工人因工残废非工人之过者，应由材料处分别轻重秉公发给养赡费。其有毙命或病故者，分别给恤：

甲种残废，按工人所得给与四个月之养赡费。

乙种残废，给与两个月之养赡费。

其有毙命或病故者，给与六个月之恤款。该残废工人仍由材料处送回中国原招地方，并供给火车费及沿途伙食。其病故人之棺柩或择地妥为安葬，或由材料处送回中国原招地方，临时由义成公司酌议办理。

第二十条　工人工作处所有劳动保险之例，材料处应援俄工保险之例代为保险。

第二十一条　为直接调停工人争端并辩明误会起见，材料处应订聘足敷应用之品端通事，遇有必要时，可向中国领事或商务委员声明协助。

第二十二条　如有工人与工头龃龉或华工自相冲突或因给价争执，公司先为解释，并由材料处秉公排解，即由通事从中传语开导。材料处并可将工资直接发给。

第二十三条　为邮寄工人家乡书信及接收家乡来信便利起见，材料处担承代为办择，并可在各工段安置信箱。

第二十四条　华工如有违犯公法被拘警所，工人等不谙语言，彼此或有误会之处，由公司所雇之通事申请警局知照中国领事署或通商事务员代为剖解。

第二十五条　倘工人恣意游荡或无故耽延及不遵材料处指示程序工作者，材料处有权罚扣工资，此项罚资每次不得逾工人每 x 工资之半数。

第二十六条　本合同期满，如彼此允愿，可按原条件或另订条件接续办理。

——《奉天交涉署档案》卷1169

追加条款：

中华民国五年六月二十四日

俄历一千九百十六年六月十一日

长春华商义成公司代表周冕与俄国采办材料处代表达聂尔商定将中华民国五年五月三十一日即系俄历一千九百十六年五月十六日新订招工合同再行追加条款五条。自签定之日起与正合同同时发生效力，逖此遵守。

第一条　正合同第八条所开，材料处如备给来往川资、伙食等项，其合同期满，工人回国，材料处担任送至原招地点。

第二条　正合同第十条所开，每日砍木工资定则，系按砍伐每古磅（按古磅合华营造尺六尺六寸立方）木柴计算，其等第如：

一等硬木柴，砍伐一古磅工资俄洋八元五角。

二等半硬木柴，砍伐一古磅工资俄洋八元。

三等软木柴，砍伐一古磅工资俄洋七元五角。

第三条　正合同第十九条所开，养赡抚恤各费按工人所得给与一节，系按每月俄洋三十元计算。

第四条　所有关于正合同及追加条款规定一切，材料处承认驻俄京中国使馆得随时派员赴工作地稽查是否遵守。

第五条　工人工作地点如距战区相近，材料处担任预为保护，绝对不使处于危险地位。

——《奉天交涉署档案》卷1169

资料来源：李永昌：《旅俄华工与十月革命》，河北教育出版社

1988年版，第299—304页。

附录十二　清政府驻符拉迪沃斯托克外交代表桂芳关于中国人报告

1. 驻海参崴总领事官桂芳关于华侨在崴商务情形报告①

华商在俄东海滨省一带自遭苛税以后，荒闭相仍，直至去年秋季，始渐苏复。自去年俄日协约以后，俄人对于日本既已淡其虞诈之心，遂专致力于我新疆、蒙古、满州②暨彼之阿穆尔东海诸省。其对于我国边省，则以扩张商业，续图权力之南倾。对于彼国边省，则以排斥外人，力挽利权之外溢。阿穆尔、东海滨两省内，华人最占多数，雇佣之值，约计每岁一千万卢布内外，该国官商侧目视为绝大漏卮。去冬哈埠鼠疫蔓延，于是假名防疫，水陆口岸及沿边一带禁绝华民入境。今虽鼠气已销，犹不尽弛前禁。嗣又乘该国与我有严重交涉，凭藉虚威为种种限制，拘迫华工出境。盖彼族知在此华商，原以供给华工为大宗销场，故禁逐华工，即所以致华商之命。然犹以为未足也，今年崴署巡抚监同崴埠俄商会开会，密议排挤华商之策。探知大概，略述如左：

一、重其捐税。如身票税、医院费及地方之附加税等类多立名目，务令较从前加倍担任。

二、高其生活程度。假卫生之名，凡居处不得狭隘，门面必须装潢，衣服必须整洁，凡华商须用之品，或加收捐税。

---

① 该报告和下面的"佣工情况报告"没有载具体日期，但从桂芳任职的时间看，记述的是1909—1911年即清政府存在的最后三年符拉迪沃斯托克中国人的情况，因为桂芳是1906—1909年任清政府驻符拉迪沃斯托克商务代表，1909—1911年改任总领事。桂芳前清政府在符拉迪沃斯托克只有商务机构，没有领事机构，1897—1906年李家鳌任商务代表。从桂芳、李家鳌给清政府的报告和他们与俄国远东官员的信件中可以窥探出符拉迪沃斯托克的中国人的生活、工作情况，也从中看出中国官方对远东地区中国人的态度。基于这个原因出发，笔者选择在附录中摘录或摘译了相关文件。

② 原文为"州"，只好照录——引者注。

三、苛其罚办。华侨如有售卖窥败货品、或短少权量、或对付买主失礼、或居处违式等事，均乘机罗织，从重科罚。

以上各节虽未见有明示，然现已渐见施行。即如居室一端，室内容积每一人必须占二立方沙绳（一立方沙绳宽、广、厚各约华六尺六寸）。然住崴俄人居室，每人所占容积不及二立方沙绳者甚多，俄官并不过问，独于华商则勒令依照，违者科以重罚。数月以来或勒令拆改房屋，或限制每室住人数目，其余藉端苛罚亦不一而足。观此动作，似俄商会所议各节，继此以往，未必不陆续施行。查华商在此所以勉强自立者，实以华人素性俭朴，凡饮食、居处、衣服较彼族商家省减数倍。店用既轻，则货价自减，故同一货物，华商所售必廉于俄商。兹既以驱逐华工者，暗撤华商之赢利，复恐其为收复桑榆之计，仍与俄商争利也。故逞此阴谋，务破其节俭之素，繁其销耗之资，使华商平时店用与俄商相等，甚或过之，则华商不驱自去，而俄商可以高枕无忧矣。夫华商经此挟制，自必纷纷歇业。然此项商人，例皆粗通俄语，熟悉商情，现在俄商多有雇用之者，其工资则轻于俄伙数倍。嗣此华商如经歇业，计无复之势，将自贬以求用于俄商。俄商利其工资之贱，亦必纷纷雇用华伙，此亦足以夺俄人之生理。而华商之迹仍不绝于俄疆，故该抚复行密谕埠内俄商，所有雇用之华伙，均勒令减少。此谕虽未宣布，然已有实征。埠内俄商，以秋林洋行为较巨，雇有华伙几及百名，现已被官勒令斥退者九人。闻该行颇不甘心，尚思与官理论，以图复用云。

以上皆俄人近日对于华商之举动也。查去年春季，华商荒闭之户不下十余家，至今春则尚无此等现象。就表面观之，似较去春为愈，然一切买卖，则异常萧索。而彼族外肆强权，内施密计，争议则未见明文，顺复则日趋穷登。故现在侨商莫不人怀退缩之心，其一线希望则冀此次改订条约宣布之后，或有可以援争。再则，调查俄人工程尚多，仍须雇用华工，倘华工不致锐减，则华商藉可并立耳。

资料来源：丁进军：《宣统年间华侨经商及佣工史料》，《历史档案》1986年第3期。

附　录

2. 驻海参崴总领事官桂芳关于华侨在东海滨省佣工情形报告

近年来，俄殖民实边，生出一般劳动社会。研究生计，专注意于工事问题，以尽吸收一切工资，为各人私际经济上之至要。其政府亦以经营口岸，边备工程，多出自官府，工资亦多系国希，得能禁止外工，则利权不致外溢矿而并可为边民生计之补助。近两三年来，俄官府屡建此议，因滨海一带实少俄工，不得不用华工。若由俄之内地招运俄工，为费不资，即应付之工价，亦必较华工倍捷。为承揽工程者所不愿，遂不果行。今新任东海滨省总督、前充移民局股长洞悉华工不能抵俄工情形，于其到任幸始，即使强硬手段，藉口防疫，务在驱尽华工。然华工纵可驱尽，而俄工未能招徕，于工程不无窒碍。未悉对于工程一面欲期速成，又将作何计划；前经出巡双城子，探闻东海滨省一带，金厂需工甚伙，率系华人应雇，近已驱逐。又，伯利东新敷设之阿尔铁路，禁用华工，由俄内地运来华工约五六千人，访向属实。可见俄政府决意赞成劳动社会之主意，禁绝外工务在必行，匪惟于工事为然。向来渔猎、农佃、砖窑、车脚、操驾福篷船，华人皆得操业为雇。近来禁止华人一切渔业，又禁止猎户打貂，于华佃虽无禁止明文，而俄人业农者日多，则华佃势必日少。其情有二：一、势力寡而恐见欺；同业多而工资勒减。盖有不禁而自去者矣。砖瓦一项为工厂之要需，每年约费数十万卢布之价、大半为华人窑工所吸取。近来一概封禁，不准华人烧值。去冬俄总巡厅示禁华人御车，迭为力争，该总厅无可置词。乃限格考试，问从崴埠街巷尽数之名称，华人虽能粗通俄语，又乌〔焉〕能不为其所难？以故考不合格遂皆禁止。今春俄人车行，又提议抵制华人运货车辆，规定数条办法：

一、禁止华人喂养马匹。

二、其驾驭重载大车者，亦应操之俄人。

三、为俄人改替华人车夫之期，以两月为限。

四、其重载大车之业主，所用华人旧式之鞍鞘，应限以六个月更换。

五、车之式样，应选用极轻巧者为便。

六、车主所置车马之场，须不时严密调护稽查。

以上六条具请愿书于崴抚，该抚已转交本埠城治局妥为核议矣。今春，又行令禁止他国人在俄领海沿岸行驶篷船。计他国在崴口行驶篷船者，仅止中、韩侨民，韩人船只无多，华人篷船约逾千只。或合资成造，或独立成造，皆系华人管业。今计其重量数目如下：载重四千五百普特篷船六千只，载重三千二百普特篷船百五十只，载重千余普特篷船二百余只，载重七百余普特篷船百五十只，舢板小船约共六百余只。现因禁止行驶，皆弃置海岸待售。而俄人操此业者素鲜，故工厂所用沙石等类因不能贩运，价值十倍于前。禁令綦严，华人不敢明犯。又恐其将船假名俄人，自为佣役行驶，以图一时之利，不顾欺骗于将来。故行传饬包揽船行者，转谕船户勿得假名，谨防欺骗。以上华人生计产业，因禁绝外工，悉数被夺，则华工之食力者，遂更无所藉资。其对待华人暴励〔力〕之行为，亦云甚矣。独是现在所难禁而不用者，私家之佣仆、厨役，官府之土木工程。私家之仆役，用华人较之佣俄人工价廉而驱使易，无旷惰、无简慢，官府之工程，多系包揽承做。其承做式样暨承认期限，关系包揽者之赔赚，其雇佣工人为最注意事件。查俄人多有酒癖，苦工尤甚，醉后旷工悠肆，驾驭极难。故欲求工价廉而工效速，用俄人实不如用华人，此包揽承做者喜用华人之缘由。兹就工程一面而料其不能遽行禁绝者，盖以承作者习知华工之效力，非俄工所能企及。更以华工既不计较佣值，而尤能坚忍耐劳，有以成其不可禁绝之势力。故本年春季拘遣回华多系工人，乃复有仍拟赴华招募者，已可概见其不能禁绝之势矣。此华工在崴之现在情形也。

资料来源：丁进军：《宣统年间华侨经商及佣工史料》，《历史档案》1986年第3期。

3. 驻海参崴商务专员桂芳以在崴华人数目职业等项无

从清查并有美人经由崴埠招收华工致外务部函

光绪叁拾叁年贰月贰拾肆日

敬禀者：

窃于光绪三十三年二月十六日奉民政部札开：民治司案呈，查中国

附　录

人民生齿浩繁，环球各国互相比较，最占多数。海参崴为通商大埠，华民尤见繁多。朝廷视民如伤，海外编氓，时深轸念。本部综核民政，尤当周知人数，在远不遗。自此次文到之日起，仰即清查侨民人数，如学生入何学校，工商作何营业，其姓名、年岁、籍贯及侨寓处所，均须详具清册，报部立案。并嗣后每年十月间咨报一次，以便年终汇齐具奏。至华民品性行为，与他国对待华民一切情形，国体所关，尤应随时报告。相应札该饬委员查照办理可也等因。奉此。

伏查海参崴之华侨，常年约计三四万，商工纷集，良莠不齐，亟应遵照民政部札谕，清查侨民人数，借稽奸宄而筹保护。惟卑府系华商之代表，无领事之利权，来往华人，例由俄官签字，向不到商廨禀报，非特作何营业、侨寓处所与年岁、籍贯无案可稽，即寓崴华人究有若干，亦不得知。所辖之伯利、双城子、庙上源、渠河驲、马口、库页岛、黑河等七处，各埠华侨多至数千，少亦数百。虽按年出巡两次，每处不过稽留数日，无暇久驻，其人数之多寡，品性之良否，鞭长莫及，无非略知梗概，详细情形，实难稽考。若非改设总领事，不能办事而张主权，所有举办一端，动多掣肘之处，业于上年九月十六日详禀钧部在案。除俟商明俄警官，遵将大小华商人数设法查明，再行造册呈报民政部查核，并先行申复外，理合具函禀闻。

再，近有美人在海参崴、哈尔滨一带诱招华工，探闻中国各口不准华工赴美，该国无法可施，特于烟台招赴崴埠，由崴至哈，请领华官执照，再出崴口往美。至所招人数，有言数千者，或言不下万余者，究属若干，传说不一，莫得其详。昨晤海关总办，谈及烟台来电，今春由烟至威华工，约有六七万，向未所闻。顷阅俄报二月十五日至二十一日，到崴华工已有四千余名。崴埠今岁无大工程，华工反多于往年，不无可疑。卑廨既未奉禁止华工明文，又无查验华人进出主权，徒听道言，未便多事，惟有所闻，不得不禀报。伏乞代回堂宪查察。

肃此奉禀，敬请勋安，伏祈垂鉴。

（外务部档）

资料来源：陈翰笙：《华工出国史料汇编》第一辑（四），中华书

局 1985 年版，第 1798—1799 页。

4. 驻海参崴总领事桂芳请转商俄国减
免华工所需衣食税额事呈外务部申报

宣统二年正月初四日

为申报事。

窃于宣统元年九月十九日俄户部巡阅行次崴埠，据崴埠华商总会禀，为华工所需衣食等物税重价昂，顿致华工不能自赡，日形困惫，谨拟具节略恳请转达俄户部照准减免税额，以示体恤华工，而利雇佣等情。当由领事照准所请，惟所具节略语气不当，未便遽为转递，即照所禀情形，先向俄户部婉委面商。据俄户部答称：贵领事所叙各节，愿表同情，第事关商、户两部，未能遽于行次定议，请详开节略递到本部，当为详审核议答复等语。当据所叙答各词告知商会，并为酌改节略中语义，饬再缮呈。惟时值吉林抚院陈巡边来崴驻节领馆，嗣接见商会总协理，领事当同提议，前因吉林抚院陈极为赞成，即饬关于此事所开节略，可并寄到本部院代为转递等语去后。复屡来电催，伤速具节略，以便转递。旋经商会具到俄文节略两份，释华文节略一份，除将俄文节略禀赍驻大臣暨吉林抚院各一份外，理合将商会原具请减免税额华文节略一份，附文申报。为此申请钧部鉴核，备查施行。须至申者。

附呈节略一份

谨将请免华工货税俄文呈词摘译大意录呈钧鉴

计开

日前户部尚书巡视来崴，华商以税事求华商总会代恳驻崴总领事暨吉林抚宪转请户部尚书察夺。

崴埠自俄日军务后，华民留居者如故，其往来出入及运货类皆以崴口为总汇之区，崴埠一带所有工程，俄工来者尚少，仍须雇用华工。

海参崴一带铺商根基未固，若非设法体恤商艰，不足以兴商务。查俄工价贵，华工价贱，势不能不用华工也。如能货贱工贱，实于地面有益。

苦工所需衣食两种，非贱不可，食类如米面及别种衣物，往往税额

附　录

倍于物价，兹将华货价值开列于下：

红里小帽	每顶四十三戈比
草帽	每顶十五戈比至二十五戈比
毡帽	每顶三十五戈比
皮帽	每顶六十五戈比
短袄	每件一卢布二十五戈比
坎肩	每件六十戈比
大夹袍	每件二卢布
棉袍	每件二卢布五十戈比
单衫	每件八十戈比至一卢布
夹紧身	每件一卢布十戈比
棉紧身	每件一卢布四十戈比
单布衫	每件四十戈比至六十戈比
单裤	每件五十戈比
夹裤	每件九十戈比
棉裤	每件一卢布十戈比
棉被	每件一卢布八十戈比至二卢布六十戈比
袜子	每双十七戈比至二十一戈比
夹鞋	每双五十戈比至一卢布十戈比
棉鞋	每双一卢布至一卢布六十戈比
小米子	每普特四十之比至五十之比，税钱六十五戈比
荞麦米	每普特六十戈比至七十戈比
玉米	每普特三十戈比至四十戈比，税钱六十五戈比
小麦面	每普特九十戈比至一卢布二十戈比

以上各货由陆路运入，税价甚高，商等若婴孩之不得滋养，若不设法体恤商艰，非但于商有得，且易起偷漏越绕之风。查俄之交界，卡官太少，如果偷漏，难以防之，私货固然利重，正经商人竟难与比。若在交界各段遍设卡官，使费过巨，万难办到。倘能俯准所请，不独于华侨有益，且于海滨省全省有益。

以上所求各节，非华商专于自计，且俄商亦受益，因此华商求驻崴总领事、吉林抚宪转请户部尚书核准，将华工必需之衣食免税入境，是为至幸。

崴埠华商所求各节，请户部尚书裁夺施行。海参崴华商总会总理马绍谟押

（外务部档）

资料来源：陈翰笙：《华工出国史料汇编》第一辑（四），中华书局1985年版，第1806—1808页。

5. 驻海参崴领事桂芳沥陈俄国凌辱华民情形致外务部函

宣统叁年叁月叁拾日

敬禀者：

窃查海参崴总巡厅总办列鼎格，前于正月元宵节，派巡警官兵等，于华侨俱乐场中搜查身票，以致哄乱，踏毙多命等情，业经具禀在案。

领事悉心审察，该总办对待华侨行为，直是仇视，遇事虐待，倍极残酷，惨无人理。当本年俄历三月间，东海滨总督来崴，特为防疫拘遣华侨，发布命令饬该总办执行。该总办借势凭权，肆行暴戾，华侨受其荼毒。在领事极力维持，亦仅能拯救于万一。缘该总办施行之过当，在在皆可指摘，但其借口上命，不自认咎，即面见该总督，沥陈该总办虐待情形，该总督亦只以转行训谕搪塞。至实否训谕，无从得知，该总办暴戾之行为，曾不稍减。其种种不合情形，敬为我宪台缕晰陈之。

查该总办初奉该总督命令，凡华侨无正业、无身票，及匪类不安本分者，均应拘拿解送回华等语。该总办遵行之下，即派巡兵等，沿街寻获，毫无章法，被拘者多有正业。即如华商柜伙，或出外送货，或办事，以及工作人等，工毕回寓，多被沿街巡兵拘拿。查商号执事、柜伙人等，其所起之身票，向皆在各该号收存，工作人等身票，有由工头收存，有经工程师攒收者，此皆循照俄例办理。该总办先事未经晓谕，一旦遽行查拿，以致被拘者多系有正业之人。即被拘者，当时声明有票，该巡兵等亦置不闻问。第二次查拿华侨，该总办严饬巡兵，团围市场，所有荷担携篮小原，乃为俄厨役赴市买物，或在市应雇之荷夫，即俗称高丽背者，无论有票无票，一概逐拿，结连发辫，牵扯驱行，凌铄之

附　录

情，不堪言状。即有声明有票者，该巡兵即饬出验，既经交付，该巡兵或登时撕碎，或竟不交还，以致成为无票之人，屈抑无处申诉。第三次查拿华侨，该总办分饬巡兵，围守居住华人稠密之房屋，或于楼房，或于院落，无论有无眷属、小卖营业，一并搜查牵拘，以致被拘者之财产，损失抛弃，甚于被盗。

以上三次查拿华侨，约共二千余人。该总办未经预为安置处所，乃统置于容量不及千人之业尔马克轮船上。所置之人过多，只能挺立，稍见拥挤。外向者即呼号恐坠，以致两昼夜之久。所置之人，皆不能坐卧蹲踞，监狱中无此况。该船舱板，久经朽败不堪，骤经载重过量，遂致压折，跌落舱内，人自积压，受伤者数人。因此舱板损折，容量愈隘，该总办饬将放水底舱，驱人入内，潮湿霉气，须臾所不能堪！该总办竟忍置人于此，以致病毙多名。穷其残酷，实欲陷华人于死地。因思该总办对待华侨种种行为，甚于对待囚犯，实为外交上法权之所无，即俄人视之，亦多有抱不平者。领事虽不能与之决裂，亦不容不与之交涉。奈该总办仅以奉命为辞，诘责亦不甚置辩，旋又派巡兵到处查拿。嗣经领事屡次往见该督，当告以拘遭华人，良莠不分，未免扰害商务。欲查无正业匪类人等，须用华捕向导指拿，以免谬误。比至由商会派出华捕，会同查拿，凡华捕所指为烟馆、赌局及无赖匪类，该巡兵竟不拘拿，所拘拿者，率多按年出资起票纳捐正业工商人等，而烟赌匪徒，反得纵轶。此三次查拿华侨前后之实在情形也。

惟执行此查拿之权者，只该巡警厅总办列鼎格一人。乃先事不行知照领事，临时种种虐待华侨，既经与之交涉，复推诿于上命。果其上命使之凌辱，领事又何必归咎于该总办一人？明明该总办借势凭权，肆行暴戾。领事责任保护侨民，若听其遇事虐待，问心实所不甘。及出而与之交涉，非托辞于上命实力奉行，即托辞于内政不容干涉。揆其仇视华侨之心，难免此后不无复行虐待之处。

领事为保护华侨起见，谨将以上情形，翻译俄文说帖一件，可否加文代递驻京俄使，务使训饬该总办列鼎格，嗣后勿施此无礼之作为，免致激生华侨之恶感，庶归和平而敦睦谊，则所以嘉惠华侨者无既矣！理合具禀沥陈，乞为代回堂宪鉴核施行。祗请钩安！冀惟垂鉴。

(外务部档)

资料来源：陈翰笙：《华工出国史料汇编》第一辑（四），中华书局1985年版，第1809—1811页。

附录十三　清政府驻符拉迪沃斯托克商务代表李家鳌就中国人管理与阿穆尔当局信件往来

1. 李家鳌致阿穆尔地区官员备忘录（1897年9月）

自中、俄两个相邻的大国确立友好关系之日起，中国人不仅可以自由地到访俄国所有的居民点，也可以长期居住。符拉迪沃斯托克是远东地区最大的中心城市，也是商业城市。符拉迪沃斯托克作为俄国远东地区的商业中心吸引着各国人前来，其中中国人的数量最多。

符拉迪沃斯托克的中国人多数是经海路来的，多数人选择留在符拉迪沃斯托克，还有一些人会前往阿穆尔地区。此外，还有的中国人将符拉迪沃斯托克作为是前往俄国内地的中转站。阿穆尔河沿岸地区前总督科尔弗男爵已经注意到辖区的中国人问题。他认为中国人尤其是在日常生活方面，如习惯、习俗没能融入俄国社会的主流，因而有采取临时措施的必要性，临时措施的主要内容是通过设立中国社区管理机构并给其自治权。中国社区机构的职责有：掌握入境和离境的中国人的准确信息，像对待居住在俄国领土上所有外国人的情况一样，掌握中国人是否遵纪守法，解决中国人间的纠纷。最后，该机构作为俄国地方行政机构与中国人之间沟通的中介，落实俄国行政当局制定关于中国人政策，并掌握落实情况等。

阿穆尔边疆区的工商业日益繁盛，自然吸引大量外来人口涌入。这方面，符拉迪沃斯托克独占鳌头。最后，中东铁路将俄国交通深入到中国内地（满洲）。

中国方面向俄国提出允许在符拉迪沃斯托克设立中国领事的申请是

附 录

合理的。俄国外交部原则上没有拒绝，认为在符拉迪沃斯托克派驻中国代表是合理的和必要的，但表示，符拉迪沃斯托克只是座要塞，若要派驻代表的话，只能是商务代表，不能是领事。俄国外交部是秉承皇帝陛下的旨意而得出的结论。目前，中国政府已经任命了五品官员李家鳌先生为符拉迪沃斯托克的商务代表，并已经就任。

在正式履职前，商务代表要熟悉在符拉迪沃斯托克中国人的生活状况，以便更好地开展工作。

履行上述职责时，中国驻符拉迪沃斯托克商务代表就收集到的资料和据此产生的想法向总理各国事务衙门汇报，经总理各国事务衙门的批准后，现向阿穆尔沿岸地区总督阁下递交备忘录。

以上建议可以归纳为以下几条：

1. 撤销中国社区的警察机构。应该参照日本在符拉迪沃斯托克设立的商社的职能，符拉迪沃斯托克的日本人就由日本商社管理。允许商务代表解决仅在中国人之间产生的小官司。撤销警察机构的工作最好循序渐进地进行，10月1日起，先从符拉迪沃斯托克开始，10月20日撤销尼古拉耶夫斯克的中国人社区的警察机构，11月1日撤销在哈巴罗夫斯克的中国人社区的警察机构。并且随着这些地方中国社区警察机构的撤销，属于中国人的财产和公文案卷要同时转交商务代表，后者有权检查所进行的事情，并尽可能详尽地把所有的资料告知地方行政当局。在上述中国社区，目前有中国人自己选举产生的头目负有调查某些人，并且负有维护秩序的任务，一定程度上他们是地方警察的依仗对象。随着中国社区警察机构的撤销，沿岸地区行政长官每年要确定符拉迪沃斯托克、哈巴罗夫斯克和尼古拉耶夫斯克市的户外警察资助。这些资助经费由当地的中国人平摊，并由代表来收集。此外，根据阁下的指示，由代表任命完全可靠的中国人为上述各点的头目。

2. 开设赌场是可怕的恶行，它应遭到法律的严惩。赌场给中国人当中的中等收入者和底层人士，特别是后者造成很大的危害。后者辛苦一年赚得为数不多的钱落入了赌场开设者的腰包，他们以赢钱的诱饵诱骗中低收入的中国人参与赌博，最终输的血本无归，原本就不富裕经此事后最终沦为穷光蛋，一些人铤而走险成为"红胡子"，即劫匪，而赌场开设者则据此发大财。殷实的中国人，如商人等从来不去赌场。赌场的开设者是社会的渣滓，所以要把他们连根铲除。在俄国地方当局的协助下，商务代表千方百计找到赌场的所在地和抓到其经营者，将赌场经营者交与俄国司法机关，或者把他们遣送回中国。中国商务代表对赌场开设者的处理方式是得当的。

3. 必须责成所有中国房产所有者和中国旅馆的经营者提供凭证，即记录中国人入境和离境登记的证明。实行这种办法对商务代表管理和监督中国人有利，可据此获悉中国人是否有居住证。

4. 鉴于中国商务代表完全有可能从中国官方获得在阿穆尔河沿岸地区的中国商人道德品质和经商情况的信息。如有可能，最理想的办法是由商务代表向中国商人发放经商许可证。该办法得以实施的话，只有在祖国拥有良好信誉的商人才有资格到阿穆尔河沿岸地区经商。

5. 对于所有来到俄国的外国人而言，都要持有护照，为得到护照需要交 60—80 戈比的印花税。阿穆尔河沿岸地区前任总督对中国人实施特别护照制度。鉴于中国人常常会利用俄国人好客的特点在护照问题上会造假，所以对中国人应与对其他外国人应一视同仁，实行同样的护照管理制度，不应特殊化。除上述理由外，对于辖区的中国人，改变现行护照制度还将有一个优势，那就是使所有中国人都拥有护照。当前由于办理护照价格不菲，多数中国人不办护照，选择通过陆路进入我国，以此逃避边境监管。作为参考，这里有份文件：根据符拉迪沃斯托克一个社区的资料，当年有 3712 人来到符拉迪沃斯托克，而根据商务代表的资料，仅从芝罘到此的中国人就达 2000 名。结果，只有 1/5 的人持有护照。这种情形本身就说明，有必要或者改变现行的护照管理制度，或者选择采取其他举措，如降低中国人办理护照的费用，因为价格贵是造成中国人不办护照的原因，而且最好从为护照签证之日起，提供一个月的优惠期。

大部分到阿穆尔河地区工作的中国人来自芝罘，夏季工期结束后，由于办理护照费用高，为了逃避因没有护照而遭受的处罚，他们选择由

◇◇ 附 录 ◇◇

陆路返回家乡，而这种回国方式有风险。会导致许多中国人沦为流浪居民，最终不得不加入红胡子队伍。出现这种情况是因为他们离开符拉迪沃斯托克，不能回到自己的长期居住地——芝罘。实施便捷护照制度，且降低办理价格，护照到期前提供一个月的优惠期，那么中国人会毫无疑问地选择由海路返回家乡，即经过符拉迪沃斯托克港回家。这样，不受欢迎的流浪居民就自然消失了。

大清帝国商务代表李家鳌

资料来源：РГИА ДВ. Ф. 1. Оп. 2. Д. 1268. Л. 8 – 15 об. См.：Петров А. И. История китайцев в России：1856 – 1917. СПб：ООО «Береста»，2003. С. 782 – 784.

2. 阿穆尔河沿岸地区总督办公厅官员 И. 谢尔比纳（Щербина）给李家鳌的复信

（1897 年 10 月 11 日）

阁下，信已收悉。信中您阐述了对在阿穆尔河沿岸地区打工、经商的中华帝国臣民及对他们管理的看法。阿穆尔河沿岸地区总督委托我向阁下表达诚挚谢意，感谢您对该问题的关注，并提出言辞恳切的请求。今后若类似的事情，请您不要吝惜中肯的建议。一旦需要，总督辖区的官员也将向您征求意见。由于来到我国境内的中国人的特殊性，所以您建议的价值不可低估。

至于您在信中提到的管理中国人的司法管辖权问题，我受委托通知您，依据总督先生现有的资料，根据帝国外交部与中国政府达成的协议，中国驻符拉迪沃斯托克的商务代表与目前该地常设的德国和日本商务代表的地位相同，其活动不带有官方性质，其权限仅局限于就符拉迪沃斯托克的中国人和商务问题与俄国当局进行斡旋，商务代表与当地的俄国当局的关系为私人性质的。

无论俄国外交部，还是我国驻北京的外交使团，都没有向阿穆尔河沿岸地区总督提供任何其他方面的资讯。

至于您在上述信中提到的中国驻符拉迪沃斯托克商务代表的权限问题，不得不指出，这些权力一旦被批准，就会超越驻俄国商务代表所拥有的权限,甚至超越外国领事的权限,确定对居住在阿穆尔沿岸地区中国人的司法管辖权和批准按您拟定的办法进行管理,那么中国人的居住地会变成"国中之国"。所以,我认为,上述建议不会被批准。

我的结论是,这些问题的出现是因为阿穆尔当局缺乏监管中国粗工的资金导致的,如今这些问题原则上已经解决,在短期内将会付诸实施。一旦实施,基于共同的理由,与对其他外国人一样,对中国人也将直接实行应有的俄国行政和警察制度。

我根据阿穆尔河沿岸地区总督的指示向阁下通报上述情况。恭请您,阁下,请接受我的敬意和忠诚。

资料来源:РГИА ДВ. Ф. 1. Оп. 2. Д. 1268. Л. 16 – 17. См.:Петров А. И. История китайцев в России:1856 – 1917. СПб:ООО «Береста», 2003. С. 785.

附录十四　俄国政府限制华工入境的相关规定

(1912 年)

1.《奉天行省公署交涉司呈为俄领照谕人民勿往东海滨佣工由》
(一九一二年五月)

为呈请事,本年五月八日……接准驻奉俄总领事照会,内开本年三月三十号奉本国驻京公使第四百三十号文,开准东海滨省总督咨,……刻下此间到有本国工人十万在阿穆尔……一带欲寻工业(作),已见为难,所以各国来此就佣之工人更难布置,只得遣回等因,……本司查该项工人以吉江两省居多,盖邻近俄疆,去之甚易。彼既有遣回之令,华工难免被其虐待,自应一体禁止出境,以重民权……(五月十日)

2.《驻奉俄国领事照会》
(四月十五日)

查历年开江后华侨由内地满洲等处来阿穆尔省谋生计甚伙,以致敝省人民大受影响。敝境华侨钮聚愈众,如再新来之华侨定难觅栖身之地,自应驱出境外。为此照请贵府出示晓谕以俾周知。并请如有由松花

附 录

江黑龙江等处由陆路自卜奎者随时示知。

3.《驻烟台俄国领事照会》

（四月二十三日）

俄帝命所有海参崴阿穆尔省及俄国全境嗣后无论何项工程不得再用华工，嘱即禁止，不准前往……

4.《俄国改订华民越界章程》

（六月）

廓米萨尔来照，以奉本管巡抚札谕改订华民越界章程，凡华商入境营运，应在交界五十里内左近华官处所请领越界短时俄字小票，限期三日作废。请将勘放处所及发票之军队、关卡职官姓名查明见复，并派翻译到厅面称，该署对于久居营业华民拟加倍征收票费，若此项越界短时营运一律令其起票，殊于华商不便。故为此规定惟发给票须令照片以免替代。

征收票费办法系于起票时按照原例五元加倍征收十元，以后期满换票仍按五元收费，罚金不在其内。

过界一层俄督照复须由华官发给俄文国界执照，准自发出之日起在边界五十俄里以内使用一次，以三日为限。如逾限期无该处官吏特别理由证据，逾期一日按日罚二卢布，至一月以上除照以上科罚外，永夺其领用此票之权利。过界时须由关查验并购贴七十五戈比印花税票，如未持票或不由关查验，应自四卢布五十戈比起至三十卢布五十戈比由关酌情形科罚。

5.《致俄领事廓米萨尔的照会》

查此案已逾十日之久，未经照复。此间居民万众一心，屡次来署声（申）诉，以此次索及过江小票办法实违瑷珲约章。如此特别苛例无论如何难承认。虽经本道督同爱珲厅再三劝谕，而众民反对甚力。当此民国肇基之初，本道不得不俯顺民心，以防变生意外，此事若迁徙日久不急挽回，既伤人民之感情，定失邦交之睦谊……

——《奉天行省公署档案》卷2342

资料来源：李永昌：《旅俄华工与十月革命》，河北教育出版社1988年版，第292—294页。

附录十五　阿穆尔河沿岸总督辖区对未入籍中国人和朝鲜人入境等的相关规定

（1906年）

1. 禁止重病患者和不能自食其力者进入阿穆尔河沿岸总督辖区。

2. 中国人和朝鲜人必须在指定地点入境，同时须持带有俄国驻华领事或副领事签字的证件，该证件是领取为期一年的居住证的必要条件，领取居住证时需交一笔税。

3. 居住证税标准为每个成人4卢布25戈比，印花税75戈比，共计5卢布。10—15岁的未成年人征税标准为1卢布75戈比，印花税75戈比，共计2卢布50戈比。

4. 居住证需一年一更换，逾期不换者处以5卢布罚金。

5. 不遵守上述规定者将被驱逐出境。

6. 阿穆尔河沿岸总督辖区所有机构和个人都不得接收违反上述规定的中国人、朝鲜人。没有领取居住证的房客、佃户、长工或短工、包工者或工匠均不得乘坐辖区内火车和水上交通工具，违反者则处以每人10卢布的罚金。

7. 向入境的中国人、朝鲜人征收的各类税收包括上交国库的75戈比的印花税、居住证税和上交内务部的用于专项费用的罚金。专项基金用于过境或停留在阿穆尔河沿岸地区的中国人、朝鲜人入境检查及医疗保健之费用。专项基金既包括常规的定额费用，也包括根据内务部每年的特别预算产生的非定额费用。超出预算额度的支出要呈请内务部，并要经财政部和国家监察委员会的批准方可实施。

8. 从中国人、朝鲜人收取的每人20戈比的居住证费用中拿出部分用于奖励符拉迪沃斯托克港务管理部门的工作人员，奖励标准为办理一张居住证奖励10戈比。

附　录

9. 关于中国人、朝鲜人进入阿穆尔河沿岸地区和征收罚金及各类支出费用的其他规定依据内务部出台的相关法令执行。

资料来源：Унтербергер П. Ф. Приамурский край. 1906 – 1910гг, СПб：тип. В. Ф. Киршбаума，1912. С. 74 – 76.

附录十六　记华人入俄境起票事

（录驻俄使馆报告，载民国二年一月念八号政府公报）

民国元年五月初旬，驻俄使馆叠据驻崴陆总领事先后函电，称华人持本国护照入俄境呈验后，得居留一个月，再换起居留票，并医院认诊票。此事于光绪十八年经驻烟俄领事照会东海关道，刊入护照，历办在案。乃昨接崴抚来函，称现伯督谕令改革，凡华人由陆路入俄境者，应于人界时即行换起居留票，由水路入俄境者，应于登岸时即行换起居留票等语。查日本等国人来俄，均住六个月，始换起居留票，华人一月已属独苛，若并此而去之，与禁绝何异？现在该督此令，定于月内实行，为期已迫，诚恐由水道到俄者，未备票资，必令原船发回，则华人华船两被其累。领事因电商伯督，谓华俄连界，华人多有往来华境甲乙两处，因求交通便利而取道俄境者，又沿边华人因事过界旋即归来者，若照新章概令起票，即不公又不便，请其将此令展期实行等因去讫。仍恳钧处速商俄外部，转电伯督，将前令展期实行，仍察前情，与该外部争令撤销等语。当即往晤沙外部，诘问以上情形。彼称中俄边界延长，时有华人不携护照私入俄境，甚至抢劫而遁。此次伯督新令，乃维持地方秩序起见，并非反对华人，碍难取消。禧再四力争，旋请转电该督缓行新令。彼允姑发一电商令缓行。当于是日电知该领。旋于初五日，据该领复电称，伯督昨适来崴，与之面商，彼以新令已定，未能取消，因与争议过境及过界两问题，不应起票。再四磋磨，始允领事拟一过境照式，交彼阅后，能否变通，再行商酌，否则仍照新章办理。至边民过界一层，该督已面允通行沿边官吏，仍照旧章，概不起票云。未几复据该领函称，此事已函致该督，要求将所允照旧一节，从速札行去讫。兹准

· 249 ·

该督署照复，知已将新定之暂行过界章程（章程见下）通行沿边各官吏矣。

俄国驻扎伯利总督统辖四省，权力颇重，四省一阿穆尔，一东海滨，一堪察加，一库页岛。在该国为军备地方，该督例得便宜行事。近因华工甚众，有碍俄工生计及移民问题，特于四五两月间，先后颁发命令二条，隐示抵制。兹将原文译录如（左）（[下]）。

颁定军备地方应行章程

（一）凡他国人在本督所辖境内（即指东海滨、阿穆尔、堪察加、库页岛四省）佣役及任何工业，不论久居暂居，如未遵照向章程购有居留票，或有票而已逾期者，一概不准居住。再，此项人等于境内房屋寓所营业（指所租赁者）及哈萨克地教堂公私地并官有地，均不得令其赁有。

（二）如有违犯前条规则者，应按地方行政法律罚金三千卢布，或监禁三个月。此示限于颁布之日一律实行。

颁定中国沿边居民过界暂行章程

（一）凡中国边界居民，因家常事或他项事持有中国边界所发俄文过界执照，均准过界。惟此照只准自发出之日起，在边界五十俄里（系指由交界线起算，俄五十里即一百华里）以内使用一次，以三日为限。其过界时应购贴值七十五戈比之印花税票。

（二）凡中国边界居民，仅准由有税关查验处入界，并将过界照呈由税关人员查验盖戳，征收前项印花税票。其出境时，应将该照扣留。

（三）凡中国边境居民，有不同税关查验处入界者，应照税章第一千零三十八条科罚（此条附译于后）。其照已逾限而未有特别理由者，应交由附近巡警官照无票之人办理。

附译俄税章二条如（左）[下]。

第一千零三十八条：

（甲）凡过界无票或有票而不由税关查验处入界者，由税关酌核情形，按一千零三十九条科罚。

（乙）过界人票已逾期，仍复逗遛而无该处官吏特别理由之证据者，其所逾之期在前十天，每天罚一卢布，十天以外，每天罚二卢布，逾期至一月以上者，除照以上科罚外，永夺其领用此票之权利。

第一千零三十九条：

凡过界人无票或不由应过税关查验漏人者，其罚款自四卢布五十戈比起，至三十卢布五十戈比止，由税关酌量情形科罚。

资料来源：缪学贤：《黑龙江》，东三省筹边公署1913年铅印本。摘自李兴盛等：《程德全守江奏稿（外十九种）》（下），黑龙江人民出版社1999年版，第2555—2557页。

附录十七 记瑷（瑷珲）黑（黑河）人民渡江起票事

黑河地处江省正北边界，与俄领布拉郭威什臣斯克对岸（即海兰泡）。近年彼族经营路矿垦植，华人在该处营业者颇多，加以条约习惯上之关系，左右两岸浑忘国界，彼所需货品，均须购之我土，（我岸华人贩卖牛羊粮米柴草菜蔬过江，其余俄人日用品，向购之我界。）故往来之人日众。俄人要求我官府发身税小票，给其勘验，方准入境。一九一二年，俄督实行禁止华人，乃特颁苛例，将过江小票加粘俄税关发行之印花税，每分纳费七十五戈（别）［比］，每票只准过江一次，即行取销。（前发之票，每张铜元四枚，限三日取销。）黑河华人向来一日往来数次者极多，果遵此令，将同裹足。黑河道与俄廓米萨尔衙门交涉，迄无效果。嗣我界商务、自治两会，遂以断止俄人贸易为抵制之计，实行三日，俄界哗然。俄官恐澈本国之变，允将印花税分别办理。惟长川往来，须起有常年大照，由华官取具殷实商号保证，发给大照，由俄领事签押，始准入境。另有小票，每次纳通过费七十五戈比。惟此项大照，每张照费两卢布二十五戈比，签押费与照费一律效用，限一年，逾期缴销云。历年春间华人赴俄境各金厂佣工，不下数十万人，持有华俄官府护照，方准前往。兹将黑龙江省新定限制华人出口护照暨取缔办法十条列下。

（一）请领出口护照，应先具呈，将赴地点切实指明，其非所指及非应经地方，不准前往。倘出所指与应经地点以外，作为无效。

（二）请领护照，须先呈验本人像片两张，以一张备查，以一张粘连照尾，其像片与照尾中间钤盖发照之总分局图章。如像片与持照人面貌不符，或骑缝图章不合者，作为无效。

（三）照上须具中俄文字，将以上两条备载中俄文字之内。

（四）以上各项办法，须先照会俄国领事，转行俄国沿途官署，一体查照。

（五）请领护照，须觅有殷实铺商妥保，承认领护照者确系正当营业，不得概以工商浑括，查明属实批准，方可发给护照。倘出境以后，并无正当营业，一经各使署资遣回国，此项川资即由承保铺商取偿。从前铁路交涉局责成会馆出具保单办法，应即取消。

（六）总局发照，以提调负责任；分局发照，以专员负责任。倘再遇有资遣回国之事，此项川资如该各局不能向承保铺户取偿，即向发照之提调或专员与某经手员司，分别缴偿。

（七）请领护照人须亲身自到，不得请人代领。所呈像片若与请照人面貌不符，一面禁发，一面查究。

（八）娼优藉口携眷为名者，时有所闻。嗣后如非真正在俄国各城设有商号之商人，则眷口护照一概禁发。

（九）从前请领护照，每有藉某处某矿工头为名，一人而领百张数十张者，此等情事，一概禁止。凡发护照均照第二条、第六条办理。

（十）经手发照之总局提调，分局专员及总分局经手员司，均按月开具衔名，呈省备案。并将领照人名、籍贯、所往之地、所营之业以及作保商铺，一并按月造册呈报，以凭稽核。

附记 江省公民以华人侨俄谋生者，在远东七省中，不下数十万人。俄伯利总督苛令频行，华人流落异域，实堪痛心。拟纠合同制，组织西伯利亚华侨联合会，此亦最亟之要图，愿同胞速谋成立也。

资料来源：缪学贤：《黑龙江》，东三省筹边公署1913年铅印本。摘自李兴盛等：《程德全守江奏稿（外十九种）》（下），黑龙江人民出

版社1999年版，第2557—2559页。

附录十八　记俄国华工情形

（一九一六年三月二十一日 日本时事新报所载）

许家庆

俄国各种工场矿区铁路等所使用之劳动者，泰半业已应召，从事于战役。俄国内务部队随容纳各业主之声请，临时许可采用中国高丽之劳动者（俄人目之黄种劳动者）以代之。于是南俄煤矿公司及乌拉尔各种煤矿，均至远东俄领或满洲内地招募华韩工人，前往俄国服役，而俄国内地之农村及铁路公司等，亦用华工为农夫及铁路小工。今日入俄国境内之华工及韩工，人数之众，为从来所未有。

然近闻俄国政府特开内阁会议，讨论采用黄色劳动者之问题。所研究者，为自今以后，应否永远许黄色劳动者入境，须从根本上切实解决，提议者我俄国内务部尚书夫华斯马扶氏，（今已辞职）因内务部至今尚继续接到请准采用黄色劳动者之请愿书，故不得不提出此案也。其中赞成采用黄色劳动最力者，为莫斯科喀尚铁路公司华陆纳齐县知事，俄领布拉哥凡西成斯克市政厅、俄国采金公司委员会等。至采用黄色劳动者问题，已依一九一五年八月十二日及同年十一月十六日所发布临时条令许可之。本无须再行讨论，但今日俄国当局所研究者，谓以后永远许黄色劳动者入境，于施政上果有障碍否耳。夫华斯马扶氏，基于各地方官之报告，于俄国内地多用黄色劳动者之举，以为危险，颇抱隐忧，其所持之理由有二，列举如后：

1. 工场中雇用中国劳动者，势必与俄国劳动者起剧烈之竞争，其结果必至工银低落。

2. 因德国在上海设立秘密侦探事务所，专买通中国人，令探报敌国之内情，故深虑俄国工场等所雇用之中国人中，或混入乔装为劳动家之侦探，探得俄国内情而报告于德国。而俄国农部尚书那岛穆夫氏之意见，与内务部尚书略异。那氏以为黄色劳动者不可永远许其入境，予亦极以为然。惟今后遽行禁止中国劳动者入境，则工场公司与农村，必陷于非常困难之域，主张绝对禁止雇用华工者，不可不于此点再加斟酌。出以万全之策者，予意黄色劳动者之入境，今后仍当许可。惟当雇人之际，必须用一种必要之手段，除去其不良之消极的方面，给人入境许可证时，宜经严重之调查，内务部之取缔规则，宜大加改良耳。

商工部尚书夏霍夫斯哥伊氏，与农部尚书意见相同，不赞成绝对禁止华工入境。谓为增加各种工场生产力起见，又因战争时代人力之缺乏，迫于事势所不得已，自应以适当之处置，准黄色劳动者之入境。

可知俄国当局绝对以华工入境为不可者，仅内务部尚书一人耳，其他两尚书，均主张不加禁止。故其最后之结果，必将制定必要之取缔法，今后仍许华工入境也。依散见于俄国发行之劳动界机关报之记事观之，则俄国劳动界中，尚无排斥华工之兆。盖俄国劳动者与中国劳动者之关系，尚属圆滑，未有失和或误会之形迹也。

资料来源：商务印书馆：《东方杂志》第13卷，第6号。

后 记

书稿是本人主持的 2014 年教育部人文社会科学研究青年基金项目"中国人、朝鲜人、日本人在俄国远东的活动及影响研究（1860—1917）"最终成果的一部分。若要追溯本人对俄国东部地区历史兴趣的话，时间会拉的更长些。我硕士毕业论文写的就是帝俄时代俄国东部地区的合作社，读博士期间及毕业后的主要研究方向尽管是近代东北亚国际关系，但对俄国东部地区历史仍有几分"留恋"，教育部项目及本书稿的完成是与俄国东部地区历史研究的"续缘"。

项目结项后，最初打算"全本"出版，但因书稿中的朝鲜人部分系他人撰写，受学校校外人员使用校内出版资助经费相关规定的限制，出版"全本"未能如愿，只好"割舍"朝鲜人部分。若以"中国人和日本人活动"为题出版也不妥：一是有些"不伦不类"，那时远东地区中国人、朝鲜人、日本人同属于"黄种人"，他们是一个"有机整体"，仅写其中的两个组成部分会破坏"整体性"；二是日本人部分篇幅有限，若与中国人一并付梓，整体结构会失调。鉴于此，选择仅将中国人部分付梓。

本书的出版得到黑龙江大学"学科青年学术骨干百人支持计划"经费的资助，在此对以李朋教授为首的黑龙江大学世界史学科同仁多年来的支持表示感谢，同时也祝福世界史学科繁荣昌盛、每位成员硕果累累。中国社会科学院学部委员、中国边疆研究所所长邢广程研究员对拙著的出版给予帮助。邢老师在科研、行政事务均异常繁忙的情况下能为拙著的出版撰写评审意见，提携后辈之举让人感动。黑龙江大学副校长严明教授对本书的出版给予了极大鼓励和支持，黑龙江省社会科学院历史研究所的李随安研究员、黑龙江大学俄罗斯语言文学与文化研究中心马蔚云研究员、中国社会科学院近代史研究所的陈开科研究员对项目研究和本书出版给予了很大关注和鼓励。正是有了以上领导、师友的关怀和帮助才有了拙著的问世，在书稿即将付梓之际表达诚挚的谢意。本人的"开山弟子"姜晶晶在书稿部分文字的电脑录入中做了一些工作，中国社会科学出版社的安芳编辑为书稿出版也付出诸多辛苦，在此一并感谢。

学术研究都有一个学术积累的过程，对研究者个体而言，在此过程中势必会参考和借鉴前人的成果。包括远东地区在内的俄罗斯中国人的历史是俄罗斯史、中俄关系史、俄罗斯汉学史研究中一个重要议题，无论是俄罗斯学界，还是国内学界对此问题进行过一定的研究。拙著撰写过程中不同程度借鉴了该问题研究者的成果，或吸纳了某些观点，或资料征引上提供线索，或在俄文翻译上受到启发……这些成果有的是公开出版的，有的是内部出版的，还有的是未出版。这些引用、借鉴、启发……尽管在注释和参考文献中已注明，在此再次向"先行者"表达崇高的敬意。

俄国远东地区的中国人问题是笔者关于"俄罗斯中国人"问题研究的一个初步尝试，从2014年教育部项目立项起始终坚持将该问题作为科研工作的"第一要务"，期间曾赴俄访过学，查阅到一些国内不易见到的俄文资料，并进行了一年的"专职"科研攻关。从项目立项至今，笔者就中国人在远东某些领域的活动曾公开发表过几篇学术文章，诸如中国人在种植、商业、渔猎采集、采金业等领域的活动，涵盖了本书稿的多数章节，这些文章纳入本书稿时都进行了一定程度充实和修改。尽管如此，如今几年的心血要出版了，心情是惴惴的。受天资、后天努力、学识、视野等的限制，笔者虽踏入史学园地十余年且已过不惑之年，但仍是未能窥出治史些许奥妙的门外汉。鉴于此，书中会有诸多不尽如人意甚至是舛误之处，希望拙著问世后能得到各方的回应，广大专家学者和学界同仁对拙著的关注乃至批评指正都是鞭策我在学术研究道路上踽踽前行的动力。

潘晓伟

初稿草于2020年春节前夕哈尔滨

修改于庚子新冠病毒肆虐期"北国粮都"富锦